Gesundheit und Krankheit

RUDOLF STEINER

Themen aus dem Gesamtwerk

Band 10

Das Werk Rudolf Steiners gründet sich methodisch und erkenntniswissenschaftlich auf die Darstellungen der grundlegenden Schriften. Diese bilden zusammen mit den übrigen Schriften und den Aufsatzbänden das geschriebene Werk von überschaubarem Umfang, rund 40 Bände. Daneben ist die Fülle der nachgeschriebenen Vorträge außerordentlich, in der Gesamtausgabe mehr als 250 Bände. Diese Vorträge waren alle frei gehalten und nicht zum Druck bestimmt. Ihre Herausgabe erfolgt nach von Rudolf Steiner nicht durchgesehenen Nachschriften. Sie enthalten jedoch den Ausbau und die Entfaltung der in den Schriften entwickelten Grundkonzeptionen nach den verschiedensten Richtungen und Lebensbereichen. Sie stellen in ihrer thematischen Mannigfaltigkeit auch heute noch eine nicht bewältigte Aufgabe dar. So ist das Motiv dieser Taschenbuchreihe: unter den in unserer Zeit aktuellen Gesichtspunkten den Zugang zu verschiedenen im Vortragswerk verstreuten und nicht zusammenhängend ausgearbeiteten Themenkomplexen zu eröffnen und damit zugleich den Ansatz der anthroposophischen Erkenntnismethode an bestimmten Problemkreisen zu verdeutlichen; die jeweilige Zusammenstellung von Vorträgen beansprucht dabei inhaltlich keine Vollständigkeit.

RUDOLF STEINER

Gesundheit und Krankheit

Vorträge, ausgewählt und herausgegeben von
Otto Wolff

VERLAG FREIES GEISTESLEBEN

CIP-Kurztitelaufnahme der Deutschen Bibliothek

Steiner, Rudolf:
Themen aus dem Gesamtwerk / Rudolf Steiner. –
Stuttgart: Verlag Freies Geistesleben

NE: Steiner, Rudolf: [Sammlung]

Bd. 10. Gesundheit und Krankheit: 8 Vorträge /
ausgew. u. hrsg. von Otto Wolff. – 1983.
ISBN 3-7725-0080-3
NE: Wolff, Otto [Hrsg.]

Einbandgestaltung: Martin Diethelm

Gesamtherstellung: Clausen & Bosse, Leck

Inhalt

Vorwort (des Herausgebers) 7

Krankheit und Heilung *(3. 3. 1910)* 9

Über die Krankheitsursachen *(27. 12. 1922)* 37

Das Wesen der Krankheitsformen *(10. 11. 1908)* 53

Menschliche Organisation und Krankheitsvorgänge *(28. 8. 1923)* 69

Krankheit und Gesundheit in Beziehung zum Karma *(18. 5. 1910)* 94

Geisteswissenschaftliche Erkenntnis als Grundlage für eine anthroposophische Menschenkunde *(17. 7. 1924)* 116

Die menschliche Konstitution *(21. 7. 1924)* 137

Das Organ-System und die Kräfte-Organisation *(27. 10. 1912)* 157

Nachwort (des Herausgebers) 178

Anmerkungen 184

Quellennachweis 191

Literatur 192

Vorwort

In einer Zeit außerordentlicher Erfolge in der Behandlung von Krankheiten ist es notwendig, sich auf die *Grundlagen* der Medizin überhaupt zu besinnen. Diese kann nur der Mensch sein. Wenn man heute vielfach von dem «seelenlosen Krankenhaus» oder «Apparatemedizin» spricht, so zeigen solche Schlagworte, daß ein Mangel des Menschlichen schlechthin empfunden wird. Dieser bezieht sich zumeist nicht auf die behandelnden Ärzte oder das Pflegepersonal, sondern auf das System. Die heutige Medizin verdankt ihre Erfolge der Naturwissenschaft und Technik und hat gerade dadurch den Menschen als Subjekt ausgeschaltet zugunsten einer «objektiven» Betrachtungsweise. Diesem Denken stehen Fragen wie: was ist das Wesen der Krankheit oder welchen Sinn hat eine Krankheit usw. ferner denn je. Als Folge dieser Verhältnisse erwartet man statt Heilung die Reparatur einer Betriebsstörung, und man hat auch eine Vielzahl von Mitteln, die tatsächlich rasch «Störungen beseitigen», Fehlendes ergänzen, Überschüssiges dämpfen oder blockieren usw. Diese gewiß hochwirksamen Maßnahmen haben häufig Nebenwirkungen und greifen durchaus nicht immer im positiven Sinne in die Heilungsprozesse ein. Oft tritt statt Heilung Unterdrückung oder Verdrängung der Krankheit ein. Gerade *wegen* der heutigen Erfolge der Medizin ist es eine Zeitnotwendigkeit, die Grundfragen nach Gesundheit, Krankheit und Heilung neu zu stellen.

Das Wesen der Krankheit ist aber aus dem physischen Leib allein nicht zu verstehen und ist somit naturwissenschaftlich nicht faßbar. Deshalb fehlt heute weitgehend ein Verständnis hierfür. Man kennt zwar eine nicht mehr zu übersehende Zahl verschiedener Krankheiten und Einzelheiten, jedoch nicht die Krankheit als solche und ihre Beziehung zum Menschen. Von Gesundheit schließlich existiert keine befriedigende Definition. Wer ist auch wirklich noch gesund? Ist ein Patient wirklich geheilt oder nur beschwerdefrei oder arbeitsfähig? Warum und wann wird ein Mensch ohne äußeren Anlaß krank und bekommt gerade diese Krankheit? Diese Schicksalsfragen werden von vielen Patienten immer dringender empfunden – und nicht beantwortet.

Ein befriedigender Einblick in diese Situation ist nur möglich, wenn wieder vom Wesen des Menschseins ausgegangen wird. Dazu reicht es nicht anzuerkennen, daß der Mensch in seinem Körper auch noch eine

Seele hat, sondern der Zusammenhang von Körper, Leben, Seele und Geist und ihr Zusammenwirken muß klar durchschaut werden.

Die folgenden Vorträge Rudolf Steiners berühren diese Grundfragen. Sie entstammen verschiedenen Zusammenhängen. Die Anordnung ist nicht chronologisch, sondern so, daß eher einführende Vorträge an den Anfang gestellt wurden, die als Voraussetzung zum Verständnis schwierigerer Fragen dienen können. Dennoch ist zur Beurteilung der Inhalte eine Einarbeitung in die Grundlagen der Anthroposophie nötig, auf deren Konzept des Menschen die medizinischen Äußerungen Rudolf Steiners beruhen. Erst in späteren Jahren, auf konkrete Fragen hin, war es ihm möglich, auch vor Ärzten fachliche Probleme zu behandeln.

Man sollte sich bewußt sein, daß die Auswahl der Vorträge diese aus dem Zusammenhang reißt, da sie zumeist Teile eines Vortragszyklus sind. Die Vorträge sind z. T. öffentlich (1., 4., 6. und 7. Vortrag), zum Teil für Mitglieder der Anthroposophischen Gesellschaft (3. und 5. Vortrag), zum Teil für Arbeiter am Goetheanum (2. Vortrag), und vor Ärzten (8. Vortrag) gehalten. Bei letzterem Vortrag kommen auch therapeutische Fragen zur Behandlung. Diese hat R. Steiner nie so gemeint, daß sie Aufforderung für eine Selbstbehandlung sein sollten, ebensowenig wie er selbst Kranke behandelt hat. Stets vertrat er die Auffassung, daß dies Sache der Ärzte sei. Ihm kam es auf die Darstellung einer erweiterten *Methode* an und das Erwecken eines Verständnisses dafür; an Beispielen wurde dies demonstriert. Zu berücksichtigen ist, daß Rudolf Steiner nie nach einem fertigen Manuskript sprach, sondern stets aus den zeitlichen und örtlichen Gegebenheiten heraus. Entsprechend ist auch die sprachliche Ausdrucksweise dem Kreis der Zuhörer und deren zum Teil sehr verschiedenen Voraussetzungen angepaßt. Dementsprechend werden dabei mitunter dieselben Dinge von verschiedenen Gesichtspunkten dargestellt.

Otto Wolf

Krankheit und Heilung

Aus den Vorträgen, welche ich in diesem Winter hier habe halten dürfen, ging wohl denjenigen, welche mehr oder weniger ständige Zuhörer waren, mit Deutlichkeit hervor, daß es sich in diesem Vortragszyklus um eine Reihe von einschneidenden Seelen-Fragen handelte. Von dem Gesichtspunkte einer Seelen-Frage soll auch die heutige Darstellung gegeben sein, die Darstellung über das Wesen von *Krankheit* und das Wesen von *Heilung*.

Was vom Gesichtspunkt der Geisteswissenschaft über die entsprechenden Tatsachen des Lebens zu sagen ist, insofern sie bloß physische Ausdrücke geistiger Ursachen sind, das wurde in früheren Vorträgen – zum Beispiel in dem Vortrage «Wie begreift man Krankheit und Tod?», über den «Krankheitswahn» und das «Gesundheitsfieber» – hier auseinandergesetzt.[1] Heute soll es sich um wesentlich tiefere Fragen in der Erkenntnis von Krankheit und Heilung handeln.

Krankheit, Heilung oder wohl auch der tödliche Ausgang dieser oder jener Krankheit greifen ja tief in das Menschenleben ein. Und wenn wir uns nach den ganzen Vorbedingungen, nach den geistigen Untergründen der Dinge, die unseren Betrachtungen hier zugrunde liegen, immer wieder gefragt haben, so dürfen wir wohl auch gegenüber diesen einschneidenden Tatsachen und Erlebnissen des menschlichen Daseins nach den geistigen Ursachen fragen. Mit andern Worten, wir dürfen die Frage aufwerfen: Was hat die Geisteswissenschaft zu diesen Erlebnissen zu sagen?

Da werden wir allerdings wieder einmal tief hineinschauen müssen in den ganzen Sinn der Entwicklung dieses menschlichen Lebens, um uns klar zu werden, wie in den normalen Gang der Entwicklung des Menschen sich hineinstellen können Krankheit, Gesundheit, Tod, Heilung. Denn im Grunde genommen sehen wir die genannten Erscheinungen sich gleichsam hineinstellen in die normale Entwicklung des Menschen. Tragen sie vielleicht etwas bei zu unserer Entwicklung? Mit andern Worten: Treiben sie uns in der Entwicklung nach vorwärts oder nach rückwärts? Wir kommen zu einem klaren Begriff von diesen Erscheinungen nur, wenn wir auch hier die Gesamtnatur des Menschen ins Auge fassen.

Diese Gesamtnatur haben wir schon öfter hier so dargestellt, daß sie sich zusammensetzt aus den realen vier Gliedern des menschlichen Wesens[2]: erstens aus dem *physischen Leib*, den der Mensch gemeinschaftlich hat mit allen mineralischen Wesen seiner Umgebung, welche ihre Formen von den ihnen innewohnenden physischen und chemischen Kräften und Gesetzen haben. Das zweite Glied der menschlichen Wesenheit nannten wir immer den *Äther-* oder *Lebensleib* und konnten sagen, daß ihn der Mensch in der Art, wie wir von ihm sprechen, gemeinschaftlich hat mit allen lebendigen, also mit den pflanzlichen und tierischen Wesenheiten seiner Umgebung. Dann haben wir hingewiesen auf den *astralischen Leib*, den der Mensch als drittes Glied seiner Wesenheit hat; er ist der Träger von Lust und Leid, Freude und Schmerz, von allen vom Morgen bis zum Abend in uns auf und ab wogenden Empfindungen, Vorstellungen, Gedanken und so weiter. Diesen astralischen Leib hat der Mensch nur noch gemeinschaftlich mit der tierischen Welt seiner Umgebung. Und dann haben wir immer betrachtet das höchste Glied der menschlichen Wesenheit, das ihn zur Krone der Erdenschöpfung macht, den Träger seines *Ich*, seines Selbstbewußtseins. Wenn wir diese vier Glieder ins Auge fassen, so können wir uns zunächst sagen: Es erscheint uns – auch bei einer oberflächlichen Betrachtung – eine gewisse Verschiedenheit zwischen diesen vier Gliedern. Den physischen menschlichen Leib haben wir vor uns, wenn wir den Menschen, wenn wir uns selber von außen betrachten. Die äußeren physischen Sinnesorgane können wahrnehmen, was wir als physischen Menschenleib bezeichnen. Mit dem an diese physischen Organe gebundenen Denken, das heißt mit jenem Denken, das an das Instrument des Gehirns gebunden ist, können wir diesen physischen Leib des Menschen begreifen. Er zeigt sich uns daher, wenn wir ihn *von außen* betrachten.

Ganz anders ist das Verhältnis zu dem menschlichen Astralleib. Wir haben aus den vorhergehenden Darstellungen schon erkannt, daß nur für das wahre hellsichtige Bewußtsein der astralische Leib sozusagen eine äußere Tatsache ist; daß nur dieses, durch die schon öfter charakterisierte Schulung des Bewußtseins, den astralischen Leib in gewisser Art so sehen kann wie den physischen Leib. Für das normale Leben ist der astralische Leib des Menschen nicht von außen wahrnehmbar; von den in ihm auf und ab wogenden Trieben, Begierden, Leidenschaften, Gedanken, Gefühlen und so weiter kann das Auge nur Äußerungen sehen. Dagegen nimmt der Mensch selber in seinem Innern diese Erlebnisse seines astralischen Leibes wahr. Er nimmt wahr, was wir Triebe, Begierden, Leidenschaften, Freude und Schmerz, Lust und Leid nennen. Daher können wir sagen, daß sich der astralische Leib zum physischen Leib verhält so, daß wir den ersteren im normalen Menschenleben von *innen* anschauen, den physischen Leib aber von *außen*. –

In einer gewissen Beziehung stehen nun die andern beiden Glieder der menschlichen Natur, der Ätherleib und der Träger des Ich, zwischen diesen äußersten Extremen. Der physische Leib ist rein äußerlich wahrzunehmen, der astralische Leib rein innerlich. Aber das Mittelglied zwischen dem physischen Leib und dem Astralleib ist der Ätherleib. Er ist von außen nicht wahrzunehmen, *wirkt* aber nach außen. Er wirkt im gewöhnlichen Leben des Menschen so nach außen, daß wir sagen können: Was der astralische Leib an Kräften, an inneren Erlebnissen entwickelt, das muß zunächst auf den Ätherleib übertragen werden; dann kann es erst eingreifen in die physischen Werkzeuge, in den physischen Leib. So wirkt zwischen dem astralischen Leib und dem physischen Leib der Ätherleib als Mittelglied. Es führt also von außen nach innen dieser Äther- oder Lebensleib. Wir können ihn nicht mehr mit physischen Augen sehen. Aber was wir mit physischen Augen sehen können, ist nur dadurch ein Werkzeug des astralischen Leibes, daß der Ätherleib nach außen in den physischen Leib hineinwirkt.

In gewisser Beziehung geht nun dasjenige, was wir das menschliche Ich nennen, wieder von innen nach außen, – während der Ätherleib von außen nach innen zum Astralleib geht. Denn durch das Ich, und was es aus dem astralischen Leib macht, wird der Mensch ein Erkenner der äußeren Welt, der physischen Umwelt, aus der der physische Leib selbst entnommen ist. Das tierische Leben geht ohne individuelle, ohne persönliche Erkenntnis vor sich, weil das Tier dieses persönliche Ich nicht hat; weil das Tier alle seine Erlebnisse des astralischen Lebens innerlich durchlebt, aber nicht seine Lust und sein Leid, Sympathie oder Antipathie dazu benutzt, um sich Erkenntnis der äußeren Welt zu verschaffen. Was wir Lust und Leid nennen, Freude und Schmerz, Sympathie oder Antipathie, das sind allerdings Erlebnisse des astralischen Leibes im Tier; aber das Tier benutzt seine Lust nicht dazu, um zu jauchzen über die Schönheit der Welt, sondern es bleibt innerhalb desjenigen Elementes, das ihm Wohlbehagen gibt. Das Tier lebt in seinem Schmerz unmittelbar; den Menschen führt sein Schmerz hinaus über sich selbst zur Aufklärung über die Welt, weil das Ich ihn wieder hinausleitet und zusammenbringt mit der äußeren Welt. So sehen wir, wie auf der einen Seite der Ätherleib nach dem Innern des Menschen weist zum Astralleib hin, wie das Ich des Menschen aber nach der Außenwelt hinführt, zu der uns umgebenden physischen Welt.

Nun haben wir auch schon öfter betont, daß der Mensch ein Wechselleben führt. Dieses Wechselleben können wir jeden Tag betrachten. Wir sehen in der Seele des Menschen von dem Augenblick, wo er morgens aufwacht, alle die auf- und abflutenden Erlebnisse des astralischen Leibes, Freude und Schmerz, Lust und Leid, Empfindungen, Vorstellungen und so weiter. Wir sehen, wie des Abends diese Erlebnisse in ein unbestimmtes Dunkel hinuntersinken, wie der astralische Leib und das Ich in den Zustand der Unbewußtheit oder, vielleicht besser gesagt, der Unterbewußtheit übergehen. Wir haben auch schon betont, worauf das beruht, daß der Mensch diese Wechselzustände tagtäglich durchmacht. Wenn wir den wachenden Menschen ins Auge fassen, wie er sich vom Morgen bis zum Abend darstellt, so sind ineinander verschlungen, in ihren Wirkungen ineinandergegliedert physischer Leib, Ätherleib, astralischer Leib und Ich. Wenn der Mensch des Abends einschläft, zeigt sich dem okkulten Bewußtsein, daß im Bette liegen bleiben physischer Leib und Ätherleib, und wie in ihre eigentliche Heimat, in die geistige Welt, einkehren astralischer Leib und Ich, die sich aus physischem Leib und Ätherleib herausziehen. Nun können wir uns in gewisser Weise noch eine andere Bezeichnungsweise zurechtrücken, die es möglich machen wird, uns über unsere heutigen Auseinandersetzungen in entsprechender Weise zu verständigen.

Wir können sagen: Was wir den physischen Leib genannt haben, und was wir bezeichnen mußten als dasjenige, was uns nur seine Außenseite darbietet, geht als der äußere Mensch im Schlafe nach außen in die physische Welt und nimmt den Ätherleib mit, den Vermittler zwischen dem Äußeren und dem Innern. Daher kann im schlafenden Menschen keine Vermittlung sein zwischen dem Äußeren und dem Innern, weil der Ätherleib, der Vermittler, in die äußere Welt gegangen ist. Wir können daher in gewisser Beziehung sagen: Beim schlafenden Menschen sind physischer Leib und Ätherleib eben nur der *äußere* Mensch; wir können gewissermaßen physischen Leib und Ätherleib überhaupt als den «äußeren Menschen» bezeichnen, wenn auch der Ätherleib von dem Äußeren nach dem Innern der Vermittler ist. Dagegen können wir den astralischen Leib und das Ich beim schlafenden Menschen als den «inneren Menschen» bezeichnen. Und wir können das auch beim wachenden Menschen tun, aus dem Grunde, weil alle Erlebnisse des astralischen Leibes im normalen Zustande *innerlich* erlebt werden, und weil ja auch dasjenige, was das Ich im wachen Leben von der äußeren Welt erkennen kann, von dem menschlichen *Innern* aufgenommen wird, um da als Erkenntnis verarbeitet zu werden. Das Äußere wird ein Inneres durch das Ich. Das alles zeigt, daß wir von einem «äußeren» und einem «inneren» Menschen sprechen können; der äußere Mensch aus dem physischen Leib und dem Ätherleib bestehend, der innere Mensch aus Ich und astralischem Leib.

Nun wollen wir einmal das sogenannte normale Menschenleben seinem *Sinn* nach in seiner Entwicklung betrachten. Wir wollen uns einmal fragen: Warum eigentlich kehrt denn jede Nacht der Mensch mit seinem astralischen Leib und seinem Ich in eine geistige Welt zurück? Hat das einen gewissen Sinn? Hat die Einkehr in den Schlafzustand für den Menschen einen Sinn? Solche Dinge sind ja hier schon angedeutet worden; aber wir brauchen sie ganz notwendig für unsere heutigen Auseinandersetzungen. Wir müssen die normale Entwicklung kennen lernen, um die scheinbar abnormen Naturgesetze, die sich in Krankheit und Heilung darleben, durchschauen zu können. Warum kehrt jede Nacht der Mensch in einen Schlafzutand ein?

Das können wir nur verstehen, wenn wir das ganze Verhältnis des astralischen Leibes und des Ich zu dem, was wir den «äußeren Menschen» genannt haben, uns einmal vor Augen rücken. – Wir haben den astralischen Leib den Träger von Lust und Leid, Freude und Schmerz, von Trieb, Begierde, Leidenschaft genannt, von all den auf und ab wogenden Vorstellungen, Wahrnehmungen, Ideen und Empfindungen. Wenn aber der astralische Leib von all dem der Träger ist, wie kommt es denn, daß in der Nacht der Mensch diese Erlebnisse gar nicht hat, wo doch der eigentliche innere Mensch mit seinem astralischen Leib so zusammen ist, daß physischer Leib und Ätherleib nicht dabei sind? Wie kommt es, daß dann diese Erlebnisse heruntersinken in ein unbestimmtes Dunkel? Was ist der Grund? – Der Grund ist der, daß astralischer Leib und Ich, obwohl sie Träger sind von Freude und Schmerz, Urteil, Vorstellung und so weiter, nicht alles das direkt erleben können, wovon sie der Träger sind. In unserm Menschenleben sind astralischer Leib und Ich, um ihre eigenen Erlebnisse zu haben, im normalen Zustand darauf angewiesen, in den physischen Leib und Ätherleib unterzutauchen. Was wir als unser Seelenleben vor uns haben, ist nicht etwas, was der astralische Leib unmittelbar erlebt. Wäre es das, so müßten wir es auch in der Nacht erleben, wo wir mit dem astralischen Leib zusammen sind. Es ist gleichsam ein Echo oder Spiegelbild, was wir im Seelenleben des Tages vor uns haben. Physischer Leib und Ätherleib werfen uns wie durch einen Spiegel oder durch ein Echo dasjenige zurück, was wir im astralischen Leibe erleben.

Alles was uns unsere Seele vom Augenblicke des Aufwachens bis zum Einschlafen vorzaubert, kann sie uns nur vorzaubern, indem sie ihre eigenen Erlebnisse in jenem Spiegel erblickt, der geformt ist aus dem physischen Leib und dem Äther- oder Lebensleib. In dem Augenblick, wo wir den physischen Leib und Ätherleib in der Nacht verlassen, haben wir zwar in uns alle Erlebnisse des astralischen Leibes, wir sind uns aber ihrer nicht bewußt, weil zum Bewußt-Werden die Spiegelung oder Echo-Wirkung von physischem Leib und Ätherleib gehört.

So sehen wir in unserm ganzen Leben, wie es vom Morgen, wo wir aufwachen, bis zum Abend, wo wir einschlafen, abläuft, eine Wechselwirkung zwischen dem inneren und dem äußeren Menschen, zwischen Ich und astralischem Leib auf der einen Seite und dem physischen Leib und Ätherleib auf der andern Seite. Die Kräfte nun, welche dabei wirken, sind die Kräfte des astralischen Leibes und des Ich. Denn nimmermehr könnte der physische Leib, als eine Summe von physischen Einrichtungen, unser Seelenleben aus sich hervorbringen, und ebensowenig könnte es der Ätherleib. Die Kräfte zum Herauslocken dieses Spiegelbildes kommen aus dem astralischen Leib und dem Ich, gerade so wie das, was wir im Spiegel sehen, nicht aus dem Spiegel kommt, sondern von dem, was sich im Spiegel beschaut. So liegen alle die Kräfte, welche unser Seelenleben bewirken, im astralischen Leib und im Ich, im innern Menschen; und sie betätigen sich in der Wechselwirkung von Außen- und Innenwelt. Diese Kräfte sehen wir während des Tages arbeiten an unserm Seelenleben, in Wechselwirkung treten, gleichsam ausstrahlen nach dem physischen Leib und Ätherleib. Wir sehen sie aber auch gegen den Abend in den Zustand eintreten, den wir die «Ermüdung» nennen. Wir sehen sie abgenutzt gegen den Abend, verbraucht. Und wir würden unser Leben nicht fortführen können, wenn wir nicht in der Lage wären, jeden Abend in eine andere Welt einzukehren als die, in der wir vom Morgen bis zum Abend leben. In dieser Welt, in der wir vom Morgen bis zum Abend leben, können wir das Seelenleben sozusagen aufbauen, vor unsere Seele hinzaubern. Das vermögen wir mit den Kräften des astralischen Leibes. Aber wir verbrauchen auch diese Kräfte und können sie nicht aus dem

Tagesleben heraus ersetzen. Ersetzen können wir sie nur aus der geistigen Welt heraus; aus der Welt heraus, in die wir einkehren an jedem Abend. Das ist der Sinn des Schlafes. Wir könnten nicht leben, ohne in die nächtliche Welt einzukehren und von dort her die Kräfte zu holen, die wir tagsüber verbrauchen. So können wir sagen: Wir holen uns jede Nacht aus der geistigen Welt diejenigen Kräfte, die wir vom Morgen bis zum Abend verbrauchen. Damit beantworten wir die Frage: Was bringen wir in die physische Welt hinein, wenn wir in unsern Ätherleib und physischen Leib einkehren? Das also wissen wir jetzt.

Tragen wir nun nichts aus der physischen Welt umgekehrt in die nächtliche Welt hinein? – Das ist die andere Frage, und sie ist ebenso wichtig wie die erste.

Um uns diese Frage zu beantworten, müssen wir allerdings auf einiges eingehen, das uns aber schon das gewöhnliche Menschenleben zeigt. Im gewöhnlichen Leben haben wir sogenannte Erlebnisse. Diese Erlebnisse nehmen einen merkwürdigen Gang in unserm Leben zwischen der Geburt und dem Tode an. Wie stellt sich uns dieser Gang dar? Das können wir an einem Beispiel betrachten, das öfters hier erwähnt worden ist: an dem Beispiel des Schreibenlernens. – Wenn wir die Feder ansetzen, um unsere Gedanken auszudrücken, üben wir die Kunst des Schreibens. Wir *können* schreiben. Was setzt das aber voraus? Es setzt voraus, daß wir in einer gewissen Zeit des Daseins zwischen Geburt und Tod eine ganze Reihe von Erlebnissen gehabt haben. Denken wir daran, was wir erleben mußten, um imstande zu sein, unsere Gedanken auszudrücken, indem wir die Feder ansetzen und eben «schreiben». Stellen Sie sich vor, was Sie alles als Kind durchgemacht haben, von dem ersten ungeschickten Versuch an, die Feder zu halten und auf dem Papier anzusetzen und so weiter und so weiter. Da werden Sie vielleicht sagen: Gott sei Dank, daß wir das nicht wieder alles in die Erinnerung zurückrufen müssen! Denn es wäre schlimm, wenn wir uns jedes Mal beim Schreiben an alles erinnern müßten, an alle die verunglückten Versuche, Striche zu machen, vielleicht auch an die Strafen, die damit verbunden waren, und so weiter, um das zu entwickeln, was wir die Kunst des Schreibens nennen. Was ist denn da geschehen? Dasjenige, was wir im eminenten Sinne im Menschenleben eine Entwicklung nennen zwischen Geburt und Tod. Wir haben eine ganze Summe von Erlebnissen durchgemacht. Diese Erlebnisse haben eine lange Reihe von Zeit in Anspruch genommen; dann sind sie gleichsam zusammengeronnen, haben einen Extrakt gebildet, und dieser Extrakt ist das, was wir als das «Können» des Schreibens bezeichnen. Alles andere ist in ein unbestimmtes Dunkel der Vergessenheit heruntergesunken. Aber wir brauchen uns nicht daran erinnern, weil sich eine Entwicklungsstufe unserer Seele da heraus entwickelt hat. So rinnen unsere Erlebnisse zusammen in Extrakte, in Essenzen, die als unser Können, als unsere Tüchtigkeit und unsere Fähigkeiten im Leben auftreten. Das ist unsere Entwicklung im Dasein zwischen Geburt und Tod. Erlebnisse werden umgewandelt in seelische Fähigkeiten zunächst, die sich allerdings durch äußere körperliche Werkzeuge ausleben können. Alles persönliche Erleben zwischen Geburt und Tod geht so vor sich, daß sich Erlebnisse umwandeln in Fähigkeiten oder auch in das, was wir Weisheit nennen. –

Wie die Umwandlung vor sich geht, können wir uns vor die Seele stellen, wenn wir auf den Zeitraum vom Jahre 1770 bis 1815 hinblicken. In ihn fiel ein großes gewaltiges Ereignis der Weltgeschichte. Eine große Anzahl von Menschen waren Zeitgenossen dieses Ereignisses. Fragen wir uns einmal, wie diese Zeitgenossen sich dazu gestellt haben? An dem einen sind die Erlebnisse vorübergegangen, ohne daß er sie bemerkt hat, – stumpf. Er hat die Erlebnisse nicht umgewandelt in Welterkenntnis, in Weltweisheit. Andere haben tiefe Lebensweisheit, also einen Extrakt sich daraus gebildet.

Wodurch werden aus Erlebnissen Fähigkeiten und Weisheit in der Seele gebildet? Dadurch, daß wir die Erlebnisse, wie sie zunächst an uns herantreten, Abend für Abend mitnehmen in unsern Schlafzustand; in jene Sphären, in denen die Seele oder der innere Mensch weilt zwischen Abend und Morgen. Da wandelt er in Extrakte, in Essenzen um, was Erlebnis über eine gewisse Zeit ist. Wer das Leben beobachten kann, der weiß, wenn er eine Reihe von Erlebnissen beherrschen und zusammenreihen soll in einer einzelnen Kunst, dann ist es notwendig diese Erlebnisse in entsprechenden Schlafzeiten umzuwandeln. Er kann zum Beispiel am besten dadurch etwas auswendig lernen, daß er etwas lernt, es überschläft, es wieder lernt, es wieder überschläft. Wenn er nicht die Erlebnisse eintauchen kann in den Schlafzustand, um sie herauskommen zu lassen als Fähigkeiten oder in der Form von Weisheit oder Kunst, dann ist er nicht imstande, eine Entwicklung in diesen Erlebnissen durchzumachen.

Da tritt uns auf einer höheren Stufe entgegen, was notwendig ist auf einer niederen Stufe: die Pflanze dieses Jahres kann nicht zu der Pflanze des nächsten Jahres werden, wenn sie nicht in das Unbestimmte des Erdenschoßes zurückkehrt und das nächste Jahr wieder wächst. Hier bleibt die Entwicklung eine Wiederholung. Da wo wir es beim Menschen beleuchtet haben, ist es eine wirkliche «Entwicklung»; da werden die Erlebnisse versenkt in den nächtlichen Schoß des Unbewußten, und sie werden wieder herausgeholt – allerdings in einer Wiederholung, aber um endlich so weit umgewandelt zu sein, daß sie als Weisheit, als Fähigkeiten, als Lebenserfahrungen zutage treten können.

So hat man das Leben zu Zeiten verstanden, in denen man tiefer in die geistigen Welten hineinschauen konnte, als das heute eine äußere Betrachtung kann. Daher finden wir da, wo uns Kulturführer der alten Zeiten besondere Dinge im Bilde mitteilen wollen, gerade auf solche merkwürdigen Grundsätze des menschlichen Lebens hingedeutet. – Fragen wir uns: Was müßte denn jemand tun, der verhindern wollte, daß eine Reihe von Erlebnissen des Tages nicht in seiner Seele Feuer fangen und sich umwandeln in irgendeine Fähigkeit? Fragen wir das zum Beispiel einem sehr bedeutsamen Erlebnis der Seele gegenüber, jenem Erlebnis, das sich herausbildet, wenn jemand längere Zeit hindurch eine gewisse Beziehung zu einer andern Persönlichkeit erlebt. Diese Erlebnisse mit einer andern Persönlichkeit senken sich in das nächtliche Bewußtsein ein und werden wieder herausgeboren aus dem nächtlichen Bewußtsein als das, was wir die Liebe zu der andern Persönlichkeit nennen, die, wenn sie gesund ist, gleichsam ein Extrakt ist der aufeinander folgenden Erlebnisse. Das Gefühl der Liebe zu der andern Persönlichkeit ist dadurch entstanden, daß sich die Summe der Erlebnisse in einen

Extrakt zusammengezogen hat, wie wenn wir die Erlebnisse zu einem Gewebe zusammenformen. – Was müßte nun jemand tun, wenn er verhindern wollte, daß eine Reihe von Erlebnissen zur Liebe werden? Er müßte eine besondere Kunst anwenden: Er müßte verhindern den naturgemäßen Vorgang in der Nacht, daß sich unsere Erlebnisse umgestalten zu der Essenz, zu dem Liebesgefühl; er müßte das, was das Gewebe der Tageserlebnisse ist, wieder auflösen in der Nacht. Wenn er dazu imstande ist, dann erreicht er das, daß an seiner Seele spurlos vorübergeht, was dazu angetan ist, das Erlebnis zu der andern Persönlichkeit in seiner Seele in Liebesgefühl zu verwandeln.

In diese Tiefen des menschlichen Seelenlebens wollte *Homer* hineinweisen, indem er das Bild der *Penelope* hinstellte, die das Erlebnis mit der Freierschar hat: Sie verspricht einem jeden die Heirat, wenn sie ein bestimmtes Gewebe fertig habe; sie entgeht der Einhaltung des Versprechens nur dadurch, daß sie stets in der Nacht wieder auflöst, was sie bei Tage gewebt hat. – Ungeheure Tiefen der Erlebnisse erblicken wir da, wo Seher zugleich Künstler sind. Man hat heute dafür wenig Gefühl und wird derartige Interpretationen solcher Dichter, die zugleich Seher waren, als willkürlich erklären oder sie wohl auch als Phantastereien auslegen. Das tut den alten Dichtern nichts und auch der Wahrheit nichts, sondern höchstens unserer Zeit, die dadurch verhindert wird, in die Tiefen des menschlichen Lebens hineinzugehen.

Wir nehmen also des Abends etwas mit hinein in die Seele, was wir auch wieder mit heraus bringen. Wir nehmen mit hinein, was die Seele entwickelt zwischen Geburt und Tod und sie zu immer höheren Stufen von Fähigkeiten erhebt. Nun fragen wir uns aber: Wo liegt die Grenze dieser Entwicklung des Menschen? – Diese Grenze können wir kennen lernen, wenn wir uns vor Augen führen, wie der Mensch, wenn er des Morgens aufwacht, jedesmal denselben physischen Leib und denselben Ätherleib vorfindet – mit jenen Fähigkeiten und Anlagen, mit jener Konfiguration im Innern, mit denen sie ausgestattet waren von der Geburt des Menschen an. An dieser Konfiguration, an diesen Gestaltungen und inneren Formen des physischen Leibes und des Ätherleibes kann der Mensch nichts ändern. Könnte er in den schlafenden Zustand hinein den physischen Leib, oder wenigstens den Ätherleib mitnehmen, dann könnte er ändern an ihnen. Er trifft sie des Morgens an, wie er sie des Abends verlassen hat. Da haben wir eine deutliche Grenze dessen, was die Entwicklung vermag in dem Leben zwischen Geburt und Tod. Es ist diese Entwicklung zwischen Geburt und Tod im wesentlichen auf das seelische Erleben beschränkt; sie kann nicht übergreifen auf das körperliche Erleben. –

Wir brauchen uns nur klar zu sein: Wenn jemand noch so viel Gelegenheit hätte, äußere Erlebnisse durchzumachen, die ihn musikalisch vertiefen könnten, die geeignet wären in seiner Seele ein tiefes musikalisches Leben zu entwickeln, er könnte es nicht entwickeln, wenn er kein musikalisches Ohr mitbekommen hätte, wenn die physisch-ätherische Formung seines Ohres es ihm nicht möglich machte, den Einklang herzustellen zwischen dem äußeren und dem inneren Menschen. Wir müssen uns aber klar sein: Damit der Mensch ein Ganzes ist, müssen alle einzelnen Glieder seiner Natur eine Einheit, eine Harmonie bilden. Daher werden wir uns sagen können: Alles was ein Mensch mit einem unmusikalischen Ohr an Gelegenheit hat, Erlebnisse in sich zu empfangen, die ihn hinaufheben können auf eine höhere Stufe des musikalischen Erlebens, das muß in der Seele drinnen bleiben, muß resignieren; es kann nicht heraus, weil die Grenze jeden Morgen gezogen ist in dem, was die mitgebrachte Gestalt und Form der inneren Organe ist. Verstehen werden wir eine solche Sache dann, wenn wir uns klar sind, daß es nicht bloß auf die gröbere Gestaltung des Ätherleibes und des physischen Leibes ankommt, sondern auf ganz feine Konfigurationen dabei. Man muß sich klar sein, daß eine jede Seelen-Fähigkeit des Menschen in unserm jetzigen normalen Leben sich ausleben muß durch ein Organ; und wenn das Organ nicht in entsprechender Weise geformt ist, kann sie sich nicht ausleben. Was Physiologie, was Anatomie nicht nachweisen kann, die feine plastische Gestaltung in den Organen, das ist gerade das Wesentliche; sie entgehen natürlich der Anatomie und Physiologie; aber gerade sie sind es, die einer Umformung zwischen Geburt und Tod nicht fähig sind.

Ist nun der Mensch gänzlich ohnmächtig, dasjenige in seinen physischen Leib und Ätherleib hineinzuarbeiten, was er an Erlebnissen und Erfahrungen in seinem astralischen Leib und seinem Ich aufnimmt?

Wir wissen ja, wenn wir den Menschen betrachten, daß bis zu einem gewissen Grade der Mensch auch an seinem physischen Leibe sogar formen kann. Man braucht nur einen Menschen zu betrachten, der zehn Jahre hindurch sein Leben mit einer tiefen inneren Gedankenarbeit zugebracht hat; da werden sich Gesten und Physiognomien geändert haben. Aber das alles ist gebunden an engste Grenzen. Ist es nun immer an solche engste Grenzen gebunden?

Daß es nicht immer an engste Grenzen gebunden ist, das können wir nur verstehen, wenn wir an ein Gesetz appellieren, von dem hier auch schon öfter gesprochen wurde, worauf aber immer wieder hingewiesen werden muß, weil es unserm zeitgenössischen Leben so fern liegt, – ein Gesetz, das sich vergleichen läßt mit dem andern Gesetz, das im 17. Jahrhundert auf einem niedrigeren Gebiete für die Menschheit erobert worden ist.

Bis ins 17. Jahrhundert hinein haben die Menschen geglaubt, es könnten niedere Tiere, Insekten und so weiter aus Flußschlamm herauswachsen. Sie glaubten, daß es bloße Materie sei, welche den Regenwurm und Insekten aus sich herauswachsen ließe. Das war nicht nur ein Glaube von Laien, sondern auch von Gelehrten. Wenn wir in frühere Zeiten zurückgehen, können wir finden, wie alles so systematisiert wurde, daß zum Beispiel angegeben wurde, was man zu tun habe, um rein aus der Umgebung heraus Leben entstehen zu lassen. Da wird zum Beispiel in einem Buche des 7. nachchristlichen Jahrhunderts beschrieben, daß man nur einen Pferde-Leichnam mürbe zu schlagen brauche, um Bienen zu erhalten; von Ochsen bekäme man Hornissen, Wespen von Eseln. Da glaubte man, es wächst aus der Substanz der unmittelbaren Umgebung das Lebendige heraus. Und es war erst im 17. Jahrhundert der große Naturforscher Francesco Redi[3], der zuerst den Satz ausgesprochen hat: Lebendiges kann nur aus Lebendigem entstehen! Wegen dieser Wahrheit, die heute als eine selbstverständliche gilt, so daß kein Mensch begreifen kann, daß man jemals etwas anderes geglaubt hat, wegen dieses Satzes wurde Redi noch im 17. Jahrhundert als ein arger Ketzer betrachtet, der nur mit Mühe und Not dem Schicksal des Giordano Bruno entgangen ist.

So ist es überhaupt mit solchen Wahrheiten: Zuerst galten die, welche sie zu verkünden hatten, als Ketzer, und sie verfielen der Inquisition. Damals kam man mit Verbrennung oder drohte damit. Heute ist man von dieser Art der Inquisition abgekommen. Man verbrennt nicht mehr. Aber diejenigen, welche heute auf dem kurulischen Stuhl der Wissenschaft sitzen, sie betrachten jene Menschen, welche auf einer höheren Stufe eine neue Wahrheit mitteilen, als Narren und Träumer. Als Narren und Träumer werden heute diejenigen betrachtet, welche den Satz, den Francesco Redi im 17. Jahrhundert für das Lebendige aufgestellt hat, in anderer Weise vertreten. Wie Redi darauf hingewiesen hat, daß es eine ungenaue Betrachtungsweise ist, wenn man glaubt, daß aus dem Unlebendigen unmittelbar das Lebendige herauswachsen könne, sondern daß man zurückgehen muß auf ein gleichartiges Lebendiges, auf den Keim, der aus der Umgebung die Substanzen und Kräfte heranzieht, um sich in seinem Sinne zu entfalten: so hat derjenige, der heute auf dem Boden der Geisteswissenschaft steht, zu zeigen, daß das, was mit der Geburt ins Dasein tritt als ein Seelisch-Geistiges, von einem Seelisch-Geistigen gleicher Art herrührt, und daß es sich nicht nur zusammensetzt aus den vererbten Merkmalen. Wie der Regenwurm-Keim die Substanzen heranzieht, um sich zu entwickeln, so muß der seelisch-geistige Keim ebenfalls die Substanzen seiner Umgebung heranziehen, um sich zu entfalten. Mit andern Worten: Wenn wir das Seelisch-Geistige im Menschen zurückverfolgen, kommen wir zu einem früheren Seelisch-Geistigen, das vor der Geburt da ist, und das nichts zu tun hat mit Vererbung. Was in letzter Instanz aus dem Satze folgt: Geistig-Seelisches kann nur aus Geistig-Seelischem kommen! Das führt hin zu dem Satze von den wiederholten Erdenleben, von dem Sie sich überzeugen können, wenn Sie sich tiefer einlassen auf Geisteswissenschaft.

Unser Leben zwischen Geburt und Tod führt zurück auf andere Leben, die wir früher durchgemacht haben. Geistig-Seelisches kommt von Geistig-Seelischem, und in dem Geistig-Seelischen der Vorzeit liegen die Ursachen zu dem, was wir jetzt zwischen Geburt und Tod erleben. Und wenn wir durch die Pforte des Todes gehen, nehmen wir mit, was wir in diesem Leben aufgenommen und aus Ursachen zu Fähigkeiten ausgebildet haben. Das, was wir mitnehmen, wenn wir durch die Pforte des Todes in eine geistig-seelische Welt hineintreten, das bringen wir wieder zurück, wenn wir in künftiger Zeit durch eine neue Geburt ins Dasein treten.

Da sind wir zwischen dem Tode und der neuen Geburt in einer andern Lage, als wenn wir jeden Abend durch den Schlafzustand in die geistige Welt hineingehen, aus der wir morgens wieder aufwachen. Wenn wir morgens aufwachen, finden wir unsern Ätherleib und physischen Leib so wieder, wie sie am Abend waren. Wir können in sie nicht hineinarbeiten, was an uns vorübergegangen ist im Leben zwischen Geburt und Tod. Wir haben eine Grenze gefunden an dem fertigen Ätherleib und physischen Leib. Wenn wir aber durch die Pforte des Todes gehen in eine geistige Welt, legen wir den physischen und Ätherleib ab und nehmen vom Ätherleib nur die Essenz mit. Jetzt sind wir in der geistigen Welt und sind jetzt nicht in die Notwendigkeit versetzt, Rücksicht zu nehmen auf einen bestehenden physischen Leib und Ätherleib. In der ganzen Zeit vom Tode bis zur neuen Geburt kann der Mensch mit rein geistigen Kräften arbeiten; denn er hat es da mit rein geistigen Substanzen zu tun. Er nimmt aus der geistigen Welt dasjenige heraus, was er braucht, um ein Urbild eines neuen physischen Leibes und Ätherleibes zu formen, in welches jetzt die Dinge hineingearbeitet werden, die er in den früheren physischen und Ätherleib nicht hineinarbeiten konnte. So bildet der Mensch ein Urbild seines physischen Leibes und Ätherleibes bis zur neuen Geburt heran, ein rein geistiges Urbild, in das hineinverwoben sind die Erlebnisse, in bezug auf welche die Seele resignieren mußte zwischen Geburt und Tod. Dann tritt der Moment ein, wo das Urbild bei seinem Abschluß angelangt ist und wo der Mensch imstande sein wird, dasjenige, was er in sein Urbild aufgenommen hat, in den plastischen physischen und ätherischen Leib hineinzubilden; dann arbeitet das geistige Urbild mit an jenem Schlafzustand, den der Mensch jetzt durchmacht. –

Könnte der Mensch den physischen Leib und den ätherischen Leib jeden Morgen beim Aufwachen mitbringen, dann könnte er ihn aus der geistigen Welt heraus formen; dann müßte er ihn aber auch umbilden. Aber mit der Geburt wacht der Mensch aus einem Schlafzustand auf; denn Geburt bedeutet aufwachen aus einem Schlafzustand, der in der Tat den physischen Leib und den Ätherleib im vorgeburtlichen Zustand mitumfaßt. Hier ist es, wo astralischer Leib und Ich hinuntersteigen in die physische Welt, in physischen Leib und Ätherleib, die sie jetzt plastisch ausgestalten können, und wo sie hineinformen können alles, was sie im früheren Leben nicht hineinformen konnten in den fertigen Leib. Jetzt können sie in einem neuen Leben am physischen Leib und Ätherleib das zum Ausdruck bringen, was sie als eine höhere Entwicklungsstufe erklimmen konnten, was sie aber in dem früheren Leben nicht erklimmen konnten, weil sie der fertige Ätherleib und physische Leib daran gehindert haben.

So sehen wir, wie der Mensch mit der Geburt in der Tat aus der geistigen Welt heraus aufwacht, aber so, daß er sich jetzt andere Kräfte mitbringt, als er sich sonst am Morgen aus dieser selben geistigen Welt heraus mitbringt. Morgens bringen wir uns nur die Kräfte mit, die unser Seelenleben entwickeln können zwischen Geburt und Tod. Da vermögen wir nicht auf unsere anderen Wesensglieder einzuwirken. Wenn wir aber mit der Geburt aus der geistigen Welt heraus ins Dasein treten, bringen wir uns die Kräfte mit, die plastisch umgestaltend wirken auf physischen Leib und Ätherleib, das heißt die für eine Entwicklung sorgen, in welche physischer Leib und Ätherleib einbezogen werden.

Könnten wir den physischen Leib und Ätherleib nicht zertrümmern; könnte der physische Leib nicht durch den Tod durchgehen, so könnten wir unsere Erkenntnisse nicht in die Entwicklung einbeziehen. Hier ist der Punkt, wo wir sagen müssen: Wenn wir auch noch so sehr mit Furcht und Schrecken dem Tode entgegenschauen und Leid und Schmerz empfinden vor dem Tode, der uns selber treffen soll, so können wir nur sagen, wenn wir die Welt von einem überpersönlichen Standpunkt aus betrachten: Wir müssen den Tod geradezu *wollen!* Denn er allein gibt uns die Möglichkeit, diesen Leib zu zertrümmern, um uns einen neuen im nächsten Leben aufzubauen, damit wir alle unsere Erdenfrüchte hineinbringen ins Leben!

So wirken in dem normalen Gang der Menschheitsentwicklung zwei Ströme zusammen: ein innerer und ein äußerer. Diese beiden Strömungen zeigen sich uns nebeneinanderstehend im physischen Leib und Ätherleib auf der einen Seite und im astralischen Leib und Ich auf der andern Seite. – Was kann der Mensch nun tun zwischen Geburt und Tod in bezug auf physischen Leib und Ätherleib? Nicht nur wird der astralische Leib abgenutzt durch das Seelenleben, sondern es werden auch die Organe des physischen Leibes und des Ätherleibes abgenutzt. Da zeigt sich nun folgendes: Während der astralische Leib in der Nacht in einer geistigen Welt ist, arbeitet er auch zugleich am physischen Leib und am Ätherleib, um sie in jenen Zustand wieder zu bringen, in dem sie normalerweise sind. Nur im nachtschlafenden Zustand kann wieder hergestellt werden im physischen Leib und Ätherleib, was während des Tages zerstört worden ist. So sehen wir, wie allerdings auch an dem physischen Leib und an dem Ätherleib aus der geistigen Welt heraus geschaffen wird. Aber es ist eine Grenze vorhanden: die Anlage und Konfiguration des physischen Leibes und des Ätherleibes sind mit der Geburt gegeben und bleiben innerhalb enger Grenzen dieselben. Wir sehen da gleichsam in der Weltentwicklung zusammenarbeiten zwei Strömungen, welche wir nicht ohne weiteres in abstrakter Weise in Harmonie bringen können. Wer versuchen wollte, mit abstrakten Gedanken diese beiden Strömungen zusammenzudenken, wer leichten Herzens eine Philosophie entwickeln wollte und sagen würde: «Nun ja, harmonisch muß der Mensch sein; also müssen die zwei Strömungen beim Menschen in einer Harmonie sein», der würde sich gewaltig irren. Das Leben arbeitet nicht nach Abstraktionen; das Leben arbeitet so, daß dasjenige, was wir in unsern Abstraktionen erträumen, erst nach langen Entwicklungen erreicht werden kann. Das Leben arbeitet so, daß es Gleichgewichtszustände, Harmonien erst dadurch hervorbringt, daß durch Disharmonien hindurchgegangen wird. So ist das lebendige Spiel im Menschen, das durch Gedanken auch gar nicht so ohne weiteres in Einklang gebracht werden soll. Es bedeutet immer ein abstraktes, nüchternes Denken, wenn wir Harmonie hineinträumen wollen, wo sich das Leben durch Disharmonien hindurch zu Gleichgewichtslagen entwickelt. Das ist aber überhaupt das Schicksal der menschlichen Entwicklung, daß uns die Harmonie vorschweben muß als Ziel, das wir aber nicht erreichen, wenn wir es in irgendeinen Zustand der menschlichen Entwicklung bloß hineinträumen.

So wird uns vielleicht auch nicht unverständlich sein, wenn die Geisteswissenschaft sagt, daß das Leben allerdings sich anders ausnimmt, je nachdem wir es betrachten vom Gesichtspunkt des inneren oder des äußeren Menschen aus. Das sind zwei verschiedene Gesichtspunkte. Wer mit irgendeiner Abstraktion diese zwei Gesichtspunkte vereinigen wollte, der würde nicht berücksichtigen, daß es nicht bloß *ein* Ideal, *ein* Urteil gibt, sondern so viele Urteile wie Gesichtspunkte, und daß gerade durch das Zusammenwirken der verschiedenen Urteile erst die Wahrheit gefunden werden kann. Daher dürfen wir vermuten, daß der Gesichtspunkt des Lebens in bezug auf den inneren Menschen vielleicht ein anderer ist als in bezug auf den äußeren Menschen. Man könnte ja vielleicht durch einen Vergleich klar machen, daß die Wahrheiten ganz relative sind, je nach dem sie von da oder dort her betrachtet werden.

Es ziemt sich ganz gewiß für einen Riesen, der eine Faust hat so groß wie ein kleines Kind, zu sagen: «Ich lache mir ins Fäustchen!» Ob aber der Zwerg, der gerade so groß ist wie ein kleines Kind, vom Riesen sagen kann: «Er lacht sich ins Fäustchen!» das ist eine andere Frage. – Die Dinge nehmen sich notwendig wie sich ergänzende Wahrheiten aus. Es gibt keine absolute Wahrheit in bezug auf äußere Dinge. Die Dinge müssen von den verschiedensten Gesichtspunkten betrachtet werden, und die Wahrheit muß gefunden werden durch die einzelnen Wahrheiten, die sich gegenseitig beleuchten. Daher brauchen auch nicht in dem Leben, wie es uns vor Augen tritt, der äußere Mensch, physischer

Leib und Ätherleib, und der innere Mensch, Astralleib und Ich, in irgendeiner Entwicklungsepoche des Lebens in einem vollkommenen Einklang zu stehen. Würde der Einklang ein vollkommener sein, dann wäre es so, daß der Mensch, wenn er sich des Abends in die geistige Welt hineinbegibt, die Erlebnisse des Tages mitnähme und sie umgestaltete in regelmäßiger Weise in die Essenzen des Könnens, der Weisheit und so weiter. Es würde dann so sein, daß er die Kräfte, die er aus der geistigen Welt des Morgens hineinbringt in die physische Welt, in bezug auf das Seelenleben anwendete; aber niemals würde die Grenze überschritten werden, die wir charakterisiert haben und welche für den physischen Leib gezogen ist. Dann gäbe es aber auch keine menschliche Entwicklung. Der Mensch muß lernen, diese Grenzen selbst zu beachten; er muß sie in sein Urteil aufnehmen. Es muß für ihn im breitesten Umfange die Möglichkeit geben, diese Grenzen zu überschreiten.

Und er überschreitet sie fortwährend! Im wirklichen Leben finden fortwährend Grenzüberschreitungen statt, so daß zum Beispiel der astralische Leib und das Ich, wenn sie auf den physischen Leib wirken, die Grenzen nicht einhalten. Dadurch aber übertreten sie die dem physischen Leibe eingepflanzte Gesetzmäßigkeit. Wir schauen dann dasjenige, was an solchen Grenzüberschreitungen geschehen ist, in Unregelmäßigkeiten, in Desorganisationen des physischen Leibes, in dem Hervortreten dessen, was sich darstellt als die Krankheiten, die aus dem Geiste, aus Astralleib und Ich heraus, bewirkt worden sind. – Noch in anderer Weise kann eine Grenze überschritten werden, nämlich dadurch, daß der Mensch als innerer Mensch die Zusammenstimmung mit der äußeren Welt nicht trifft, daß er versagt in bezug auf den vollständigen Einklang mit der äußeren Welt. Wir können uns das an einem drastischen Beispiel klar machen.

Als vor wenigen Jahren der berühmte Ausbruch des Mont Pelée in Zentral-Amerika stattgefunden hatte, fand man nachher in den Trümmern ganz merkwürdige, sehr lehrreiche Dokumente. Auf einem stand: «Ihr braucht euch nicht mehr zu fürchten, denn die Gefahren sind alle vorüber; es werden keine weiteren Ausbrüche mehr erfolgen! Das zeigen uns die Gesetze, die wir als Natur-Gesetze erkannt haben.» – Diese Dokumente, auf denen geschrieben war, daß weitere vulkanische Ausbrüche unmöglich wären nach der Naturerkenntnis, waren verschüttet worden – und mit ihnen die Gelehrten, die diese Dokumente verfaßt hatten aus der gewöhnlichen Gelehrten-Erkenntnis. Wir sehen hier sich ein tragisches Ereignis vollziehen. Aber gerade daran können wir die Disharmonie des Menschen mit der physischen Welt ganz klar sehen. Niemand kann zweifeln, daß der Verstand derjenigen Gelehrten, die diese Naturgesetze erforscht haben, ausgereicht hätte, die Wahrheit zu finden, wenn er nur gehörig ausgebildet worden wäre. Denn an Verstand hat es ihnen nicht gemangelt. Merkwürdig ist es, daß der Verstand dazu gehört, aber daß er doch allein gar nichts machen kann. Denn die Tiere, die vor solchen Katastrophen stehen, wandern aus! Das ist eine bekannte Tatsache. Nur die Haustiere gehen mit dem Menschen zugrunde. Es genügt also der sogenannte tierische Instinkt, um weit mehr an Weisheit gegenüber solchen kommenden Ereignissen zu entwickeln, als die heutige menschliche Weisheit. Dasjenige was «Verstand» ist, macht es nicht aus; unser heutiger Verstand ist auch bei denjenigen genügend vorhanden, welche die größten Torheiten begehen. Unser Verstand reichte also wohl aus; aber es reichen nicht aus die Erfahrungen aus den Erlebnissen, weil diese nicht gereift sind. In dem Augenblick, wo der Verstand mit engbegrenzten Erlebnissen etwas festsetzt, was ihm plausibel erscheint, da kann er in diese Disharmonie kommen mit den wirklichen äußeren Erlebnissen, und dann brechen die äußeren Erlebnisse über ihm zusammen. Denn es besteht ein Verhältnis zwischen dem physischen Leib und der Welt, das der Mensch nach und nach erkennen und überschauen wird mit den Kräften, die er heute schon hat; aber erst dann wird er es können, wenn er sich Erlebnis über Erlebnis aus der äußeren Welt gesammelt hat und diese Erlebnisse verarbeitet hat. Dann wird an dem, was er aus diesen Erlebnissen entwickelt hat, um völlige Harmonie herzustellen, auch kein anderer Verstand mitgearbeitet haben als der heutige; denn der Verstand ist gerade heute auf einer gewissen Höhe angelangt. Was fehlt, ist die Ausreifung der Erfahrungen und Erlebnisse. Wenn diese Ausreifung der Erlebnisse nicht dem Äußeren entspricht, dann kommt der Mensch in Disharmonie mit der Außenwelt und kann an den Ereignissen der Außenwelt zerbrechen.

Wir haben an einem drastischen Beispiel gesehen, wie die Disharmonie eingetreten ist zwischen dem physischen Leib der betreffenden Gelehrten und dem, was sie in ihrem Innern als ihre Seelen-Entwicklungsstufe erreicht haben. Wir haben dieses Beispiel herangezogen, um unsere Betrachtungen zu verdeutlichen. Diese Disharmonie braucht nicht dadurch aufzutreten, daß gewaltige Ereignisse über uns zusammenbrechen; sondern eine solche Disharmonie ist prinzipiell und wesentlich immer dann gegeben, wenn irgendwelche äußeren Schädigungen unsern physischen und Ätherleib treffen; wenn äußere Schädigungen den äußeren Menschen so treffen, daß er nicht imstande ist, durch seine Kräfte von innen diesen äußeren Schädigungen entgegenzuarbeiten, sie aus seinem Leben zu verbannen. Dasselbe ist jedesmal der Fall, wenn irgendeine äußere Schädigung an uns herantritt, sei sie nun äußerlich sichtbar oder sei sie eine sogenannte innere Schädigung, die aber doch eigentlich eine äußerliche ist; denn wenn wir uns den Magen verderben, so ist das dem Wesen nach ganz dasselbe, als wenn uns ein Ziegelstein auf den Kopf fällt. Es ist der Fall, wenn der Konflikt entsteht – oder entstehen kann – zwischen dem inneren Menschen und dem, was von außen an ihn herantritt; wenn der innere Mensch diesem äußeren Menschen nicht gewachsen ist.

Und im Grunde ist jede Krankheit eine solche Disharmonie, eine solche Grenzüberschreitung zwischen dem inneren und dem äußeren Menschen. Was in einer fernen Zukunft als eine Harmonie erst erreicht werden muß, was ein abstrakter Gedanke bleiben würde, wenn wir es hineinträumen wollten in das Leben, das stellt sich dadurch her, daß tatsächlich fortwährend Grenzüberschreitungen stattfinden. Der Mensch lernt erst dadurch immer reifer in bezug auf sein inneres Leben zu werden, wenn er allmählich sieht, wie er durch das, was er schon erlangt hat, dem äußeren Leben nicht gewachsen ist. Das bezieht sich nicht nur auf die Dinge, welche das Ich durchdringt, sondern auch auf dasjenige, was der astralische Leib durchdringt. Was das Ich durchdringt, erlebt der Mensch bewußt vom Aufwachen bis zum Einschlafen; wie der astralische Leib wirkt, wie er seine Grenzen überschreiten kann und sich ohnmächtig erweisen kann, um eine richtige Harmonie herzustellen zwischen innerem und äußerem Menschen, das entzieht sich zwar dem gewöhnlichen Bewußtsein des Menschen, ist aber dennoch vorhanden. In allen diesen Dingen haben wir das tiefere innere Wesen der Krankheit gegeben.

Welches sind nun die zwei möglichen Ausgänge der Krankheit? – Entweder es tritt Heilung ein, oder die Krankheit endet mit dem Tode. Wie wir die Entwicklung des normalen Lebens betrachten, so können wir hineinstellen Tod auf der einen Seite, Heilung auf der andern Seite.

Was bedeutet nun für die gesamte Entwicklung des Menschen eine *Heilung?* – Da müssen wir uns klar sein, was für die Gesamtentwicklung des Menschen zunächst die Krankheit ist.

Die Krankheit stellt dar eine Disharmonie zwischen innerem und äußerem Menschen; der innere Mensch kann nicht in Harmonie kommen mit dem äußeren Menschen, wenn Krankheit gegeben ist. Es muß sich in gewisser Weise der innere Mensch zurückziehen aus dem äußeren Menschen. Wir können das am einfachsten sehen, wenn wir uns in den Finger schneiden. – Wir können nur den physischen Leib zerschneiden, nicht den Astralleib. Aber der Astralleib muß fortwährend eingreifen in das gewöhnliche Getriebe, und die Folge ist jetzt, daß der astralische Leib in dem zerschnittenen Finger nicht dasjenige findet, was er finden müßte, wenn er bis in die kleinsten Teile den Finger durchdringen will. Er fühlt sich zurückgestoßen aus dem physischen Fingerteil. Das ist das Wesentliche einer ganzen Summe von Krankheiten, daß der innere Mensch sich vom äußeren zurückgestoßen fühlt, daß er nicht Anteil nehmen kann an dem äußeren Menschen, weil er zerstört ist, weil er ihm durch Schädigung entrissen ist. Nun können wir die Sache so weit bringen, daß wir durch äußere Einwirkungen den äußeren Menschen herstellen – oder den inneren Menschen so stark machen, daß er selbst den äußeren Menschen herstellt; das heißt es kann Heilung eintreten. Dann wird in einer schwächeren oder stärkeren Art die Verbindung von äußerem und innerem Menschen nach der Heilung wiederum da sein; das heißt es kann jetzt der innere Mensch in gewisser Weise die Möglichkeit finden, in dem korrigierten äußeren Menschen doch weiter zu leben; er kann wieder eingreifen.

Das ist ein Vorgang, der sich vergleichen läßt mit dem Aufwachen. – Es war ein künstliches Zurückgezogensein des inneren Menschen. Jetzt ist ihm neuerdings die Möglichkeit gegeben, im äußeren Menschen das zu erleben, was der Mensch nur in der äußeren Welt erleben kann. Die Heilung gibt dem Menschen die Möglichkeit, zurückzukehren und das hineinzutragen, was er nicht hineintragen könnte, wenn er nicht zurückkehren könnte. Daher wird das, was den Heilungsprozeß ausmacht, aufgenommen in den inneren Menschen und bildet jetzt einen inneren Bestandteil dieses inneren Menschen. Genesung, Heilung ist das, worauf wir mit Befriedigung, mit Genugtuung zurückblicken können, weil wir uns sagen können: Ebenso wie wir beim Einschlafen etwas mitnehmen für den inneren Menschen, wodurch wir ihn höher bringen, so nehmen wir durch die Heilung etwas mit, wodurch wir den inneren Menschen höher bringen. Wenn es auch nicht gleich sichtbar ist, vorhanden ist es: Wir werden in unserm inneren Menschen, in unserm seelischen Erleben unter allen Umständen erhöht; wir erfahren eine Steigerung unseres inneren Menschen durch die Genesung. Wir nehmen in die geistige Welt, die wir während des Schlafes durchleben, dasjenige mit, was wir durch die Genesung haben. Die Heilung ist also etwas, was mit hineingeht in den Schlafzustand, was uns stärkt in bezug auf die Kräfte, die wir heranbilden während des Schlafzustandes. – Alles was die geheimnisvollen Beziehungen von Heilung und Schlaf sind, würde sich erläutern lassen, wenn wir Zeit hätten, diese angedeuteten Gedanken ganz auszubreiten. Daraus können Sie schon sehen, wie wir die Heilung gleichstellen können dem, was wir des Abends mit hineinnehmen in die geistige Welt, und was die Entwicklungsvorgänge fördert, insofern sie zwischen Geburt und Tod überhaupt gefördert werden können. Was wir aber aus den äußeren Erlebnissen im normalen Erleben nach innen hineinziehen, das muß in unserm Seelenleben zwischen Geburt und Tod als höhere Entwicklung herauskommen. Doch nicht immer muß dasjenige, was wir als Heilung aufnehmen, herauskommen; wir können es sehr wohl mitnehmen durch die Pforte des Todes, und es kann uns erst in einem nächsten Leben zugute kommen. Was uns aber die Geisteswissenschaft zeigt, ist dies: Daß wir einer jeglichen Heilung dankbar sein müssen, denn eine jede Heilung bedeutet eine Erhöhung des inneren Menschen, die wir nur mit den Kräften erreichen, die im Innern aufgenommen werden.

Die andere Frage ist die: Was bedeutet für den Menschen eine Krankheit, die mit dem Tode endet?

In gewisser Weise bedeutet sie das Umgekehrte, daß wir nicht imstande sind, die zerstörte Harmonie zwischen innerem und äußerem Menschen wieder herzustellen; daß wir die Grenze nicht überschreiten können in diesem Leben zwischen dem inneren und dem äußeren Menschen; daß dieses Überschreiten der Grenze in richtiger Art uns in diesem Leben unmöglich ist. Wie wir stille stehen müssen vor dem gesunden Leib am Morgen, wenn wir aufwachen, so müssen wir, wenn eine Krankheit mit dem Tode endet, stille stehen vor dem geschädigten Leib, können nicht wieder eine Änderung an ihm hervorrufen. Wie der gesunde Leib bleibt, wie er ist, und uns am Morgen aufnimmt, so nimmt uns der geschädigte Leib nicht auf, – das heißt, wir müssen mit dem Tode endigen. Wir müssen diesen Leib verlassen, weil wir nicht imstande sind, die Harmonie wieder herzustellen. Dafür aber nehmen wir diese Erlebnisse nunmehr mit in die geistige Welt, die wir betreten, ohne daß wir einen äußeren Leib zur Verfügung haben. Was wir als Frucht in uns aufgenommen haben, daß uns ein geschädigter Körper nicht wieder aufnimmt, das wird eine Bereicherung desjenigen Lebens, das zwischen dem Tode und einer neuen Geburt verläuft. So müssen wir also auch einer Krankheit, die mit dem Tode endet, dankbar sein, weil sie uns die Möglichkeit bietet zu einer Steigerung unseres Lebens zwischen Tod und neuer Geburt, um die Kräfte und Erfahrungen zu sammeln, die nur zwischen Tod und neuer Geburt ausreifen können.[4]

Da haben wir die seelische Konsequenz einer Krankheit, die

mit dem Tode endet, und die seelische Konsequenz einer Krankheit, die mit Heilung endet. In das ganze innere Leben greifen die Heilungsprozesse ein und bringen uns vorwärts; in alles was die Entwicklung in einer äußeren Welt bedeutet, greifen die Krankheiten ein, die mit dem Tode enden. Das gibt uns zwei Gesichtspunkte: Wir können einer Krankheit, die mit einer Heilung endet, dankbar sein, weil wir durch sie in unserm Innern stärker geworden sind; und wir können einer Krankheit, die mit dem Tode endet, dankbar sein, weil wir wissen: Wenn wir uns auf eine höhere Stufe erheben in dem Leben zwischen Tod und neuer Geburt, so wird der Tod für uns von unendlicher Wichtigkeit sein, und wir haben dann gelernt, daß unser Leib nicht so sein darf, wenn wir ihn wieder aufbauen. Und wir werden jene Schädigungen vermeiden, an denen wir gescheitert sind.

So haben wir in der Tat die Notwendigkeit, uns auf zwei Gesichtspunkte zu stellen. Keinem Menschen sollte es einfallen, etwa aus der Geisteswissenschaft heraus zu sagen: Wenn der Tod, mit dem eine Krankheit endet, etwas ist, dem wir dankbar sein müssen, wenn der tödliche Ausgang einer Krankheit etwas ist, was uns im nächsten Leben höher bringt, dann müßten wir die Krankheit mit dem Tode endigen lassen und sie nicht heilen! – Wer das sagte, spräche nicht im Sinne wahrer Geisteswissenschaft, denn eine solche hat es nicht mit Abstraktionen zu tun, sondern mit denjenigen Wahrheiten, die von den verschiedensten Gesichtspunkten gewonnen werden. Wir haben die Pflicht, mit allen Mitteln, die uns zu Gebote stehen, für die Heilung zu sorgen. Innerhalb des menschlichen Bewußtseins liegt die Aufgabe zu heilen, so viel man kann. Denn der Standpunkt, daß wir auch dem Tode dankbar sein können, wenn er eingetreten ist, ist nicht ein solcher, der in das gewöhnliche menschliche Bewußtsein hineinfällt, sondern der nur gewonnen werden kann, wenn man über das gewöhnliche Menschheitsbewußtsein sich erhebt. Von einem «Götter-Standpunkt» aus ist es berechtigt, diese oder jene Krankheit mit dem Tode endigen zu lassen; vom menschlichen Standpunkt aus ist es nur berechtigt, alles aufzuwenden, was die Heilung herbeiführen kann. Eine Krankheit, die mit dem

Tode endet, muß von einem andern Gesichtspunkt aus beurteilt werden. Zwischen diesen zwei Gesichtspunkten gibt es zunächst keine Vereinigung; sie müssen nebeneinander hergehen. Alles abstrakte Harmonisieren nützt hier nichts. Die Geisteswissenschaft muß vordringen zu der Anerkennung solcher Wahrheiten, die von *einer* gewissen Seite das Leben darstellen, und anderer Wahrheiten, die es von einer *andern* Seite darstellen.

Richtig ist der Satz: «Heilung ist gut! Heilung ist Pflicht!» Richtig ist aber auch der andere Satz: «Der Tod ist gut, wenn er als das Ende einer Krankheit auftritt; der Tod ist wohltätig für die gesamte menschliche Entwicklung!» – Trotzdem sich beide Sätze widersprechen, enthalten sie beide lebendige Wahrheiten für das lebendige Erkennen. Gerade wo in das Menschenleben zwei solche Strömungen hineinleuchten, die sich erst harmonisieren müssen, sehen wir, wie wir nicht schablonisieren und systematisieren dürfen, sondern daß wir das Leben im breitesten Umfange betrachten müssen. Klar müssen wir uns sein, daß sogenannte Widersprüche, wenn sie nur auf Erfahrung, auf Erleben und auf tieferer Erkenntnis der Sache beruhen, unsere Erkenntnis nicht beeinträchtigen, sondern daß sie uns gerade nach und nach in eine lebensvolle Erkenntnis hineinführen, weil das Leben selber sich zu Harmonie entwickelt.

Das normal verlaufende Leben schlingt sich so fort, daß wir aus Erlebnissen uns Fähigkeiten bilden und daß wir aus dem, was wir zwischen Geburt und Tod nicht innerlich verarbeiten können, dasjenige weben, was wir dann zwischen Tod und neuer Geburt verarbeiten können. In diesen normalen Gang des Menschenlebens schlingen sich Heilung und tödliche Krankheit so hinein, daß eine jede Heilung ein Beitrag ist, um den Menschen hinaufzuführen zu höheren Stufen, und daß eine jede tödliche Krankheit den Menschen wiederum hinaufführt auf eine höhere Stufe; einmal in bezug auf den inneren, das andere Mal in bezug auf den äußeren Menschen. So schreitet die Welt vorwärts, indem sie nicht in einer, sondern in zwei entgegengesetzten Strömungen fortschreitet. Gerade an Krankheit und Heilung zeigt sich uns die ganze Kompliziertheit des menschlichen Lebens.

Wäre nicht Krankheit und nicht Heilung, so würde das normale Leben nur so verlaufen können, daß der Mensch am Gängelbande des Daseins sein Leben fortspänne, immer an der Grenze stehen bliebe, und sozusagen aus der geistigen Welt heraus zwischen Tod und neuer Geburt sich die Kräfte geben lassen müßte, um seinen Organismus neu aufzubauen. Da würde der Mensch nie die Früchte seiner eigenen Arbeit an der Weltentwicklung entfalten können. Diese Früchte kann der Mensch in den engeren Grenzen des Lebens nur dadurch entfalten, daß er *irren* kann; denn nur dadurch daß man weiß, welches der Irrtum ist, kommt man zu einer Überzeugung der Wahrheit. Die Wahrheit so aufnehmen, daß sie die eigene Angelegenheit der Seele wird, daß sie hineingreift in die Entwicklung, das kann man nur, wenn man die Wahrheit aus dem Mutterboden des Irrtums herausholt. Gesundheit könnte der Mensch auch haben, wenn er nicht mit seinen eigenen Fehlern und Unvollkommenheiten durch Grenzüberschreitungen eingriffe ins Leben. Eine Gesundheit, die so zustande kommt wie die innerlich erkannte Wahrheit, eine Gesundheit, die sich der Mensch von Inkarnation zu Inkarnation durch sein eigenes Leben selbst erringt, eine solche Gesundheit kommt durch die realen Irrtümer, durch die Krankheiten zustande, also dadurch, daß der Mensch auf der einen Seite lernt, seine realen Irrtümer und Fehler in der Heilung zu überwinden, und auf der andern Seite dadurch, daß er in dem Leben zwischen Tod und neuer Geburt auf diejenigen Fehler hingestoßen wird, die er in einem Leben nicht gutmachen konnte, damit er lernt, sie in dem nächsten Leben gut zu machen.

Wir können jetzt wiederum anknüpfen an unser drastisches Beispiel und können sagen: Der Verstand jener Gelehrten, welche damals so falsch prophezeit haben, wird nicht bloß vorsichtig werden, um nicht so schnell zu urteilen, sondern er wird die Erlebnisse ausreifen lassen, um nach und nach Harmonie herzustellen mit dem Leben.

So sehen wir, wie Heilung und Krankheit in das Menschenleben eingreifen und zu dem führen, ohne das der Mensch sein Ziel nie als sein eigenes erreichen könnte. Wenn wir so Krankheit und Heilung betrachten, können wir sehen, wie das scheinbar abnorme Eingreifen in unsere Entwicklung – und dazu gehören Krankheit und Heilung und der tödliche Ausgang der Krankheit – zum menschlichen Dasein gehört, wie der Irrtum dazu gehört, wenn wir die Wahrheit erkennen wollen. – Wir könnten in bezug auf Krankheit und Heilung dasselbe sagen, was ein großer Dichter in einer wichtigen Epoche über den menschlichen Irrtum gesagt hat:

«Es irrt der Mensch, so lang' er strebt!»[5] Das könnte unter Umständen so erscheinen, als ob der Dichter hätte sagen wollen: «Es irrt der Mensch immer!» Der Satz ist aber umkehrbar, und wir können ihn so aussprechen: «Es strebe der Mensch, so lange er irrt!» Der Irrtum gebiert ein neues Streben. Der Satz: «Es irrt der Mensch, solang' er strebt!» braucht uns daher durchaus nicht mit Trostlosigkeit zu erfüllen; denn jeder Irrtum erzeugt neues Streben, und der Mensch wird so lange streben, bis er über den Irrtum hinaus ist. Das heißt: Der Irrtum selber führt über sich hinaus zur menschlichen Wahrheit! Und ebenso können wir sagen: Es mag der Mensch erkranken, so lange er sich entwickelt! Durch die Krankheit entwickelt er sich zugleich zur Gesundheit. So strebt die Krankheit in der Heilung und sogar im Tode über sich selbst hinaus und erzeugt die Gesundheit nicht als ein dem Menschen Fremdes, sondern als eine aus dem Menschenwesen selbst herausgewachsene, mit diesem Menschenwesen übereinstimmende Gesundheit.

Alles was in solchen merkwürdigen und bedeutungsvollen Gebieten erscheint, ist wohl geeignet, uns zu zeigen, wie die ganze Welt in ihrer Weisheit so eingerichtet ist, daß der Mensch in allen Entwicklungsmomenten die Gelegenheit findet, über sich selbst hinauszuwachsen – ganz im Sinne jenes Satzes von Angelus Silesius, mit dem wir den Vortrag «Was ist Mystik?»[6] beschließen konnten. Wir wandten ihn damals auf die intimere Entwicklung an; jetzt können wir ihn ausdehnen in bezug auf das weite Gebiet von Krankheit und Heilung und können sagen: Selbst da zeigt sich uns wahrhaftig:

Wann du dich über dich erhebst und Gott läßt walten:
So wird in deinem Geist die Himmelfahrt gehalten!

Über die Krankheitsursachen

Wenn ich Ihnen das erklären soll[7], so möchte ich Ihnen über die Art und Weise sprechen, wie Krankheiten überhaupt entstehen, wenn sie von innen kommen. Ich habe darüber zwar schon einzelne Andeutungen gemacht, aber ich möchte Ihnen doch einmal erklären, wie Krankheiten entstehen, wenn sie von innen heraus auftreten. Es ist ja natürlich sehr leicht zu begreifen, warum man krank wird, wenn man ein Bein bricht oder sich den Schädel aufschlägt, wenn man hinfällt. Da ist eben eine äußerliche Verletzung vorhanden, und man kann das sehr leicht begreifen. Es ist ja äußerlich sichtbar, was die Ursache der Krankheit ist. Aber bei sogenannten inneren Krankheiten denkt man eigentlich meistens nicht daran, woher die kommen, wie sie eigentlich da sich plötzlich geltend machen. Und das verbindet sich mit der Frage, die vorher jemand gestellt hat, mit der Frage, wie es kommt, daß man, wenn man in die Nähe eines bestimmten Kranken kommt, davon angesteckt wird. Das scheint auch eine äußere Ursache zu sein.

Die äußere Wissenschaft, die beantwortet es sich sehr leicht, indem sie sagt: Nun ja, von dem Kranken, der also zum Beispiel die Grippe hat, fliegen eben die Bazillen weg, und dann atme ich die Bazillen ein und diese bringen mir die Krankheit. Es ist gerade so, wie wenn mich einer mit der Hacke schlägt und ich werde davon krank: da schmeißt der Kranke einen Batzen von Bazillen auf mich, bombardiert mich damit, und ich werde dadurch krank. – Nun, so einfach liegen aber die Sachen durchaus nicht, sondern sie liegen eben durchaus anders. Und das können Sie dann begreifen, wenn Sie von dem ausgehen, daß der Mensch ja eigentlich im alltäglichen Leben immer ein bißchen krank wird, und sich immer ein bißchen kuriert. Eigentlich besteht unser gewöhnliches physisches Leben darin, daß wir immer ein bißchen krank werden und uns ein bißchen kurieren. Aber das ist doch auch nicht ganz im eigentlichen Sinne. Ein bißchen krank ist jeder von uns, wenn er Durst hat, wenn er Hunger hat, und ein bißchen kuriert er sich, wenn er trinkt und wenn er ißt. Denn Sie begreifen ja, daß man richtig sagen kann: Der Hunger ist der Anfang von einer Krankheit, wenn er sich länger fortsetzt. Man stirbt daran. Denn schließlich kann man ja an Hunger sterben, und noch leichter an Durst. Also es ist schon im gewöhnlichen alltäglichen Dasein etwas da wie der Anfang von einer Krankheit. Jedes Trinken ist eine Heilung, und jedes Essen ist eigentlich eine Heilung.

Aber jetzt müssen wir uns klarmachen, was denn da eigentlich geschieht, wenn wir Hunger kriegen, und wenn wir Durst kriegen. Also nehmen wir das erste: wenn wir Hunger kriegen. Sehen Sie, unser Körper ist nämlich innerlich nie ruhig, der ist immer in einer inneren Tätigkeit. Und diese innerliche Tätigkeit, in der unser Körper immer ist, die kann ich Ihnen auf folgende Weise so ein bißchen, annähernd, durch eine Zeichnung klarmachen. Denken Sie sich, das wäre ein Stückchen unseres Körpers (siehe Zeichnung), und in dieses Stückchen unseres Körpers las-

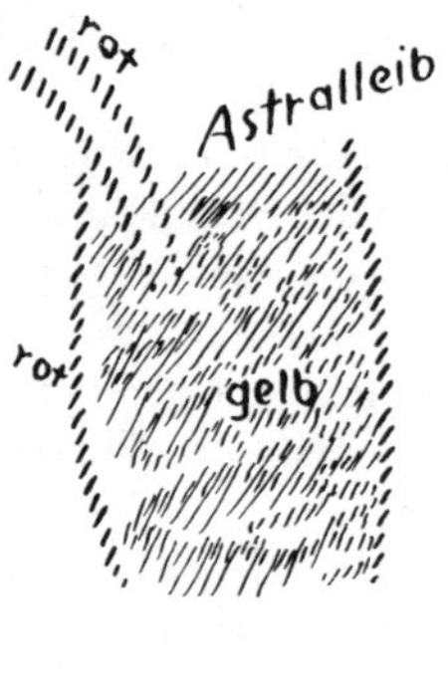

sen wir durch die Ernährung Nahrungsstoffe hineinkommen, also äußere Stoffe, die wir durch die Nahrung aufnehmen. Jetzt sind die da drinnen. Wir haben sie meinetwillen vom Mund durch die Verdauungskanäle irgendwohin nach dem Körper aufgenommen.

Aber sehen Sie, wenn diese Nahrungsstoffe in uns hineinkommen, dann wird unser ganzes Menschenwesen gegen diese Nahrungsstoffe sogleich rebellisch. Das Menschenwesen läßt ja die Nahrungsstoffe nicht so, wie sie sind, sondern es zerstört sie. Die Nahrungsstoffe müssen zerstört werden, also eigentlich zersplittert werden. Im Mund werden sie ja schon aufgelöst. Sie werden überhaupt ganz, man möchte sagen, vernichtet. Sie werden vernichtet. Und das ist deshalb, weil fortwährend in unserem Leib drinnen eine Tätigkeit ist, die gar nicht aufhört. Diese Tätigkeit muß man geradeso betrachten, wie man Finger oder Hände betrachten muß, denn der Leib ist fortwährend in innerer Tätigkeit, und man kann es nicht so machen, wie es die gewöhnliche Wissenschaft macht, daß sie einfach hinschaut, wie wir ein Stück Brot essen, wie dann dieses Brot im Munde aufgelöst wird, wie es sich verteilt im Körper, sondern man muß darauf Rücksicht nehmen, daß der Leib des Menschen fortwährend tätig ist. Nun denken Sie aber: Wenn ich nichts in ihn hineintue, wenn der Leib des Menschen da ist, und nichts kommt in ihn hinein, es ist die Mahlzeit schon weit hinter uns, vier, fünf Stunden vorüber, es kommt nichts hinein – ja, aber die Tätigkeit im Leibe hört nicht auf.

Also ich werde, was ich da rot gezeichnet habe, als das betrachten, was man gewöhnlich sieht, und dasjenige, was innere Tätigkeit ist, werde ich jetzt gelb hineinmachen. Aber dieses Gelbe ist eigentlich in einem fortwährenden inneren Erzittern, in einer fortwährenden Tätigkeit. Sehen Sie, jetzt sind Sie gewissermaßen ein leerer Schlauch, in dem es aber nicht ruhig ist, sondern in dem es drinnen rumort. In innerer Tätigkeit sind Sie. Und solange Sie für diese innere Tätigkeit etwas haben, worauf sich diese innere Tätigkeit richten kann, dann behagt es dieser inneren Tätigkeit. Das ist insbesondere nach der Mahlzeit der Fall. Da kann diese innere Tätigkeit alle Stoffe auflösen, vernichten. Sie ist damit zufrieden. Sehen Sie, das ist der Unterschied zwischen dieser inneren Tätigkeit, die wir in uns haben, und zwischen dem Menschen im ganzen, wie er unter uns ist. Er kann faul werden. Aber diese innere Tätigkeit wird nie faul, die hört gar nie auf. Und wenn ich nichts in mich hineintue, so ist es so, wie wenn ich einen leeren Mehlsack habe, aber da drinnen eine Tätigkeit ist, auch wenn ich alle Materie vermeide. In der Geisteswissenschaft nennen wir das den Astralleib[8], aus gewissen Gründen, die ich Ihnen später noch sagen werde; dieser ist niemals faul, ist immer tätig. Wenn er tätig sein kann, diese Nahrungsmittel zu zerstören, zu zersplittern, aufzulösen, dann ist er von innerer Behaglichkeit erfüllt, dann hat er seine innere Lust. Führe ich keine Nahrungsmittel in den Körper hinein, dann ist er unbefriedigt, dann äußert sich diese Unbefriedigung, und die Äußerung dieser Unbefriedigung ist Hunger. Hunger ist nichts Ruhendes; Hunger ist eine Tätigkeit in uns. So daß man sagen muß: Hunger ist richtig eine seelisch-geistige Tätigkeit in uns, die nicht befriedigt werden kann. Es ist eigentlich wirklich so, daß man sagen kann: Diese Tätigkeit in uns, die ist verliebt in die Nahrungsmittel, und wenn sie keine Nahrungsmittel kriegt, dann ist sie ebenso unbefriedigt wie irgendein Liebhaber, dem die Geliebte davongelaufen ist und nicht da ist. Und diese Unbefriedigung ist der Hunger. Das ist durchaus etwas Geistiges, der Hunger.

Nun, die Tätigkeit, die da drinnen ausgeübt wird, die besteht also darin, daß die Nahrungsmittel zerstäubt werden, daß das, was von ihnen brauchbar ist, in die Blutadern übergeht, das andere durch den Urin oder die Fäkalien ausgeworfen wird. Und auf diese Weise geht regelmäßig die gesunde Tätigkeit des Menschen vor sich, daß sein Astralleib Gelegenheit hat, richtig zu arbeiten, richtig die Nahrungsmittel zu zerstören, aufzulösen, das, was brauchbar ist, in den Körper hineinzuschieben, das, was nicht brauchbar ist, auszustoßen.

Diese Tätigkeit des Menschen, die kann nicht eine so ganz allgemeine Tätigkeit sein, sondern in dieser Tätigkeit drinnen ist etwas ungeheuer Weisheitsvolles enthalten. Denn nehmen Sie an, da heroben wäre die Lunge (siehe Zeichnung, S. 38), und weiter unten haben wir die Milz; da oben die Lunge, da unten die Milz. Sowohl zu der Lunge wie zu der Milz gehen Blutadern hin, durch die immerwährend aufgelöste Nahrungsmittel, verwandelte Nahrungsmittel hingeschickt werden. Ja, die Lunge braucht ganz andere Stoffe als die Milz! Es ist gerade so, wenn Sie diese Tätigkeit, die ich Ihnen beschrieben habe als Astralleib, betrachten, als ob der Astralleib viel gescheiter wäre als der Mensch. Der Mensch, der kriegt ohnedies nichts fertig, als daß er die Nahrungsmittel in den Mund hereinstopft. Aber diese Tätigkeit, die ich angeführt habe, die sondert aus – wie wenn Sie damit beschäftigt wären, zwei Stoffe voneinander abzusondern, und den einen dorthin zu werfen, weil er dort verwendet werden soll, den andern dahin zu werfen. Das tut diese Tätigkeit. Gewisse Stoffe sondert sie ab und schickt sie in die Lunge, gewisse Stoffe schickt sie in die Milz, andere Stoffe schickt sie in den Kehlkopf und so weiter. Da drinnen ist eine weise Verteilung. Und was wir unseren Astralleib nennen, das ist ungeheuer weise, weiser als wir selber. Wenn Sie den gelehrtesten Menschen heute fragen würden, wie er das einrichten soll, daß er die richtigen Stoffe in die Lunge oder in den Kehlkopf oder in die Milz kriegt – ja, der wüßte nichts darüber zu sagen. Aber innerlich weiß das der Mensch nämlich; sein Astralleib weiß das. So sind schon die Dinge, wenn man sie richtig betrachtet.

Allerdings kann dieser Astralleib auch dumm werden – noch immer nicht so dumm wie der Mensch, aber er kann im Verhältnis zu seiner eigenen Gescheitheit auch dumm werden. Dieser Astralleib kann auch dumm werden. Nehmen wir einmal an, er wird auf folgende Weise dumm.

Der Mensch ist dadurch, daß er so oder so geboren ist, innerlich mit gewissen Kräften ausgestattet. Sein astralischer Leib nun, dasjenige, was in ihm tätig ist, was auch Hunger kriegt, ist eigentlich darauf angewiesen, nicht nur eine solche innere Tätigkeit zu entwickeln. Die Tätigkeit, die da entwickelt wird für die Nahrungsmittel, die wird auch entwickelt, wenn sich einer hinsetzt und den ganzen Tag so wie eine Pagode, so wie ein orientalisches Götzenbild dasitzt; da würde immer noch der astralische Leib tätig sein. Aber das genügt nicht. Wir müssen auch äußerlich etwas tun. Wir müssen herumgehen. Und wenn wir gar nichts zu arbeiten haben, so müssen wir spazieren gehen. Der Astralleib verlangt auch, daß wir herumgehen. Und das ist bei jedem Menschen verschieden: der eine braucht mehr, der andere weniger Bewegung.

Nehmen wir nun an, dadurch, daß einer in einer gewissen Weise seine Anlagen hat von seiner Geburt aus, wird er ein Sitzer. Es gefällt ihm in seinem dummen Kopf, man könnte auch sagen, in seinem Ich, viel herumzusitzen. Wenn er also da nun viel herumsitzt, sein astralischer Leib aber veranlagt ist, viel herumzugehen, so wird sein astralischer Leib dumm, geradeso wie wenn einer sich übernimmt beim Gehen. In beiden Fällen wird der Astralleib dumm und macht das nicht mehr ordentlich, daß er richtig die Nahrungsmittel aussondert, nach den richtigen Organen hinschickt, sondern er macht das ungeschickt. Sagen wir zum Beispiel, er kriegt das nicht mehr ordentlich zusammen, nach dem Herzen oder nach dem Kehlkopf die richtigen Stoffe hinzuschicken. Ja, dann geschieht etwas! Wenn man, sagen wir, zum Herzen unrichtige Stoffe hinschickt, so bleiben die Stoffe – in den Nahrungsmitteln sind sie schon richtig drinnen – irgendwo liegen im Körper. Und weil sie eigentlich brauchbar sind, kommen sie weder an den richtigen Platz zu liegen, noch werden sie mit dem Urin, noch mit den Fäkalien abgestoßen. Sie setzen sich im Körper an. Aber das verträgt der Mensch nicht, daß irgend etwas, was nicht in der richtigen Tätigkeit ist, sich in seinem Körper ablädt; das verträgt der Mensch nicht.

Was geschieht mit dem, was wir da gewissermaßen als einen Dreck in uns absondern dadurch, daß der astralische Leib nicht in Ordnung ist? Was geschieht dadurch? Nun, nehmen wir an, diesen Dreck haben wir drinnen. Ich will einen besonderen Dreck ins Auge fassen, will also zum Beispiel den Kehlkopfdreck nehmen. Dadurch, daß der Mensch nicht imstande ist, daß sein astralischer Leib ordentlich arbeitet, sondert sich überall in ihm Kehlkopfdreck ab. Das erste, was eintritt, ist, daß sein Kehlkopf schwach wird, weil er nicht die richtige Zufuhr hat, so daß der Mensch einen schwachen Kehlkopf hat. Und außerdem noch hat er den Kehlkopfdreck in seinem Leib. Was tut denn aber der Kehlkopfdreck? Ja, zunächst lagert er sich ab. Zunächst haben wir diesen Mist in uns. Aber ich habe Ihnen ja gesagt: Der Mensch ist nicht bloß ein fester Körper, sondern er ist ja zu neunzig Prozent Wasser, eigentlich eine Wassersäule. Und das hat zur Folge, daß sich dieser Kehlkopfdreck nun in dem ganzen Wassermenschen auflöst. So daß der Mensch nicht das reine, belebte Wasser in sich hat, das er braucht, sondern er hat jetzt ein Wasser, in dem Kehlkopfdreck aufgelöst ist. Sehen Sie, das ist dasjenige, was so häufig bei uns eintritt, daß wir in unserem Wassermenschen Kehlkopfdreck oder Herzdreck oder Magendreck oder irgend etwas anderes aufgelöst haben.

Sagen wir also, wir haben Kehlkopfdreck aufgelöst. Der kommt dann an den Magen heran. Da schadet er nicht besonders, weil der Magen ja das nicht braucht. Er hat, was er braucht. Es ist ihm nichts entzogen worden. Aber das Wasser, das fließt überall hin im Menschen, ist auch in der Kehlkopfgegend. Der Kehlkopf ist nun schon schwach geworden, wie ich Ihnen gesagt habe. Außerdem kriegt er noch dieses verdreckte Wasser, dieses Wasser, das in sich den Kehlkopfdreck aufgelöst hat. Davon wird gerade der Kehlkopf krank. Die andern Organe werden vom Kehlkopfdreck nicht krank; aber der Kehlkopf wird vom Kehlkopfdreck krank.

Nun, nehmen wir eine ganz einfache Erscheinung. Nehmen wir an, es ist ein Mensch da, der eine feinere Empfindung hat. Wenn ein Mensch eine feinere Empfindung hat, und er hört einem andern Menschen zu, der spricht – ja, sehen Sie, das ist recht angenehm, wenn ein Mensch schön spricht. Wenn aber einer kräht wie ein Hahn oder grunzt wie ein Schwein, so ist es nicht angenehm, zuzuhören, wenn man auch alles versteht. Es ist unangenehm, einem zuzuhören, der krächzt wie ein Rabe oder grunzt wie ein Schwein. Und insbesondere, wenn einer heiser ist, so hat es etwas Beklemmendes, ihm zuzuhören.

Woher kommt denn das, daß wir solch eine Empfindung haben beim Zuhören? Sehen Sie, das kommt daher, weil wir immer eigentlich in ganz feiner Weise das nachsprechen, was der andere sagt. Das Zuhören besteht nämlich darinnen – nicht nur, daß wir hören, sondern wir reden nämlich unhörbar ganz fein. Wir hören nicht nur das, was der andere sagt, sondern wir machen es auch nach in unseren Sprachorganen. Wir machen immer alles nach, was der andere Mensch macht.

Und nun nehmen wir an, wir hören nicht einem andern zu und machen das innerlich nach, was er sagt, sondern wir sind, indem wir gerade vielleicht ein bißchen Mitleid sogar haben – auf die Weise können wir uns empfindlich zeigen –, in der Nähe eines Grippe-Kranken. Der Grippe-Kranke hat in seinem ganzen Wassermenschen eine ganze Menge Stoffe aufgelöst. Die Stoffe, die er aufgelöst hat, machen, daß er in seinem Wasser nicht das reine lebendige Wasser hat, von dem ich Ihnen in dem Vortrage geredet habe, sondern er hat ein solches Wasser in sich, das für den Menschen ungesund ist. Ich kann Ihnen sogar beschreiben, was für eine Art von Wasser er in sich hat.

Nehmen Sie einmal an, Sie haben hier irgendeinen Erdboden. Nun, wenn Sie da einen Erdboden haben, so können Sie auf diesem Erdboden verschiedenes pflanzen. Aber nicht alles gedeiht in jedem Erdboden gleich. Nun will ich aber just hier Zwiebeln und Knoblauch pflanzen auf diesem Stück Erdboden. Es ist zwar ein sonderbarer Geschmack, aber nehmen wir an, ich will just hier Zwiebeln und Knoblauch pflanzen. Sehen Sie, da werde ich nicht einfach Zwiebeln und Knoblauch pflanzen, denn das würde dazu führen, daß ich, wenn der Boden nicht geeignet ist, furchtbar kleine Zwiebeln kriege und ganz kleine Knoblauche, sondern ich werde in den Boden etwas hineinbringen, was schwefelhaltig und phosphorhaltig ist, und ich kriege die wunderbarsten Zwiebeln und Knoblauche! Und die riechen auch danach.

Wenn nun einer gerade den Grippedreck in sich hat, dann ist es so, daß sich in ihm, in seinem Wassermenschen, die Stoffe auflösen, die ich in diesen Boden hineinbringen muß, damit ich da die wunderbarsten Zwiebeln und Knoblauche darin bekomme, und dann fängt der Kranke an so zu riechen, wie Sie es erzählt haben.

Aber jetzt mache ich das mit. Ich bemerke vielleicht gar nicht, daß ich in seinem Zwiebelduft sitze, in dem Knoblauchduft, weil der ja nicht so besonders stark zu sein braucht. Dieser Knoblauchduft, den er hat, der bewirkt, daß sein Kopf dumpf wird, weil ein ganz bestimmtes Organ im Kopfe, das man das Sensorium nennt, nicht ordentlich von dem Stoff versorgt wird. Dadurch haben wir den Grippedreck in uns, daß gerade in der Mitte des Kopfes ein Organ nicht ordentlich versorgt wird. In diesem Duft – das kann man also mit einer ganz feinen Nase riechen – ist immer etwas Zwiebel- und Knoblauchduft drinnen. Ja, den macht man ja mit. So wie wir die krächzende und grunzende Stimme des Menschen mitmachen, so machen wir innerlich das mit, was der Mensch da ausdünstet, und wir kriegen dadurch unsern eigenen Astralleib, unsere eigene Tätigkeit in Unordnung. Die bewirkt nun auch, daß ein solcher Boden, wie er geeignet ist für Zwiebeln und Knoblauch, abgesetzt wird, und wir kriegen auch die Grippe. Das hat noch gar nichts mit Bakterien oder Bazillen zu tun; das hat einfach mit der Beziehung von Mensch zu Mensch etwas zu tun.

Wenn ich nun einen solchen Garten habe, in dem ich besonders Zwiebeln und Knoblauch pflanzen will, und ich bringe da phosphorhaltige, schwefelhaltige Stoffe herein – ich kann nun warten, kann sagen: Nun ja, ich habe ja meine Pflicht getan, ich will Zwiebeln und Knoblauch haben, also bringe ich Schwefel und Phosphor in irgendwelchem Pflanzendünger in meinen Garten herein; aber ich wäre ein Narr, wenn ich glaubte, daß da schon Zwiebeln wachsen. Ich muß doch erst die Zwiebeln anbauen. Ebenso bin ich ein Narr, wenn ich glaube, daß da im Innern des Menschen auf dem Boden, der da bereitet wird, schon Bakterien, Bazillen wachsen. Die müssen erst herein. Denn geradeso wie sich die Zwiebel wohl fühlt in einem solchen phosphor- und schwefeldurchsetzten Boden, so fühlen sich diese Bazillen da drinnen wohl. Denen ist nichts lieber, als wenn sie in ein wenig Schwefel drinnen sind. Und ich brauche gar nicht einmal die Bazillen dazu, damit die Grippekrankheit vom anderen auf mich übergeht, sondern wenn ich auf die Weise, wie ich es Ihnen gerade geschildert habe, in meinem Wassermenschen dasjenige mitmache, was in seinem Wassermenschen stattfindet, werde ich selber dadurch ein guter Boden für die Bazillen, und ich erwerbe sie mir selber, die Bazillen. Er braucht mich gar nicht anzubombardieren damit.

Aber es ist doch so, daß wir, wenn wir die ganze Sache anschauen, uns doch die Frage: Wodurch werden wir eigentlich mit einer Krankheit befallen? – in einer ganz bestimmten Weise beantworten müssen. Wir müssen uns sagen: Wenn uns irgendeiner etwas verletzt, werden wir krank davon. – Aber auch bei inneren Krankheiten verletzt uns eigentlich etwas. Es verletzt uns das Wasser, das nicht rein ist, in dem sich Stoffe aufgelöst haben, die eigentlich verdaut sein sollen. Das verletzt uns innerlich.

Und nun können Sie auch auf solche Krankheiten abzielen, wie es zum Beispiel das Heufieber ist. Das Heufieber hängt viel mehr von der Jahreszeit als solcher ab als von den Pollen, die herumfliegen. Dasjenige, was den Menschen geeignet macht, Heufieber zu kriegen, das ist, daß vor allen Dingen sein astralischer Leib nicht richtig absondert, nicht richtig diejenige Tätigkeit vollzieht, die mehr gegen außen gerichtet ist. Und die Folge davon ist, daß er in seinem ganzen Wassermenschen dann, wenn der Frühling heranrückt, wenn alles also dazu übergeht, im Wasser zu gedeihen, besondere Stoffe auflöst in diesem allgemeinen Wasser und daß er dadurch seinen ganzen Wassermenschen empfindlicher kriegt.

Sehen Sie, es ist so, wenn ich es grob aufzeichne: Wenn ich

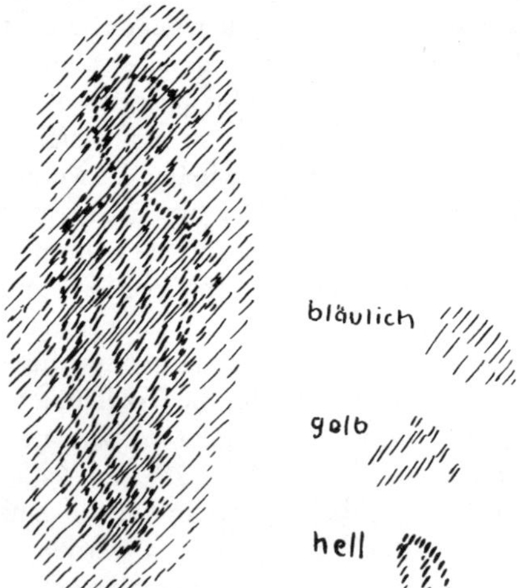

den Wassermenschen, den normalen Wassermenschen so zeichnen würde, so müßte ich den Wassermenschen, der, wenn der Frühling kommt, eine Neigung für das Heufieber hat, so zeichnen, daß dadurch, daß ich Stoffe auflöse, sein Wasser eigentlich immer ein bißchen verdünnt wird. Der Wassermensch ist immer ein bißchen zu groß beim Menschen mit der Neigung zum Heufieber. Das, was ich dadrinnen auflöse, das drängt das Wasser auseinander. Dadurch wird man überhaupt für alles das empfindlich, was im Frühling auftritt, und insbesondere eben für diejenigen Pollen, das heißt für diejenigen Körner, die aus den Pflanzen kommen, die nun besonders scharf reizend sind.

Wenn die Nase nicht zu wäre – obwohl sie zu ist, gehen schon auch diese Pflanzenpollen in die Nase herein –, aber wenn sie nicht zu wäre, könnten Sie auch durch vieles andere zum Heufieber gereizt werden. Nur, diese Pflanzenpollen sind eben so, daß man sie schwer verträgt, wenn man schon das Heufieber hat. Sie verursachen nicht das Heufieber, sondern sie reizen eben.

Nun, sehen Sie, unser Heufiebermittel[9] beruht direkt darauf, daß es im menschlichen Körper diesen ausgedehnten Wassermenschen wiederum zusammenzieht, so daß er etwas trüb wird, und dasjenige, was er aufgelöst hat, wiederum absondert. Es ist nämlich furchtbar einfach, unser Heilmittel. Es beruht lediglich darauf, daß man den ganzen Wassermenschen wiederum auf seine normale Gestalt zusammenzieht. Dadurch wird er zunächst etwas trübe, und man muß dann darauf schauen, daß hinterher der Mensch nicht dasjenige, was sich aus dem Wasser heraussondert, im Leibe behält. Daher ist es gut, wenn der Mensch, nachdem er geimpft[10] ist mit unserem Heufiebermittel, zum Beispiel etwas schwitzen kann oder sich bewegen kann. Wenn er nachher, gerade nachdem er mit dem Heilmittel geimpft ist, irgend etwas tut, wodurch gar keine richtige Schweißabsonderung zustande kommt, oder wenn er das Heufiebermittel dann bekommt, wenn er besonders an Verstopfung leidet, dann ist es immer etwas schwierig mit der Impfung. Wenn man zum Beispiel mit dem Heufiebermittel impft, so sollte man ihn fragen, ob er gerade in dieser Zeit an Verstopfung leidet. Denn wenn er an

Verstopfung leidet, dann sammelt sich das gerade dadurch, daß man den Wassermenschen zusammenzieht, zu stark an und wird nicht gleich ausgeschieden. Das ist nicht gut. Wenn einer sagt, er ist verstopft, wenn er geimpft wird, so sollte man ihm zugleich ein Abführmittel geben.

Das Heilen besteht nicht bloß darinnen – das ist eben immer wichtig, meine Herren –, daß man irgend jemandem etwas beibringt, sondern daß man das ganze Leben dann danach einrichtet, daß der menschliche Leib sich in richtiger Weise zu dem, was man ihm beigebracht hat, verhält. Das ist natürlich ungeheuer wichtig, sonst kann man jemanden in die Krankheit erst recht hineinreiten. Wenn Sie jemanden gerade impfen mit irgendeinem Mittel, das ein ganz gutes, ein ausgezeichnetes Mittel ist, und dann nicht dafür sorgen, daß er die richtige Verdauung hat, daß alles weggeht, was da erzeugt wird, dann machen Sie ihn kränker, als er vorher war.

Das ist gerade bei richtigen Heilmitteln so wichtig, daß der Arzt nicht bloß weiß: für diese Krankheit verwende ich das oder jenes, sondern daß er weiß, wie er den einzelnen Kranken zu fragen hat. Das ist die größte ärztliche Kunst, daß, wenn irgendein Kranker auftritt, man ihm die richtigen Fragen stellt, daß man ihn bis zu einem gewissen Grade kennt. Das ist von ungeheurer Wichtigkeit. Es ist zum Beispiel merkwürdig, daß man Ärzte trifft, die sprechen von einem Kranken, und fragt man sie: Wie alt ist er? – da haben sie ihn gar nicht gefragt! Aber das ist ja so wichtig, daß man einen Fünfzigjährigen ganz anders, wenn auch mit denselben Mitteln, behandeln muß als einen Vierzigjährigen. Bloß muß man dann nicht so schematisch sein, daß man sagt: Für die und die Krankheit ist das und das Mittel gut. Es ist ein ganz großer Unterschied, ob Sie einem, der fortwährend mit Durchfall herumläuft, mit einem Mittel helfen wollen oder ob Sie irgend jemandem helfen wollen, der fortwährend mit Verstopfung herumläuft. Solche Mittel könnte man schon ausprobieren.

Da würde zum Beispiel das Tierexperiment viel weniger anfechtbar sein als für andere Dinge. Nehmen Sie an, wie im allgemeinen Organismus, wie ihn der Mensch mit den Tieren gemeinschaftlich hat, irgendein Mittel wirkt auf die Verstopfung oder auf den Durchfall beim Menschen. Nun, davon kann man sich ja leicht überzeugen: Man gibt eben das Mittel zugleich einem Hund und einer Katze ein. Der Hund leidet meistens an Verstopfung, die Katze an Durchfall. Und wenn man beobachtet, was für ein Unterschied ist in der Wirkung des Mittels beim Hund oder bei der Katze, so kriegt man eine wunderbare Wissenschaft heraus. Die Wissenschaft wird eigentlich nicht dadurch ausgebildet, daß man an der Universität dressiert wird, mit gewissen Instrumenten das oder jenes auszuführen, sondern sie wird dadurch ausgebildet, daß ein wenig der Grips im Kopfe geweckt wird und die Leute wissen, wie sie die Untersuchungen anzustellen haben.

Also das ist ganz besonders wichtig, daß man weiß, eine Krankheit ruht eigentlich im ganzen Organismus des Menschen. Und das einzelne Organ wird gerade aus dem Grunde angegriffen, weil diese Tätigkeit, die ich ja die astrale genannt habe, die Stoffe, die aus dem entstanden sind, was da als Tätigkeit drinnen ist, eben nach dem einzelnen Organ hindirigiert.

Nun habe ich Ihnen gesagt: Es entstehen gewisse innere Krankheiten, wie Grippe, Heufieber, aber auch vieles andere, es kann bis zum Typhus und so weiter gehen; und das alles ist zum Beispiel zu verstehen, wenn man sich darauf einläßt, wie ich es Ihnen schon gesagt habe, daß eigentlich die Stoffe, die unverbraucht sich in uns ablagern, im Wassermenschen aufgelöst werden.

Aber wir sind nicht bloß der Wassermensch, wir sind auch der Stoffmensch, der liegt ja zugrunde, den habe ich hier (siehe Zeichnung S. 46) weiß gemacht, den Wassermenschen habe ich gelb gemacht. Und nun sind wir auch, wie ich Ihnen auseinandergesetzt habe, der Luftmensch, den ich hier bläulich angedeutet habe. Wir sind fortwährend der Luftmensch, wenn der sich auch in jedem Momente ändert – bald ist die Luft draußen, bald drinnen –, aber wir sind ein Luftmensch.

Aber geradeso wie die festen Bestandteile, die wir in uns als Dreck haben, sich auflösen im Wasser, so verdunstet das Wasser in uns fortwährend. Sie können zum Beispiel Ihren kleinen Finger nehmen; da drinnen in den Muskeln des kleinen Fingers sind Verdunstungen des Wassers, feine Verdunstungen. Durch Ihren ganzen Körper hindurch verdunstet fortwährend das Wasser. Und das, was da verdunstet am Wassermenschen, das geht hinein in das, was der Mensch da an Sauerstoff aufnimmt; das ist wiederum Dunst oder Gas. Wenn da unten am Erdboden Wasser verdunstet, so geht dieses Wasser eben in die Luft; und wenn da drinnen im Wassermenschen das Wasser immer fein verdunstet, da geht es in die Luft, die der Mensch einatmet, hinein. Das kann der Mensch ebensowenig ertragen, daß in den Luftmenschen das Wasser hinein verdunstet, wie er ertragen kann, daß die festen Stoffe im Wasser sich auflösen.

Nehmen wir also an, bei einem Menschen ist dadurch, daß eben irgend etwas von der Art geschehen ist, wie ich es heute beschrieben habe, meinetwillen, sagen wir, die Lunge krank geworden. Nun kann diese Lungenkrankheit geheilt werden, wenn diese Lungenkrankheit dadurch entstanden ist, daß sich falsche Stoffe im Wassermenschen abgesetzt haben. Aber nehmen wir an, es kommt zu keiner so starken Lungenkrankheit, daß sie äußerlich auftritt. Die menschlichen Organe sind nämlich wirklich recht empfindliche Dinger. Es kommt also nicht dazu, daß die Lunge so stark krank wird, daß ich sie entzündet finde oder so etwas, aber es kommt eben dazu, daß sie ein bißchen krank ist. Dann ertrage ich das, daß die Lunge ein bißchen krank ist, aber Stoffe kommen doch hinein in meinen Wassermenschen, die eigentlich in die Lunge gehen sollen. Und dieses, was dann in ihr drinnen ist, das ist also Wasser, das falsche Stoffe aufgelöst enthält; die verdunsten mit, und sie verdunsten dann ganz besonders, wenn ich die Lunge nicht ganz gesund habe.

Also während früher der Wassermensch mehr bei den grob bemerkbaren inneren Erkrankungen vom Festen her Falsches aufnimmt, kommt jetzt Falsches zur Verdunstung, und kommt mit dem Sauerstoff zusammen, der aufgenommen wird. Und das – daß Wasser, welches unrecht verdunstet, mit dem Sauerstoff zusammenkommt – wird ganz besonders schädlich im Nervensystem, weil die Nerven gesunden Sauerstoff brauchen, nicht einen solchen, der aus dem schlechten Wasser aus dem Wassermenschen hineinverdunstet ist. So kann die Lunge ihr Einbißchen-Kranksein dadurch bewirken, daß schlechtes Wasser in ihr verdunstet, etwas mitverdunstet, was nicht verdunsten soll. Das wird dem Nervensystem ganz besonders schädlich, und der Mensch wird zwar nicht äußerlich robust krank, was man so Krankheit nennt – er wird verrückt.

So daß man sagen kann: Die sogenannten physischen Krankheiten, wenn sie von innen kommen, beruhen darauf, daß irgendwie im Menschen bewirkt wird, daß sich unrichtige Stoffe in seinem Wassermenschen auflösen. Aber die sogenannten Geisteskrankheiten [11] sind ja in Wirklichkeit gar keine Geisteskrankheiten, denn der Geist wird nicht krank. Sogenannte Geisteskrankheiten beruhen darauf, daß das Wasser unrichtig verdunstet in den Sauerstoff hinein und dadurch das Nervensystem stört, wenn irgendein Organ so leise nur krank ist, so wenig nur krank ist, daß Sie es äußerlich nicht wahrnehmen können. So sehen Sie, daß man gerade da darauf kommt, daß der Mensch eigentlich fortwährend darauf angewiesen ist, die Stoffe richtig zu verarbeiten, damit sich nicht in seinem Wasser Unrichtiges auflöst, und damit nicht sein Wasser in der unrichtigen Weise zum Verdunsten kommt.

Aber sehen Sie, schon im alltäglichen Leben ist so etwas da, was unrichtiges Verdunsten des Wassers bewirkt. Das ist dann bemerkbar, wenn wir Durst haben. Aber den Durst heilen wir wiederum, indem wir trinken. Da machen wir immer wiederum unser Wasser frei von dem, was unrichtig darin verdunstet, und wir schwemmen das Unrichtige heraus.

Und so kann man sagen: Im Hunger ist eigentlich die Anlage zu der physischen Krankheit, und im Durst ist die Anlage zur sogenannten geistigen Erkrankung. Wir könnten eigentlich sagen: Wenn der Mensch sich nicht richtig ernährt, so bildet er dadurch die Grundlage für die physischen Erkrankungen. Wenn der Mensch nicht richtig seinen Durst löscht, und das ist unter Umständen viel schwerer bemerkbar, namentlich, wenn es in der Kindheit auftritt, wo man nicht recht das Durstlöschen und das Hungerlöschen unterscheiden kann, weil beides versorgt wird durch die Milch, also eigentlich durch eine Flüssigkeit, ein Wässeriges – wenn also durch die Muttermilch oder Ammenmilch etwas Verderbliches hineinkommt, so kann das noch spät den Wassermenschen veranlassen, nicht richtig zu verdunsten, und kann sich in irgendeiner Geisteskrankheit äußern. Oder wenn wir den Menschen, sagen wir, falsch impfen[12], dann kann eine falsche Impfung mit der oder jener Kuhlymphe oder auch mit einer kranken Menschenlymphe bewirken, daß zum Beispiel zwar nicht direkt das Wasser erkrankt, aber diejenigen Organe, die das Wasser verarbeiten – der Magen verarbeitet das Wasser in einer anderen Weise, als er die festen Nahrungsmittel verarbeitet –, die können krank werden. Und es kann infolge falscher Impfung, dadurch, daß der Mensch nicht in richtiger Weise verdunstet, später die Anlage zu irgendeiner Geisteskrankheit kommen.

Sie werden bemerkt haben, meine Herren, daß heute sehr viele Menschen von der sogenannten Dementia praecox[13] befallen werden. Dementia praecox, das ist der sogenannte Jugendwahnsinn – der aber ziemlich weit über das Jugendalter hinausgeht –, wo die Menschen anfangen, in der Jugend schon zu verblöden. Ja, der rührt zum großen Teil von falscher Ernährung in den allerersten Kindesjahren her und weil die Menschen überhaupt aufgehört haben, in dieser Zeit darauf zu achten. Denn mit der bloßen chemischen Untersuchung der Kindermilch geht es nicht ab, sondern man muß da ganz anderes entwickeln. Deshalb treten diese Dinge heute in einer solch vehementen Weise auf.

Aber dadurch sehen Sie auch, daß es nichts nützt, bloß Ärzte auszubilden, die wissen, dieses Mittel ist für diese Krankheit, jenes Mittel für jene Krankheit, sondern wir müssen das ganze Leben gesünder machen. Das kann aber erst sein, wenn man darauf kommt, was alles damit zusammenhängt. Das möchte man tun mit Anthroposophie. Daher ist Anthroposophie schon etwas, was durchaus darauf hingeht, auch hygienisch zu wirken, die Gesundheit richtig zu erfassen.

Damit sind die Fragen der beiden Herren ja im wesentlichen beantwortet.

Das Wesen der Krankheitsformen

Über das Wesen des Krankseins, der Krankheiten wollen wir heute[14] vom Standpunkt der Geisteswissenschaft einiges sprechen. Um das Kranksein oder wenigstens um diese oder jene Form des Krankseins kümmert sich ja der Mensch in der Regel erst dann, wenn er von dieser oder jener Krankheit befallen ist, und da interessiert ihn dann im Grunde genommen auch nicht viel anderes als zumeist nur die Heilung, das heißt, es interessiert ihn die Tatsache, daß er geheilt werde. Das, wie er geheilt werde, ist ihm zuweilen höchst gleichgültig, und es ist ihm auch höchst angenehm, wenn er sich um dieses «Wie» nicht weiter zu kümmern braucht. Dazu sind ja die da, die dazu von den entsprechenden Stellen eben angestellt sind, so denken die meisten unserer Zeitgenossen. Auf diesem Gebiet herrscht ein viel ärgerer Autoritätsglaube innerhalb unserer Zeitströmung, als er eigentlich auf religiösem Gebiete je geherrscht hat. Das medizinische Papsttum, gleichgültig, wie es sich da oder dort gestaltet, ist ein solches, welches sich bis heute schon in der intensivsten Weise geltend macht und das sich in Zukunft noch viel mehr geltend machen wird. Aber nicht zum geringsten Teil haben die Laien Schuld daran, daß das so sein kann oder so werden wird. Denn man denkt nicht nach, kümmert sich nicht um diese Dinge, wenn es einem nicht an den Kragen geht, wenn nicht gerade ein akuter Fall da ist, wo man selbst einer Heilung bedürftig ist. Und so sieht denn auch ein großer Teil der Bevölkerung mit einem großen Gleichmute zu, wenn das medizinische Papsttum immer größere Dimensionen annimmt und in den verschiedensten Formen sich einnistet, so zum Beispiel, wenn es jetzt mitredet und in einer ungeheuren Weise in die Erziehung der Kinder eingreift, in das Schulleben, und dabei eine bestimmte Therapie für sich in Anspruch nimmt. Man kümmert sich nicht darum, welche tieferen Dinge eigentlich dahinter stecken. Man sieht zu, wenn diese oder jene Anstalten in der Öffentlichkeit gemacht werden, sei es in Form dieses oder jenes Gesetzes. Man will in diese Dinge keinen wirklichen Einblick gewinnen. Dagegen werden sich allerdings immer wieder Leute finden, die, wenn es ihnen an den Kragen geht und sie nicht auskommen mit der gewöhnlichen materialistischen Medizin, um deren Grundlagen sie sich nicht kümmern und nur sehen, ob sie geheilt werden oder nicht, dann auch zu solchen Leuten kommen, die auf dem Boden des Okkultismus stehen – und sie kümmern sich dann aber auch wieder nur darum, ob sie geheilt werden können oder nicht. Darum jedoch kümmern sie sich nicht, ob das ganze öffentliche Leben in bezug auf die Methoden und das Wissen der Dinge einer tieferen, aus dem Geistigen kommenden Methode allen Grund und Boden unterwühlt. Wer kümmert sich darum, wenn bei einer Methode, die auf okkultem Boden erwachsen ist, die Öffentlichkeit alle Heilung auf diesem Gebiet unterbindet, oder wenn der Heiler eingesperrt wird? Alle diese Dinge werden eben nicht gründlich genug betrachtet; man betrachtet sie nur, wenn der Fall daliegt. Aber es ist gerade die Aufgabe einer wirklichen geistigen Bewegung, das Bewußtsein dafür wachzurufen, daß es sich nicht bloß handeln kann um das egoistische Suchen nach Heilung, sondern um die Erkenntnis der tieferen Gründe in diesen Dingen und um die Verbreitung einer solchen Erkenntnis.

In unserem Zeitalter des Materialismus ist es ja für den, der die Dinge durchschauen kann, nur allzu natürlich, daß gerade die Lehre von den Krankheiten den gewaltigsten Einfluß von der materialistischen Denkweise erfährt. Aber man wird ebenso fehlgehen, wenn man diesem oder jenem Schlagwort nachjagt, der oder jener Methode etwas Besonderes zuschreibt, man wird ebenso fehlgehen mit einer bloßen Kritik dessen, was zwar aus naturwissenschaftlichen Grundlagen hervorgeht und in vieler Beziehung nützlich, jedoch mit materialistischen Theorien verbrämt ist, als wenn man auf der anderen Seite wieder alles subsummieren will unter psychische Heilung und dergleichen und auf diese Weise in alle möglichen Einseitigkeiten verfällt. Vor allen Dingen muß der heutigen Menschheit immer klarer werden, daß der Mensch ein kompliziertes Wesen ist und daß alles, was mit dem Menschen zusammenhängt, mit dieser Kompliziertheit seines Wesens zu tun hat. Wenn eine Wissenschaft der Ansicht ist, daß der Mensch bloß aus dem physischen Leib besteht, dann kann sie unmöglich in irgendeiner heilsamen Weise in das eingreifen, was mit dem gesunden oder kranken Menschen zu tun hat. Denn Gesundheit und Krankheit stehen in einem Verhältnis zu dem ganzen Menschen und nicht bloß zu einem Glied desselben, dem physischen Leibe.

Nun darf man die Sache wiederum nicht oberflächlich nehmen. Sie können heute genugsam Ärzte finden, die regelrecht anerkannte Mediziner sind und die Ihnen durchaus nicht zugeben werden, daß sie in bezug auf ihr Glaubensbekenntnis auf materialistischem Boden stehen, sondern dieses oder jenes religiöse Glaubensbekenntnis haben, und die es weit von sich weisen würden, wenn Sie ihnen den Vorwurf machten, sie seien von einer materialistischen Gesinnung durchseelt. Darauf kommt es aber nicht an. Es kommt überhaupt im Leben nicht auf das an, was einer sagt und wovon einer überzeugt ist. Das ist seine ganz persönliche Sache. Im Wirken kommt es darauf an, daß man diejenigen Tatsachen, die nicht nur in der Sinneswelt sind, sondern die die geistige Welt durchweben und durchwallen, anwenden kann und für das Leben fruchtbar zu machen versteht. Wenn also ein Arzt ein noch so frommer Mensch ist und noch so viel Ideen hat über diese oder jene geistige Welt, wenn er aber in bezug auf das, was er ausführt, nach den Regeln vorgeht, die ganz und gar aus unserer materialistischen Weltengesinnung heraus geschaffen sind, wenn er also so kuriert, als ob es bloß einen Körper gäbe, dann mag er seiner Theorie nach noch so spirituell gesinnt sein: er ist ein Materialist. Denn es kommt nicht darauf an, was einer sagt oder glaubt, sondern daß er die Kräfte, die hinter der äußeren Sinneswelt stehen, in lebendige Bewegung zu versetzen versteht. Ebensowenig genügt es, wenn durch die Anthroposophie die Lehre verbreitet wird, daß der Mensch aus einer viergliedrigen Wesenheit besteht, und alles in der Welt nun nachplappern würde, daß der Mensch besteht aus physischem Leib, Ätherleib, astralischem Leib und Ich, auch wenn man diese Dinge in einer Art definieren und beschreiben kann. Auch das ist nicht das Wesentliche, sondern daß das lebendige Ineinanderspielen dieser Glieder der menschlichen Wesenheit immer mehr und mehr begriffen werde, daß begriffen werde, wie am gesunden und kranken Menschen beteiligt sind physischer Leib, Ätherleib, astralischer Leib und Ich und das, was wieder wechselseitig mit diesen Gliedern zusammenhängt. Wer sich zum Beispiel niemals mit dem beschäftigen wird, was die Geisteswissenschaft zu geben vermag über die Natur des vierten Gliedes der menschlichen Wesenheit, über das Ich, der kann niemals, und wenn er noch so viel Anatomie und Physiologie studieren würde, irgend etwas erkennen über die Natur des Blutes. Das ist ganz unmöglich. Daher kann er nie und nimmer etwas Erhebliches und Fruchtbares sagen über die Krankheiten, die mit der Natur des Blutes zusammenhängen. Das Blut ist der Ausdruck für die Ich-Natur des Menschen. Und wenn durch die Zeiten das Goethe-Wort im «Faust» geht: «Blut ist ein ganz besonderer Saft», so ist in der Tat damit recht viel gesagt. Unsere heutige Wissenschaft hat keine Ahnung davon, daß man sich in einer ganz anderen Weise auch zu dem physischen Blute als Forscher zu verhalten hat als zu irgendeinem anderen Glied der menschlichen physischen Körperlichkeit, das der Ausdruck von etwas ganz anderem ist. Wenn die Drüsen der Ausdruck, das physische Gegenspiel des Ätherleibes sind, so haben wir auch physisch etwas ganz anderes zu sehen in demjenigen, was irgendeine Drüse, sei es Leber oder Milz, zusammensetzt, als wir im Blut zu sehen haben, das der Ausdruck eines viel höheren Gliedes der menschlichen Wesenheit ist, nämlich des Ichs. Und davon müssen die Forschungsmethoden abhängen, die uns zeigen, wie man sich mit diesen Dingen zu beschäftigen hat. Nun will ich etwas aussprechen, was eigentlich nur dem vorgerückten Anthroposophen verständlich sein kann, was aber wichtig ist auszusprechen.

Es erscheint heute dem materialistisch gesinnten Gelehrten ganz natürlich, daß, wenn er einen Stich in den Körper macht, da Blut herausfließt, das man untersuchen kann mit allen Mitteln, die es gibt. Und jetzt beschreibt man: das ist Blut – so etwa, wie man irgendeinen anderen Stoff, eine Säure oder so etwas, beschreibt nach den chemischen Untersuchungsmethoden, nach denen man dabei zu Werke geht. Man beachtet aber nur das eine dabei nicht, was allerdings einer materialistischen Wissenschaft nicht nur unbekannt, sondern geradezu als eine Torheit und Phantasterei erscheinen muß, was aber doch wahr ist: das Blut, das in den Adern rinnt, das den lebendigen Leib unterhält, das ist gar nicht das, was herausrinnt, wenn ich den Stich mache und einen roten Tropfen erhalte. Denn das Blut geht in dem Augenblick, wo es aus dem Körper geht, eine solche Verwandlung ein, daß wir sagen können, es ist überhaupt etwas ganz anderes; und was herausrinnt als gerinnendes Blut, und wenn es noch so frisch ist, ist unmaßgebend für das, was die ganze Essenz im lebendigen Organismus ist. Blut ist der Ausdruck für das Ich, für ein hohes Glied der menschlichen Wesenheit. Blut ist schon als Physisches etwas, was Sie überhaupt nicht seiner Totalität nach physisch untersuchen können, weil es, wenn Sie es sehen können, gar nicht mehr das Blut ist, das im Körper rinnt, was es war. Es kann gar nicht physisch geschaut werden, denn in dem Augenblick, wo es bloßgelegt wird, wenn es dahin kommt, daß es untersucht werden kann durch irgendwelche der Röntgen-Methode ähnliche Methoden, dann untersucht man gar nicht mehr das Blut, sondern etwas, was der äußere Abglanz des Blutes auf dem physischen Felde ist. Diese Dinge werden erst nach und nach begriffen werden. Es hat immer in der Welt solche Forscher gegeben, die auf dem Boden des Okkultismus standen und das gesagt haben, aber sie sind Phantasten oder Philosophen oder sonstwie benannt worden.

Nun hängt alles im gesunden oder kranken Menschen eben wirklich zusammen mit der Vielgliedrigkeit des Menschen[15], mit der Kompliziertheit des Menschen; und so kommt man auch nur durch eine Erkenntnis des Menschen, die der Geisteswissenschaft entnommen ist, zu einer Anschauung über den gesunden oder kranken Menschen. Es gibt ganz bestimmte Schäden der menschlichen Natur, die nur verstanden werden können, wenn wir uns bewußt sind, daß sie zusammenhängen mit der Natur des Ich, und wiederum in bestimmter Weise – aber innerhalb bestimmter Grenzen – sich zeigen im Ausdruck des Ich, im Blut. Dann gibt es bestimmte Schäden im menschlichen Organismus, die zurückzuführen sind auf eine Erkrankung des astralischen Leibes und die dadurch den äußeren Ausdruck des astralischen Leibes, das Nervensystem, affizieren. Aber nun müssen Sie schon, indem dieser zweite Fall genannt wird, sich der Feinheit, mit der hier gedacht werden muß, ein wenig bewußt werden. Wenn des Menschen astralischer Leib in sich eine solche Unregelmäßigkeit hat, daß sie sich im Nervensystem, im äußeren Abbild des astralischen Leibes ausdrückt, dann tritt zunächst physisch zutage eine gewisse Unfähigkeit des Nervensystems, seine Arbeit zu leisten. Wenn nun das Nervensystem nach einer bestimmten Richtung hin seine Arbeit nicht leisten kann, dann können als Folge dieser Unfähigkeit alle möglichen Krankheitssymptome auftreten: Magen, Kopf, Herz können dabei krank werden. Es braucht aber durchaus nicht eine Krankheit, die etwa im Magen ihr Symptom zeigt, zurückzuführen sein auf eine Unfähigkeit des Nervensystems nach einer bestimmten Richtung und daher zurückzuführen sein in ihrem Ursprung auf den astralischen Leib, sondern sie kann von ganz woanders her kommen.

Diejenigen Krankheitsformen, die zusammenhängen mit dem Ich selbst und dadurch mit seinem äußeren Ausdruck, dem Blut, äußern sich in der Regel – aber nur in der Regel, denn in der Welt sind die Dinge nicht so abgezirkelt, trotzdem man scharfe Konturen ziehen kann, wenn man die Dinge betrachten will – als diejenigen Krankheiten, die als chronische Krankheiten auftreten. Was sonst zunächst wahrgenommen werden kann als diese oder jene Schäden, ist in der Regel Symptom. Es kann dieses oder jenes Symptom auftreten, zugrunde liegen kann aber ein Schaden des Blutes, und der hat seinen Ursprung in einer Unregelmäßigkeit desjenigen Teiles der menschlichen Wesenheit, den wir den Ich-Träger nennen. Nun könnte ich Ihnen stundenlang reden über die Krankheitsformen, die sich chronisch äußern, und die, wenn wir physisch sprechen, im Blut, wenn wir geistig sprechen, im Ich ihren Ursprung haben. Das sind vorzugsweise die Krankheiten, die so im rechten Sinne vererbbar sind, übergehen von einer Generation auf die andere. Und diese Krankheiten sind es, die nur von dem durchschaut werden können, der überhaupt die menschliche Natur geistig betrachtet. Da kommt dieser oder jener, der chronisch krank ist, das heißt also im Grunde genommen niemals recht gesund ist; es tritt bald dieses, bald jenes auf, er fühlt bald dieses oder jenes Unwohlsein. Da handelt es sich darum, daß man tiefer auf den Grund der Sache sieht und da vor allem darauf zu achten versteht: Wie ist denn der eigentliche Grundcharakter des Ich beschaffen? Was ist denn das eigentlich für ein Mensch? Wer auf diesem Felde wirklich dem Leben gemäß etwas weiß, der kann sagen, daß ganz bestimmte Formen der chronischen Krankheiten zusammenhängen mit diesem oder jenem rein seelischen Grundcharakter des Ich. Niemals werden gewisse chronische Krankheiten auftreten bei einem Menschen, der zum Ernst und zur Würde bestimmt ist, dagegen wohl bei einem Menschen, der zum Pfeifen und Singen aufgelegt ist. Das kann hier nur angedeutet werden, um einmal den Weg in diesen propädeutischen Vorträgen zu weisen.

Aber Sie sehen, es kommt viel darauf an, wenn irgend jemand auftritt, der da sagt, ich habe eigentlich seit Jahren dieses oder jenes, daß man sich da zunächst klar werden muß: Was ist das überhaupt für ein Mensch? Man muß wissen, welche Grundcharakterfärbung sein Ich hat, sonst wird man immer in der äußeren Medizin unbedingt danebengreifen müssen, wenn nicht ein eigenartiger Zufall darauf führt. Das Wesentliche wird es nun sein, daß bei diesen Krankheiten, die also zugleich im eminentesten Sinne diejenigen sind, die im eigentlichen Sinne vererbbar sind, in bezug auf die Heilung die ganze Umgebung des Menschen zu berücksichtigen sein wird, insofern sie auf sein Ich einen direkten oder indirekten Einfluß ausüben kann. Wenn man den Menschen also wirklich auf diese Weise kennengelernt hat, wird man manchmal urteilen müssen, daß man ihn vielleicht in diese oder jene Naturumgebung zu bringen hat, während des Winters in diese oder jene Umgebung, wenn es sein kann; oder daß man ihm zu raten hat, wenn er in einem bestimmten Berufe ist, den Beruf zu wechseln, daß er diese oder jene Seite des Lebens aufzusuchen hat. Hier wird es sich also vorzugsweise darum handeln, daß man das Richtige zu treffen sucht in bezug auf das, was auf den Charakter des Ich gerade den richtigen Einfluß ausüben kann. Besonders muß der, der heilen will, eine weite Lebenserfahrung haben, so daß er sich hineinversetzen kann in die Natur des Menschen, daß er sagen kann: dieser Mensch muß, um seine Heilung zu bekommen, seinen Beruf wechseln. Es handelt sich hier darum, daß dasjenige, was in bezug auf die Menschennatur notwendig ist, hervorgehoben werde. Vielleicht wird gerade auf diesem Felde manchmal jegliche Heilung daran scheitern, daß dies eben gar nicht ausgeführt werden kann; aber in vielen Fällen kann es ausgeführt werden, wenn es nur gewußt wird. So kann zum Beispiel viel bei manchem Menschen gewirkt werden, wenn er einfach statt in der Ebene in den Bergen lebt. Das sind nun Dinge, die sich auf solche Krankheiten beziehen, die sich äußerlich als chronische Krankheiten äußern und die physisch mit der Natur des Blutes, geistig mit der Natur des Ichs zusammenhängen.

Dann kommen wir vorzugsweise zu denjenigen Krankheiten, welche ursprünglich – geistig – in Unregelmäßigkeiten des astralischen Leibes ihren Sitz haben und die sich äußern in bestimmten Unfähigkeiten des Nervensystems nach dieser oder jener Richtung hin. Nun hängt ein großer Teil der verbreiteten akuten Krankheiten eben mit dem zusammen, was jetzt besprochen worden ist, sogar die meisten der akuten Krankheiten hängen damit zusammen. Denn es ist ein Aberglaube, wenn man oftmals meint, wenn einer am Magen oder am Herzen leidet, oder selbst wenn er diese oder jene deutlich wahrnehmbaren Unregelmäßigkeiten da oder dort hat, daß er richtig kuriert wird, wenn man direkt auf dieses Krankheitssymptom losgeht. Das Wesentliche kann es sein, daß dieses Krankheitssymptom da ist, weil das Nervensystem unfähig ist zu funktionieren. So kann das Herz krank sein, weil einfach das Nervensystem nach dieser Richtung hin unfähig geworden ist zu funktionieren, nach welcher es das Herz in seiner Bewegung unterstützen soll. Da ist es ganz unnötig, das Herz oder im anderen Falle den Magen zu malträtieren, dem im Grunde genommen nichts direkt fehlen würde, sondern wo nur die Nerven, die ihn versorgen sollen, unfähig sind, ihre Arbeit zu verrichten. Wenn in einem solchen Falle der Magenerkrankung der Magen mit Salzsäure behandelt wird, macht man denselben Fehler wie bei einer Lokomotive, die immer zu spät kommt und wo man sich sagt, da muß der Lokomotive etwas fehlen, und an ihr herumhämmert – aber sie kommt trotzdem immer noch nicht zur rechten Zeit; in Wahrheit würde man finden, wenn man der Sache auf den Grund ginge, daß der Lokomotivführer sich jedesmal vorher, wenn es zum Fahren kommt, betrinkt; man würde also das Richtige treffen, wenn man bei dem Lokomotivführer ansetzte, denn sonst würde doch die Lokomotive zur richtigen Zeit eintreffen. So kann es durchaus sein, daß man bei Magenerkrankungen, statt bei dem Magen anzufangen, bei den den Magen versorgenden Nerven einzugreifen hat. Sie werden vielleicht auch in der materialistischen Medizin mancherlei solche Bemerkungen finden. Aber darauf kommt es nicht an, daß jemand sagt, wenn der Magen ein Krankheitssymptom zeigt, daß man sich da zunächst an den Nerv zu wenden hat. Denn damit ist wieder nichts getan. Getan ist erst etwas, wenn man weiß, daß der Nerv der Ausdruck des astralischen Leibes ist, daß man zurückgehen kann auf das Gefüge des astralischen Leibes und in den Unregelmäßigkeiten des astralischen Leibes die Ursachen suchen kann. Da fragt es sich nun: auf was kommt es denn da an?

Zunächst wird es sich bei solchen Erkrankungen darum handeln, daß bei der Heilweise das in Betracht kommt, was man Diät nennt, daß man die richtige Zusammenmischung der Speisen und dessen, was der Mensch genießt, trifft. Also auf die Lebensweise, nicht in bezug auf das Äußere, sondern in bezug auf das, was vom Menschen verdaut und verarbeitet werden soll, kommt es an, und darüber kann überhaupt niemals jemand auf Grund einer bloß materialistischen Wissenschaft etwas wissen. Da muß man sich klar sein, daß alles, was um uns herum ist in der weiten Welt als Makrokosmos, einen Bezug hat zu unserem komplizierten Inneren, zu dem Mikrokosmos, daß also ein jedes Nahrungsmittel, das gefunden werden kann, in einem ganz bestimmten Zusammenhang steht mit dem, was in unserem Organismus ist.[16] Wir haben es ja hinlänglich kennengelernt, wie der Mensch eine lange Evolution durchgemacht hat, wie die ganze äußere Natur als eine Ausstoßung des Menschen gebildet worden ist. Wir sind immer wieder in den verschiedenen Betrachtungen zurückgegangen bis zur alten Saturnzeit.[17] Da haben wir gefunden, daß auf dem alten Saturn nichts anderes da war als bloß der Mensch, und daß gleichsam der Mensch, die menschliche Evolution, die anderen Naturreiche ausgeschieden hat, Pflanzenreich, Tierreich und so weiter. Der Mensch hat in dieser Evolution seine Organe gebildet ganz entsprechend dem, was durch sie ausgeschieden wurde. Selbst bei der Ausscheidung des Mineralreiches sind ganz bestimmte innere Organe entstanden. Es hätte das Herz nicht entstehen können, wenn nicht äußerlich gewisse Pflanzen, Mineralien und mineralische Möglichkeiten sich im Laufe der Zeit gebildet hätten. Nun steht das, was so äußerlich entstanden ist, in einem gewissen Bezug zu dem, was sich innerlich gebildet hat. Und nur der, welcher weiß, wie das Äußere zum Innern in einem Verhältnis steht, kann im einzelnen Falle sagen, wie das Äußere, das Makrokosmische, für das Mikrokosmische verwendet werden kann, sonst wird es der Mensch in einer gewissen Weise erleben, daß er etwas in sich hineinstopft, was für ihn gar nicht paßt. Da haben wir also in der Geisteswissenschaft die eigentlichen Gründe zu suchen, die uns unser Urteil leiten können. Es ist immer ein oberflächliches Urteil, wenn im Erkrankungsfalle die Diät eines Menschen bestimmt werden soll nach rein äußerlich gefundenen Gesetzen, die der Statistik oder der Chemie entnommen worden sind. Da handelt es sich um ganz andere Gründe. So sehen wir, wie hier das geistige Erkennen dasjenige durchströmen und durchglühen muß, was mit dem gesunden und kranken Menschen zu tun hat.

Dann gibt es gewisse Krankheitsformen, welche zum Teil mehr chronischen, zum Teil mehr akuten Charakter annehmen, die aber jetzt zusammenhängen mit dem menschlichen Ätherleib und daher ihren Ausdruck finden in den menschlichen Drüsenorganen. Diese Krankheiten haben in der Regel gar nichts eigentlich mit dem zu tun, was man Vererbung nennt, Generationen-Vererbung, dagegen haben sie viel zu tun mit dem Volkszusammenhang, mit dem Rassen- und Stammeszusammenhang, der sich in der Menschenwelt findet. So daß wir bei den Krankheiten, die in dem Ätherleibe ihren Ursprung haben und als Drüsenerkrankungen herauskommen, immer in Erwägung ziehen müssen die Frage: Hat ein Russe diese Krankheit oder ein Italiener, ein Norweger oder Franzose? – Denn diese Krankheiten hängen mit dem Volkscharakter zusammen und äußern sich daher ganz verschieden. So zum Beispiel wird auf dem medizinischen Felde ein großer Fehler gemacht: es wird in ganz Westeuropa eine ganz falsche Anschauung aufgestellt über Tabes, Rükkenmarksschwindsucht. Zwar wird sie richtig beurteilt für die westeuropäische Bevölkerung, ganz falsch aber für die osteuropäische Bevölkerung, weil sie da einen ganz anderen Ursprung hat; denn heute variieren auch diese Dinge noch in der mannigfaltigsten Weise. Nun werden Sie begreifen, daß das bei der Bevölkerungsmischung einen gewissen Umblick erfordert. Nur derjenige, der zu sondern versteht in bezug auf das Innere der Menschennatur, kann sich überhaupt darüber ein Urteil bilden. Diese Krankheiten werden einfach heute äußerlich behandelt, in Bausch und Bogen mit den akuten Krankheiten, während sie da auf ein ganz anderes Feld gehören. Vor allem muß dabei eines gewußt werden: daß die Organe des Menschen, die unter dem Einflusse des Ätherleibes stehen und durch Unregelmäßigkeiten des Ätherleibes erkranken können, in ganz bestimmten Verhältnissen zueinander stehen. So gibt es zum Beispiel ein ganz bestimmtes Verhältnis zwischen Herz und Gehirn eines Menschen, und das ist, aber auch mehr bildlich, in einer gewissen Weise so auszudrücken, daß man sagen kann: dieses gegenseitige Verhältnis von Herz und Gehirn entspricht dem Verhältnis von Sonne und Mond – hier aber das Herz der Sonne und das Gehirn dem Mond. Da kommen wir dazu, daß wir uns klar sein müssen, wenn zum Beispiel eine Erkrankung im Herzen auftritt, insofern sie im Ätherleib wurzelt, sie zurückwirken muß auf das Gehirn, wie etwa, wenn auf der Sonne etwas geschieht, zum Beispiel eine Verdunkelung, das zurückwirken muß auf den Mond. Das ist gar nicht anders, denn die Dinge stehen in einem unmittelbaren Zusammenhang.

Diese Dinge werden in der okkulten Medizin auch so bezeichnet, daß man auf die Konstellation der verschiedenen Organe des Menschen die Bilder der Himmelskörper anwendet: Herz als Sonne, Gehirn als Mond, Milz als Saturn, Leber als Jupiter,

Galle als Mars, Nieren als Venus, Lungen als Merkur.[18] Wenn Sie die gegenseitigen Verhältnisse der Gestirne studieren, haben Sie ein Bild für das gegenseitige Verhältnis der Organe des Menschen, soweit sie im Ätherleib liegen. Es ist unmöglich, daß die Galle erkrankt – was also geistig im Ätherleib zu suchen ist –, ohne daß diese Krankheit nach den Organen, die eben genannt worden sind, in irgendeiner Weise hin wirkt, und zwar, wenn die Galle als Mars bezeichnet worden ist, wirkt das so, wie die Marswirkung in unserem Planetensystem ist. So muß man die Zusammenhänge der Organe kennen, wenn es sich um eine Erkrankung des Ätherleibes handelt, und doch sind das vorzugsweise die Krankheiten – und daran werden Sie sehen, daß jede Einseitigkeit auf okkultem Felde vermieden werden muß –, für welche spezifische Heilmittel anzuwenden sind. Da treten die Heilmittel ein, die Sie draußen in Pflanzen und Mineralien finden. Denn was den Pflanzen und Mineralien angehört, hat eine tiefe Bedeutung für das, was dem menschlichen Ätherleib angehört. Also wenn wir wissen, daß eine Krankheit ihren Urstand hat im Ätherleib und sich daher in einer bestimmten Weise im Drüsensystem ausdrückt, müssen wir das Heilmittel finden, das in einer richtigen Weise den Komplex des Zusammenwirkens ausbessern, reparieren kann. Vorzugsweise bei diesen Krankheiten, bei denen man zuerst zu beachten hat, was selbstverständlich die Hauptsache ist, daß sie urständen im Ätherleib, dann, daß sie mit dem Volkscharakter zusammenhängen, daß bei ihnen die Organe regelmäßig zusammenwirken, bei ihnen ist es erst der Fall, daß Spezifika als Heilmittel in Anwendung kommen können.

Nun haben Sie vielleicht die Vorstellung bekommen: Ja, wenn man einen Menschen da oder dort hinschicken soll, dann kann man ihm in der Regel, wenn er an einen Beruf gefesselt ist und die Dinge nicht ausführen kann, nicht helfen. Da tritt in der Tat die psychische Methode in jedem Falle als wirksam ein. Was man psychische Methode nennt, ist am allerwirksamsten, wenn man die Krankheit im eigentlichen Ich des Menschen zu suchen hat. Wenn also eine solche chronische Krankheit auftritt, die also in irgendeiner Weise im Blut wurzelt, dann treten die psychischen Heilmittel als das Berechtigte ein. Und werden sie in der richtigen Weise ausgeführt, dann können sie durch das, was auf das Ich wirkt, einen vollgültigen Ersatz bilden für das, was von außen auf den Menschen einströmt. Da werden Sie einen feinen, intimen Zusammenhang überall sehen können, wenn Sie beobachten, was die menschliche Seele erleben kann, wenn sie sonst zum Beispiel an den Schraubstock gefesselt ist und nun für einen kurzen Augenblick einmal Landluft genießen kann. So ist die Freude, welche die Seele mit Gefühlen erhebt, etwas, was wir im weitesten Sinne eine psychische Methode nennen können. Nun kann der Heiler, wenn er seine Methode richtig ausübt, das durch seinen persönlichen Einfluß nach und nach ersetzen, und die psychischen Methoden haben ihre stärkste Berechtigung bei dieser Form der Erkrankungen, und das ist aus dem Grunde schon nicht zu übergehen, weil der größte Teil der Krankheiten auf einer Unregelmäßigkeit des Ich-Teiles des Menschen beruht. – Dann kommen wir zu den Krankheiten, die durch Unregelmäßigkeiten des astralischen Leibes entstehen. Da verlieren allerdings die bloß psychischen Methoden, trotzdem sie anwendbar sind, ihren großen Wert; daher sind diese Methoden auch bei diesen Krankheiten die selteneren. Da tritt nun die diätetische Heilmethode ein. – Erst bei den Krankheiten, die wir als die dritte Art bezeichnet haben, ist es eigentlich berechtigt, mit den äußeren medizinischen Heilmitteln den Verlauf der Heilung zu unterstützen. Also wenn man den Menschen in seiner Kompliziertheit betrachtet, kommt es auch in der Heilweise auf eine Allseitigkeit hinaus, und man kann nicht in Einseitigkeit verfallen.

Es fehlt nun noch das, was die eigentlichen Erkrankungen sind, die im physischen Leibe selber urständen, die sich auf den physischen Leib beziehen, und das sind die eigentlichen Infektionskrankheiten. Das ist ein wichtiges Kapitel, und das werden wir genauer betrachten in einem der nächsten Vorträge, wenn wir erst den wirklichen, richtigen Ursprung der «Zehn Gebote» werden betrachtet haben.[19] Denn Sie werden sehen, daß das doch zusammenhängt. Heute kann ich daher nur darauf hinweisen, daß diese vierte Krankheitsform vorliegt und daß es bei ihrer tiefen Grundlage auf eine Erkenntnis der ganzen Natur, mit der

der menschliche physische Leib zusammenhängt, ankommt. Nicht das Physische ist hier die Grundlage, sondern erst recht wiederum das Geistige. Wenn wir diese vierte Krankheitsform betrachtet haben, haben wir noch immer nicht alle wesentlichen Krankheiten erschöpft, sondern wir werden sehen, daß es auch noch auf das menschliche Karma [20] ankommt, das da hineinspielt. Das ist ein Fünftes, was in Betracht kommt.

So werden wir sagen: Es wird sich uns nach und nach etwas enthüllen über die fünf verschiedenen Formen der Erkrankungen des Menschen, Erkrankungen, die auf dem Felde des Ich urständen, die auf dem Felde des astralischen Leibes, des ätherischen Leibes oder des physischen Leibes urständen, und was an den Krankheiten als karmischer Anteil zu betrachten ist. Davon kann es erst abhängen, daß ein Heil eintritt in bezug auf die medizinische Denkweise, daß sich die ganze medizinische Denkweise durchdringt mit der Erkenntnis der höheren Glieder der menschlichen Natur. Vorher hat man es gar nicht mit einer Medizin zu tun, die in Wahrheit wirklich in das eingreifen kann, worum es sich handelt. Obwohl diese Dinge, wie viele unserer okkulten Einsichten, auf die Höhe der Zeit heraufgeholt und in eine moderne Form gebracht werden müssen, dürfen Sie nicht glauben, daß das nicht auch in gewisser Beziehung eine alte Weisheit ist.

Die Medizin hat ihren Ausgang genommen von der geistigen Erkenntnis und ist immer materialistischer und materialistischer geworden. Und vielleicht an keiner anderen Wissenschaft wie an der Medizin kann man so sehen, wie der Materialismus hereingebrochen ist über die Menschheit. Es hat in früheren Zeiten wenigstens ein Bewußtsein gegeben davon, daß eine Erkenntnis der Viergliedrigkeit der Menschennatur notwendig ist, wenn man in sie hineinschauen will. Freilich hat sich der Materialismus auch früher gezeigt, so daß auf diesem Gebiete hellsichtige Menschen auch schon vor der Zeit der letzten vier Jahrhunderte gesehen haben, wie um sie herum alles materialistisch zu denken beginnt, und Paracelsus [21], der heute nicht verstanden wird, den man für einen Phantasten oder Träumer hält, hat zum Beispiel voll darauf hingewiesen, daß rings um ihn herum die medizinische Wissenschaft, wie sie ausging von Salerno, Montpellier, Paris, wie sie aber auch in gewissen deutschen Gegenden wurzelte, materialistisch war oder wenigstens immer mehr sich anschickte, materialistisch zu werden. Und gerade die Weltenstellung des Paracelsus hat es ihm notwendig erscheinen lassen – was heute wieder notwendig wird –, darauf aufmerksam zu machen, wie sich eine auf den Geist gehende medizinische Anschauung ausnimmt gegen das, was auf rein materialistischem Felde gewonnen wird. Heute ist es vielleicht noch schwerer, als es dem Paracelsus schon war, mit einer paracelsisch gehaltenen Denkweise durchzudringen. Denn es stand damals das materialistische Denken der Medizin nicht so schroff und nicht so fremd gegenüber dem Denken des Paracelsus, wie heute die materialistische Wissenschaft fremd, ohne jedes Verständnis, einem Einblick in die wirklich geistige Natur des Menschen gegenübersteht. Daher gilt für uns das, was in dieser Beziehung gerade Paracelsus gesagt hat, noch heute, was aber heute in seiner Geltung weniger erkannt wird. Wenn man sieht, wie heute über die Dinge gedacht wird von denen, die am Seziertisch oder im Laboratorium arbeiten, und wie die Forschungen verwendet werden, um den gesunden und kranken Menschen zu verstehen, dann könnte man in einer gewissen Weise sich sehr wohl ähnlich gegen diese materialistische Denkweise wenden, wie das Paracelsus getan hat. Nur wird man vielleicht nicht gerade einige Worte mit einiger Hoffnung auf Verständnis, und vielleicht auch auf Verzeihung, anführen dürfen, wie sie Paracelsus in bezug auf die um ihn herum lebenden Mediziner gesagt hat – also wirklich mit der Hoffnung auf Verzeihung, denn Paracelsus hat selbst gesagt, er sei kein Mensch, fein und subtil, der an den Tafeln der Oberen gelebt habe, er sei grob geartet, aufgewachsen bei Käs und Milch und Haberbrot; und daher werden Sie schon verzeihen, wenn diese Dinge nicht immer sehr fein klingen. – Paracelsus sagt über die welschen Ärzte, aber auch über die deutschen Ärzte, als er die verschiedenen Krankheitsnaturen bespricht: «Denn es ist ein großer Irrsal, und steht über über, daß so viel welscher Ärzt, und namentlich zu Montpellier, Salerno, Paris, die da wollen vor allen den Kranz haben und jedermann verachten, und doch selbst nichts wissen noch können, sondern öffentlich erfunden wird, daß ihr Maul und ihre Pracht alle ihre Kunst ist, das ist ihr Schwätzwerk. Sie schämen sich nicht der Klistieren, Purgieren; ob es schon zum Tod sei, so muß alles wohl geraten sein. Und berühmen sich großer Anatomie, so sie haben und gebrauchen, und haben dennoch noch nie gesehen, daß der Weinstein in Zähnen hanget, ich geschweige anderst mehr. Das sind gute Augenärzt, dörfen keines Spiegels an der Nasen. Was ist euer Sehen und Anatomia? Ihr könnt doch ein Dreck nichts damit umgehen, und habt nicht so viel Augen, daß ihr seht, was da ist. Solches befleißen sich auch die deutschen Guckgauch der Ärzte und gesehen Dieb und dergleichen und junge, ausgebrütete Narren, wenn sie alles gesehen haben, so wissen sie weniger, denn vor. Also ersticken sie im Dreck und Kadaver, und darnach gehen die Lappen zum Requiem – gingen sie zu den Leuten dafür!»

Menschliche Organisation und Krankheitsvorgänge

Da gewünscht worden ist, daß ich über die aus der anthroposophischen Weltanschauung herausgewachsenen therapeutischen Prinzipien an einem unserer Abende spreche, so komme ich diesem Wunsche sehr gerne entgegen, allein es ist schwierig, gerade über diesen Gegenstand kurz zu sprechen. Es ist schwierig, weil der Gegenstand ein außerordentlich ausgebreiteter ist und man in einem ganz kurzen Vortrag, der doch nur aphoristisch sein kann, kaum eine richtige Vorstellung von dem hervorrufen kann, auf das es ankommt, und weil auf der anderen Seite zum Beispiel gewisse Betrachtungen, die dabei angestellt werden müssen, etwas für das allgemeine Menschenbewußtsein abgelegen sind. Dennoch will ich versuchen, die Dinge, auf die es ankommt, so allgemeinverständlich als es möglich ist, am heutigen Abende darzulegen.

Daß sich innerhalb der anthroposophischen Bewegung auch eine medizinische Strömung befindet, das rührt ganz gewiß nicht davon her, daß wir als Anthroposophen überall dabei sein wollen und überall gewissermaßen unsere Nase hineinstecken möchten. Das ist ganz gewiß nicht der Fall. Aber während die anthroposophische Bewegung ihren Weg durch die Welt zu machen suchte, fanden sich zu dieser Bewegung auch Ärzte hinzu, ernst strebende Ärzte, und eine große, verhältnismäßig große Anzahl solcher Ärzte war zu einem mehr oder weniger klaren Bewußtsein gekommen, wie schwankend eigentlich die Anschauungen der heute offiziell geltenden Medizin sind, wie für das eigentliche Verständnis der Krankheitsprozesse und ihrer Heilung vielfach die Grundlagen fehlen.

Diese Grundlagen fehlen der offiziellen Wissenschaft aus dem Grunde, weil dasjenige, was heute Geltung, wissenschaftliche Geltung haben will, sich eigentlich nur auf die heute allgemein gebräuchliche Naturwissenschaft stützen will. Und diese Naturwissenschaft wiederum, sie glaubt nur sicher mit demjenigen zu gehen, was sie auf mechanische, physikalische oder chemische Weise in der äußeren Natur feststellen kann. Und sie wendet dann dasjenige, was sie durch Physik, Chemie über äußere Naturvorgänge findet, auch da an, wo sie zum Verständnis des Menschen kommen will. Aber wenn auch im Menschen eine Art Konzentration, mikrokosmischer Konzentration aller Weltenprozesse enthalten ist, so sind doch die äußeren physischen und chemischen Prozesse im menschlichen Organismus selber niemals in der Form vorhanden, in der sie draußen in der Natur vor sich gehen. Der Mensch nimmt die Stoffe der Erde in sich auf, die ja nicht bloß passive Stoffe sind, sondern die eigentlich immer erfüllt sind von Naturprozessen, von Naturvorgängen. Ein Stoff sieht nur äußerlich so aus, als ob er etwas in sich Ruhendes wäre. In Wirklichkeit webt und lebt ja alles in dem Stoffe. Und so nimmt der Mensch auch diejenigen Vorgänge, dieses Weben und Leben, wie es sich chemisch und physisch abspielt in der Natur, in seinen Organismus auf, aber er verwandelt es alsogleich in seinem Organismus, er macht es in seinem Organismus zu etwas anderem.

Dieses andere, was aus den Naturprozessen im menschlichen Organismus wird, das kann man nur verstehen, wenn man zu einer wirklichen, wahren Menschenbeobachtung kommt. Aber die heutige Naturwissenschaft schließt eigentlich, indem sie sich einzig und allein auf das Physische, Chemische stützen will, dasjenige von ihrem Gebiete aus, was sich im Menschen als eigentlich Menschliches, auch zum Beispiel im physischen Körper des Menschen als eigentlich Menschliches abspielt. Denn im physischen Körper des Menschen spielt sich niemals etwas ab, was nicht zu gleicher Zeit unter dem Einflusse der ätherischen Vorgänge, der astralischen Vorgänge, der Ich-Vorgänge liegt. Aber indem die Naturwissenschaft ganz und gar absieht von diesen Ich-Vorgängen, diesen astralischen Prozessen, diesem ätherischen Leben und Weben, kommt sie eigentlich gar nicht an den Menschen heran. Daher kann diese Naturwissenschaft nicht eigentlich so in das menschliche Innere hineinschauen, daß ihr klar werden könnte, wie die äußeren chemischen und physischen

Prozesse im Menschen dann weiter wirken, wie sie im gesunden Menschen weiter wirken, und wie sie im kranken Menschen weiter wirken.

Wie soll man denn aber die Wirkung eines Heilmittels in der richtigen Art beurteilen, wenn man sich nicht ein Verständnis dafür verschaffen kann, wie irgendein Naturding, das wir in den Organismus einführen, oder mit dem wir den Organismus behandeln, im menschlichen Organismus weiter wirkt.

Und so kann man sagen: Der denkbar größte Fortschritt auf medizinischem Gebiete in der neueren Zeit ist eigentlich nur gemacht worden auf dem Gebiete der Chirurgie, wo es sich um äußere, man möchte sagen, mechanische Handhabungen handelt.

Dagegen herrscht auf dem Gebiete – nicht nach meinem Urteil, sondern eben gerade nach dem Urteil derjenigen Ärzte, die sich das alles zum Bewußtsein gebracht haben – der eigentlichen Therapie eine große Verwirrung, weil man den Zusammenhang zwischen irgendeinem Naturding und der Wirkung auf die Krankheit nicht durchschauen kann, wenn man durch die besondere Ansicht, die man über die Naturwissenschaft hat, eigentlich den Menschen selber ausschließt von der wissenschaftlichen Betrachtung.

Indem nun die Anthroposophie gerade darauf ausgeht, den Menschen in seinem innersten Wesen kennenzulernen, sowohl insofern er ein übersinnliches wie insofern er ein sinnliches Wesen ist, kann auch aus der Anthroposophie heraus eine Erkenntnis geschöpft werden über die Behandlung des Menschen mit diesen oder jenen Naturmitteln im Krankheitsfalle.

Im Grunde steht man heute schon vor einer gewissen Erkenntnisgrenze in der Medizin, wenn man nur nach dem eigentlichen Wesen der Krankheit fragt. Was ist die Krankheit? Aus den heutigen wissenschaftlichen Erkenntnissen läßt sich diese Frage: Was ist die Krankheit? – gar nicht beantworten. Denn, was ist nach diesen naturwissenschaftlichen Anschauungen die Summe all der Vorgänge, die im gesunden Menschen sich abspielen? Vom Kopf, vom äußersten Kopfende bis zum letzten Zehenende am Fuße sind das die Naturprozesse. Aber was sind denn die Prozesse, die sich während der Krankheit abspielen in der Leber, in der Niere, im Kopf, im Herzen, wo immer, was sind denn das für Prozesse? Naturprozesse sind es. Alles, was gesunde Prozesse sind, sind Naturprozesse; alles, was Krankheitsprozesse sind, sind ja auch Naturprozesse. Warum ist denn der Mensch unter der einen Sorte von Prozessen gesund und unter der anderen Sorte von Prozessen krank?

Es handelt sich gerade darum, daß man nicht im allgemeinen herumspricht, so nebulos herumspricht: Nun ja, die gesunden Naturprozesse sind normal, die kranken Naturprozesse sind nicht normal. – Da stellt wirklich «zur rechten Zeit», wenn man nichts weiß, «ein Wort» sich ein![22]

Es handelt sich darum, daß man dann, wenn man nur die allgemeine Naturwissenschaft, wie sie heute üblich ist, anwendet, an den Menschen so herangeht: am liebsten nicht an den lebenden Menschen, sondern an die Leiche; man nimmt da oder dort irgendein Stück des Organismus und macht sich Vorstellungen darüber, was da nun für gesunde oder kranke Naturprozesse drinnen vorgehen. Und so ist es einem eigentlich gleichgültig, ob man irgendein Gewebe aus dem Kopf oder aus der Leber oder aus der großen Zehe nimmt oder dergleichen. Alles wird eben zuletzt zurückgeführt, ich will sagen, auf die Zelle. Es ist eigentlich nach und nach die bestausgebildete Menschenlehre die Histologie, die Gewebelehre geworden. Nun ja, wenn man in die kleinsten Teile hineingeht und alle Kräftezusammenhänge wegläßt, dann sind, so wie in der Nacht alle Kühe grau sind, alle Organe dann im Menschen gleich. Aber man bekommt dann eben eine nächtliche «Graue-Kuh-Wissenschaft», nicht eine wirkliche Wissenschaft, die sich der Spezifität der einzelnen Organe im Menschen annimmt.

Dasjenige, was da zur Grundlage dienen muß, das habe ich eigentlich erst vor einigen Jahren auszusprechen gewagt, obwohl es mich beschäftigt hat seit jetzt reichlich mehr als dreißig bis fünfunddreißig Jahren. Aber man stellt sich gewöhnlich nur vor, daß Geisteswissenschaft so leicht zu ihren Resultaten kommt. Man braucht nur hineinzuschauen in die geistige Welt, dann bekommt man das alles heraus, während man es schwierig hat, wenn man in Laboratorien arbeiten muß, in physikalischen Kabinetten oder auf der Klinik; da müsse man sich Mühe geben – so denkt man nämlich –, in der Geisteswissenschaft handle es sich nur darum, daß man hineinschaue in die Welt des Geistes, dann kriege man alles heraus. So ist es eben nicht. Gerade die gewissenhafte Geistesforschung erfordert mehr Mühe und vor allen Dingen mehr Verantwortung als das Hantieren in den Laboratorien oder auf der Klinik oder der Sternwarte. Und so ist es, daß zwar die erste Konzeption dessen, was ich jetzt kurz prinzipiell andeuten will, vor mir stand vor fünfunddreißig Jahren etwa, daß ich das aber erst vor einigen Jahren aussprechen konnte, nachdem alles verarbeitet worden ist und vor allen Dingen auch an der gesamten offiziellen Naturwissenschaft der Gegenwart verifiziert worden ist. Und gerade unter dem Einflusse dieser Prinzipien über die Gliederung des Menschen ist dasjenige entstanden, von dem ich eben erzählte, diese therapeutische Strömung innerhalb unserer anthroposophischen Bewegung.

Wir müssen im Menschen einfach, wenn wir ihn auch als physischen Menschen vor uns haben, durchaus drei voneinander verschiedene Glieder unterscheiden.[23] Diese drei verschiedenen Glieder kann man in der verschiedensten Art benennen. Aber man kommt am besten an sie heran, wenn man sie so charakterisiert, daß man sagt: Der Mensch hat als das eine System seines auch physischen Wesens das Nerven-Sinnessystem, das hauptsächlich im Kopfe lokalisiert ist.

Der Mensch hat als zweites System das rhythmische System; das umfaßt die Atmung, das umfaßt die Blutzirkulation. Es umfaßt aber auch zum Beispiel die rhythmischen Tätigkeiten der Verdauung und so weiter. Das ist das zweite System des Menschen.

Und das dritte System des Menschen ist der Zusammenhang zwischen dem Bewegungssystem, Gliedmaßensystem und dem eigentlichen Stoffwechselsystem. Dieser Zusammenhang wird Ihnen sofort klar sein, wenn Sie daran denken, daß ja gerade durch die Bewegung der Glieder der Stoffwechsel befördert wird, und daß eigentlich nach innen die Gliedmaßen ganz organisch immer mit den Stoffwechselorganen zusammenhängen. Das wird Ihnen auch die Anatomie unmittelbar zeigen. Sehen Sie nur, wie die Beine nach innen sich fortsetzen in den Stoffwechselorganen und ebenso die Arme sich fortsetzen nach innen. So daß wir am Menschen unterscheiden können drei Systeme: Das Nerven-Sinnes-System, vorzugsweise im Kopfe lokalisiert, das rhythmische System, vorzugsweise in der Brust, um das Herz herum lokalisiert, das Stoffwechsel-Gliedmaßen-System, das vorzugsweise in den Gliedmaßen und in den daran anhängenden Stoffwechselorganen lokalisiert ist.

Aber man darf sich diese Gliederung des Menschen nicht so vorstellen, wie – um die anthroposophische Bewegung möglichst anzuschwärzen – einmal ein Professor tat. Der versuchte nicht einzudringen in dasjenige, was damit eigentlich gemeint ist mit dieser Gliederung, sondern er versuchte diese Gliederung des Menschen anzuschwärzen und sagte: Diese Anthroposophen behaupten, der Mensch bestünde aus drei Systemen, aus dem Kopf, dem Rumpf – Brust und Bauch – und aus den Gliedmaßen. – Ja, man kann natürlich auf diese Art eine Sache sofort lächerlich machen.

Denn es handelt sich nicht darum, daß das Nerven-Sinnes-System nur im Kopfe ist. Es ist hauptsächlich im Kopfe, aber es dehnt sich dann über den ganzen Organismus aus, so daß der Mensch seine Kopforganisation über den ganzen Organismus verbreitet hat. Ebenso dehnt sich das rhythmische System nach oben und unten über den ganzen Organismus aus. Der Mensch ist also wiederum räumlich ganz rhythmisches System, ebenso ganz Stoffwechsel-Gliedmaßen-System. Wenn Sie die Augen bewegen, sind die Augen Gliedmaßen. Also nicht nebeneinander stehen diese Systeme räumlich, sondern sie sind ineinander gegliedert. Sie stecken ineinander, und man muß sich schon ein wenig an ein exaktes Denken gewöhnen, wenn man diese Gliederung des Menschen im richtigen Sinne beurteilen will.

Nun sind die beiden Systeme, das erste und das dritte, das Nerven-Sinnes-System und das Gliedmaßen-Stoffwechsel-System, einander eigentlich polarisch entgegengesetzt. Was das eine erzeugt, zerstört das andere; was das andere zerstört, erzeugt das eine. Sie wirken also ganz im entgegengesetzten Sinne. Und das mittlere System, das rhythmische System, stellt die Beziehung zwischen beiden her. Da wird gewissermaßen zwischen beiden hin- und hergependelt, damit ein Einklang zwischen dem Zerstören des einen Systems und dem Aufbauen des anderen Systems immer stattfinden kann. Wenn wir zum Beispiel das Stoffwechselsystem ins Auge fassen, so wirkt das Stoffwechselsystem mit seiner größten Intensität natürlich im menschlichen Unterleibe. Aber dasjenige, was da im menschlichen Unterleibe vor sich geht, das muß eine polarisch entgegengesetzte Tätigkeit hervorrufen im Haupte des Menschen, im Nerven-Sinnes-System, wenn der Mensch gesund sein soll.

Denken Sie nun, daß jene intensive Tätigkeit, die eigentlich die Tätigkeit des menschlichen Verdauungssystemes ist, sich durch eine zu starke, zu große Intensität bis nach dem Nerven-Sinnes-System ausdehnt, so daß also diejenige Tätigkeit, die eigentlich im Stoffwechselsystem sein sollte, auf das Nerven-Sinnes-System übergreift, dann haben Sie zwei, allerdings Naturprozesse meinetwillen, aber Sie sehen gleich, wie der eine Naturprozeß zum Abnormen wird. Er gehört eben nur hinein in das Stoffwechselsystem, und er bricht gewissermaßen nach oben durch in das Nerven-Sinnes-System.

Dadurch entstehen die verschiedenen Formen einer zwar von der Medizin heute etwas als Quantité négligeable behandelten Krankheit, aber, ich möchte sagen, von einem großen Teil der Menschheit weniger so behandelten Krankheit, denn es sind überall diese verschiedenen Krankheitsformen bekannt. Dadurch entsteht dasjenige, was unter den verschiedenen Formen der Migräne bekannt ist. Und man muß, um die Migräne in ihren verschiedenen Formen zu verstehen, diesen Prozeß begreifen, der eigentlich in seiner Intensität, so wie er da ist, sich im Stoffwechselsystem abspielen soll, und der nach dem Nerven-Sinnes-system hin durchbricht, so daß die Nerven und die Sinne selber so behandelt werden, daß der Stoffwechsel in sie hineinschießt, statt daß er an seinem eigentlichen Orte bleibt.

Das Umgekehrte kann stattfinden. Der Prozeß, der am intensivsten sein soll im Nerven-Sinnes-System, der ganz entgegengesetzt ist dem Stoffwechselprozeß, der kann wiederum in einer gewissen Weise nach dem Stoffwechselsystem durchbrechen. So daß im Stoffwechselsystem, statt daß dort nur ein ganz untergeordneter Nerven-Sinnes-Prozeß vor sich geht, ein gesteigerter Nerven-Sinnes-Prozeß sich abspielt, daß gewissermaßen dasjenige, was dem Kopf gehört, durchbricht und in dem Unterleibe auftritt, die Kopftätigkeit also im Unterleibe auftritt. Wenn dies geschieht, dann entsteht im Menschen die gefährliche Krankheit des abdominalen Typhus.

So sieht man in der Tat dadurch, daß man diesen dreigliedrigen Menschen von Grund aus versteht, wie im menschlichen Organismus der Krankheitsprozeß aus dem gesunden Prozeß heraus sich entwickelt. Wäre unser Kopf mit seinem Nerven-Sinnes-System nicht so organisiert, wie er organisiert ist, dann könnten wir nie einen Typhus haben. Wäre unser Unterleib nicht so organisiert, wie er ist, könnten wir niemals eine Migräne haben. Aber die Kopftätigkeit soll im Kopfe, die Unterleibstätigkeit im Unterleibe bleiben. Brechen sie durch, so entstehen eben solche Krankheitsformen.

Und wie auf diese zwei besonders charakteristischen Krankheitsformen, so kann man auf andere Krankheitsformen hindeuten, die immer dadurch entstehen, daß eine gewisse Tätigkeit, die in ein gewisses Organsystem gehört, an einem anderen Orte, in einem anderen Organsystem sich geltend macht.

Geht man nur anatomisch vor, so sieht man eben, wie die kleinsten Teile im Gewebe des Organismus drinnen sind. Aber man sieht dieses Wirken von polarisch entgegengesetzter Tätigkeit nicht. An der Nervenzelle können Sie nur studieren, daß sie entgegengesetzt organisiert ist, sagen wir der Leberzelle. Wenn Sie ins Ganze des Organismus so hineinschauen können, daß er Ihnen eben in seiner Dreigliederung erscheint, dann merken Sie auch, wie die Nervenzelle eine Zelle ist, die fortwährend sich auflösen will, die fortwährend abgebaut sein will, wenn sie gesund sein soll, und wie eine Leberzelle etwas ist, was fortwährend aufgebaut sein will, wenn sie gesund sein soll. Das sind polarische Tätigkeiten. Sie wirken in der richtigen Weise aufeinander, wenn sie entsprechend verteilt sind im Organismus, sie wirken in der unrichtigen Weise ineinander, wenn sie ineinander eindringen.

Das rhythmische System steht in der Mitte und will eben immer den Ausgleich schaffen zwischen den einander entgegengesetzten polarischen Tätigkeiten des Nerven-Sinnes-Systems und des Stoffwechsel-Gliedmaßen-Systems.

Ich möchte nun ein besonderes Beispiel herauswählen, um Sie gewissermaßen hineinschauen zu lassen – ich kann natürlich alles nur aphoristisch erörtern –, wie man die Beziehung des aus der Natur genommenen Heilmittels mit seinen Kräften zu den im Inneren des Menschen wirkenden Gesundungs- und Erkrankungskräften finden kann.

Wollen wir einmal unseren Blick hinwenden auf ein ganz bestimmtes Erz, das sich in der Natur findet, das sogenannte Antimonerz.[24] Antimon hat, wenn man es schon äußerlich betrachtet, eine außerordentlich interessante Eigenschaft. Es formt sich in der Natur so, daß gewissermaßen Spieße entstehen, stangenförmige, spießartige Gliederungen, die sich aneinanderlegen, so daß man das Antimonerz in der Natur so findet, daß man es, wenn ich es schematisch aufzeichne, etwa so aufzeichnen könnte. Fast wie ein mineralisches Moos oder eine mineralische Flechte wächst das. Man sieht, daß gewissermaßen dieses Mineral sich fadenförmig anordnen will. Man sieht noch viel deutlicher, wie sich dieses Mineral, dieses Erz fadenförmig anordnen will, wenn man es einem gewissen physikalisch-chemischen Prozeß unterwirft. Dann wird es noch dünnfaseriger. Es ordnet sich ganz

dünnfaserig an. Besonders bedeutsam aber ist das, was auftritt, wenn man dieses Antimon einer gewissen Art von Verbrennungsprozeß unterwirft. Man bekommt einen weißen Rauch, der sich an Wände anlegen kann und dann glänzend, spiegelartig wird. Man nennt das den Antimonspiegel.[25] Er wird heute wenig mehr respektiert, wurde aber in der alten Medizin außerordentlich viel angewendet, eben aus alten Erkenntniskräften heraus, von denen ich Ihnen in den Vormittagsvorträgen wiederholt gesprochen habe. Dieser Antimonspiegel, also das, was sich erst aus dem Verbrennungsprozeß heraus entwickelt und sich an Wänden ablagern kann, so daß es spiegelglänzend wird, ist eben etwas außerordentlich Wichtiges.

Zu alledem gesellt sich eine andere Eigenschaft. Ich will nur dies hervorheben: Wenn man das Antimon gewissen elektrolytischen Prozessen unterwirft und es an die sogenannte elektrolytische Kathode bringt, so braucht man nur, nachdem man das Antimon herangebracht und dem elektrolytischen Prozeß unterworfen hat an der Kathode, einen kleinen Einfluß auszuüben, und man bekommt eine kleine Antimonexplosion. Kurz, dieses Antimon hat die denkbar interessantesten Eigenschaften.

Wenn man in einer gewissen mäßigen Dosierung das Antimon in den menschlichen Organismus einführt, so kann man an den verschiedenen Vorgängen studieren, wie in der Tat dieselben Kräfte, die sich so verhalten, wie ich es jetzt geschildert habe am Antimon, im menschlichen Organismus ihre Fortsetzung erfahren, und wie sie da allerlei Kräfteformen, allerlei Wirkungsformen annehmen.

Diese Wirkungsformen – ich kann natürlich die Einzelheiten, die Belege hier nicht auseinandersetzen, will Ihnen nur dasjenige, was eben innerer Zusammenhang ist, kurz skizzieren –, diese Prozesse also, die da im menschlichen Organismus auftreten, treten zum Beispiel besonders stark überall da auf, wo Blut gerinnt. Also sie verstärken, sie befördern das Blutgerinnen. Aber untersucht man nun mit denjenigen Methoden, die eben auch zu der Dreigliederung des menschlichen Organismus gehören, die uns allmählich in die menschliche Wesenheit hineinschauen lassen und erkennen lassen, wie die einzelnen Systeme in den verschiedenen Organen sich verhalten, schaut man so in den menschlichen Organismus hinein, so findet man, daß dasjenige, was im Antimon lebt, nicht bloß draußen im mineralischen Antimon lebt, sondern daß das tatsächlich ein Kräftezusammenhang ist, der im menschlichen Organismus selber lebt, der immer im menschlichen Organismus, im gesunden Organismus vorhanden ist, und der nun im kranken menschlichen Organismus auch Formen annimmt von der Art, wie ich es Ihnen jetzt auseinandergesetzt habe.

Dieser, ich möchte sagen, im menschlichen Organismus selber vorhandene Antimonprozeß, ist einem anderen Prozeß polarisch entgegengesetzt. Er ist entgegengesetzt dem Prozesse, der überall da auftritt, wo die plastisch tätigen Kräfte, zum Beispiel die zellenbildenden Kräfte auftreten, die zellenrundenden Kräfte, wo also dasjenige auftritt, was eigentlich die Zellsubstanz des menschlichen Organismus bildet. Ich möchte diese Kräfte, weil sie vorzugsweise zum Beispiel in der Eiweißsubstanz enthalten sind, die albuminisierenden Kräfte nennen. Und so haben wir im menschlichen Organismus die Kräfte, die wir draußen in der Natur, im Antimon namentlich, dann finden, wenn wir das Antimon zum Beispiel der Verbrennung unterwerfen und bis zum Antimonspiegel bringen. Die Kräfte, die draußen im Antimon wirken, die haben wir also im menschlichen Organismus auch wirkend. Wir haben aber auch die entgegengesetzten Kräfte wirksam, die albuminisierenden Kräfte, welche die Antimonkräfte zum Stillstand bringen, wegschaffen.

Diese zwei Kräftesysteme, albuminisierende und antimonisierende Kräfte, die wirken nun einander so entgegen, daß sie im menschlichen Organismus in einem gewissen Gleichgewicht stehen müssen. Man muß nun erkennen, daß zum Beispiel jener Prozeß, den ich Ihnen vorhin prinzipiell geschildert habe und der zugrunde liegt dem abdominalen Typhus, im wesentlichen darauf beruht, daß das Gleichgewicht zwischen diesen beiden Kräftesystemen gestört ist.

Um nun recht in den menschlichen Organismus hineinzuschauen, muß man dasjenige zu Hilfe nehmen können, was ich Ihnen gerade von den verschiedensten – allerdings nicht medizinischen – Gesichtspunkten aus in diesen Morgenvorträgen während dieses Kursus auseinandergesetzt habe.

Da haben wir gesehen, wie der Mensch nicht bloß diesen physischen Körper hat, sondern einen ätherischen oder Bildekräftekörper, einen astralischen Körper, eine Ich-Organisation. Und gerade gestern war ich in der Lage, Ihnen auseinanderzusetzen, wie einen innigen Zusammenhang der physische Körper und der Bildekräftekörper auf der einen Seite haben, das Ich und der astralische Körper auf der anderen Seite, wie aber einen loseren Zusammenhang der astralische Leib und der Bildekräfteleib oder Ätherleib haben, denn die trennen sich jede Nacht.

Dieser Zusammenhang, der in einem Ineinanderspielen der Kräfte des astralischen Leibes und des Ätherleibes besteht, ist nun radikal gestört beim abdominalen Typhus. Bei diesem abdominalen Typhus tritt das ein, daß der astralische Leib schwach wird, nicht in der entsprechenden intensiven Weise in den physischen Leib hineinwirken kann, dadurch, weil er für sich wirkt, jenes Übergewicht hervorruft, was gewissermaßen die Nerven-Sinnesorganisation, die hauptsächlich dem Astralleibe unterliegt, hinunterdrängt. Statt daß sie sich nun verwandelt in der Stoffwechselorganisation, bleibt sie als solche, als astralische Tätigkeit vorhanden. Der Astralleib wirkt für sich. Er wirkt nicht ordentlich hinein in den Ätherleib. Dadurch entstehen die Krankheitssymptome, die eben das Symptomenbild des Typhus geben.

Nun wirkt dasjenige, was gerade im Antimon so auftritt, daß das Antimon gewissermaßen die mineralische Natur verleugnet, kristallinisch spießig wird, daß sogar der Antimonspiegel, wo er sich ablagert, wie die Schneeblumen am Fenster erscheint, also auch die innere Kristallisationskraft wie in der Natur aufweist, diese Kristallisationskraft also, die im Antimon wirksam wird, wirkt, wenn wir sie nun in entsprechender Weise als Arznei verarbeiten und in den Organismus einführen, so, daß sie diesen Organismus unterstützt, damit er seinen Astralleib mit seinen Kräften wiederum in der richtigen Weise in den Ätherleib hineinschieben, diese Leiber wieder in den richtigen Zusammenhang bringen kann.

Wir unterstützen mit dem aus dem Antimon in der entsprechenden Weise hergestellten Heilmittel denjenigen Prozeß, der dem typhösen Prozeß entgegengesetzt ist. Und dadurch kann man gerade mit dem Antimonheilmittel – dem, je nachdem die Krankheit diesen oder jenen Verlauf nimmt, andere Stoffe beigemischt sein müssen, die wiederum in einer ähnlichen Beziehung zum menschlichen Organismus stehen –, man kann mit diesem Heilmittel, dem andere Stoffe beigemischt sind, gerade die Krankheit bekämpfen, indem man die Prozesse im Organismus erregt und unterstützt, damit er seine eigene, ich möchte sagen, antimonisierende Kraft entfaltet, die dann dahin geht, den richtigen Rhythmus im Zusammenwirken von ätherischem Leib und astralischem Leib hervorzurufen.

So führt die anthroposophische Betrachtung dazu, das Verhältnis zu sehen zwischen dem, was draußen in der Natur, im Naturding wirkt, wie ich es Ihnen an dem Beispiel des Antimons gezeigt habe, und dem, was im Inneren des menschlichen Organismus wirkt. Sie können diese albuminisierende, also plastisch rundende, und die nach Linien wirkende Kraft bis in die Keimzelle hinein verfolgen.

Demjenigen, der wirklich Erkenntnisse auf diesem Gebiet erworben hat – so unangenehm es ihm ist, es so zu sagen, weil er ja weiß, daß er den Haß und die Antipathie der entsprechenden Leute hervorruft – und der so hineinsieht in das Getriebe des menschlichen Organismus, dem kommen die wirklich sonst wunderbarsten mikroskopierenden Untersuchungen über die Eizelle, über die Keimzelle, außerordentlich dilettantisch vor. Da beobachten die Leute äußerlich die Eizelle als solche, die Entstehung der sogenannten Zentrosomen[26] – Sie können ja das in irgendeiner Embryologie nachlesen –, ohne zu wissen, wie diese albuminisierenden Kräfte, die auch den Gesamtorganismus beherrschen, entgegengesetzt, polarisch entgegengesetzt den antimonisierenden Kräften wirken. Die Rundung der Eizelle als solche wird hervorgerufen durch die albuminisierende Kraft; die Zentrosomen nach der Befruchtung werden hervorgerufen durch die antimonisierenden Prozesse.

Das aber geht in dem ganzen menschlichen Leibe vor sich.

Und indem man in der richtigen Weise das Heilmittel bereitet und durch die Diagnose weiß, worinnen man den menschlichen Organismus unterstützen muß, führt man diejenigen Kräfte diesem menschlichen Organismus zu, die er braucht, um einem Krankheitsprozesse entgegenzuarbeiten.

Indem man die anthroposophischen Gesichtspunkte in die Medizin hineinbringt, wird eigentlich eben das bewirkt, daß die wirkliche richtige Beziehung des Makrokosmos, der ganzen Welt zum Menschen dabei ins Auge gefaßt wird. Und geradeso wie ich Sie auf das Antimon gewiesen habe – ich müßte natürlich über das Antimon viel sagen, wenn ich das nun im einzelnen wissenschaftlich auseinandersetzen wollte, aber ich will ja nur das Prinzipielle andeuten – und auf die Prozesse, die es aus sich hervorgehen lassen kann, die es in sich hat, wenn man es so oder so behandelt, so könnte ich Ihnen nun zum Beispiel auch das ganze Verhalten innerhalb der Natur und ihrer Prozesse zeigen, sagen wir für dasjenige, was man als Mineral Quarz nennt, Kieselsäure, Silicea,

was dem Granit als einem seiner Bestandteile beigemischt ist, was in seinen Vorkommen durchsichtig kristallisiert und so hart ist, so daß man es nicht mehr mit dem Messer ritzen kann, eben ein Bestandteil des Granits ist. Wenn man diesen Stoff in entsprechender Weise behandelt, so bekommt er, wenn er dem Organismus beigebracht wird – in der richtigen Dosierung selbstverständlich, das muß dann die Diagnose ergeben –, die Eigenschaft, dasjenige, was im Nerven-Sinnes-System wirken soll, was der

Organismus im Nerven-Sinnes-System als die Eigenkräfte dieses Nerven-Sinnes-Systems aufbringen soll, zu unterstützen. So daß man sagen kann: was eigentlich die Sinne tun sollen, das unterstützt man, wenn man in der rechten Weise dieses Heilmittel, das aus Silizium, aus dem Quarz bereitet ist, dem Menschen beibringt. Man muß dann, je nachdem die Nebensymptome sind, andere Stoffe wiederum beimischen, aber in der Hauptsache handelt es sich hier um die Wirkung desjenigen, was im Kieselsäurebildungsprozeß liegt. Wenn man also diesen Kieselsäurebildungsprozeß in den menschlichen Organismus hineinbringt, so wird eine zu schwach wirkende Tätigkeit im Nerven-Sinnes-System unterstützt. Sie wirkt dann in der richtigen Stärke. Nun, wenn diese Nerven-Sinnes-Tätigkeit zu schwach wird, so bricht die Verdauungstätigkeit eben nach dem Kopfe durch. Die migräneartigen Zustände entstehen.

Unterstützt man nun die Sinnestätigkeit, die Nerven-Sinnes-Tätigkeit in der richtigen Weise mit einem Heilmittel, das in rechter Art aus der Kieselsäure, aus dem Quarz, Silicea, erzeugt ist, dann wird das Nerven-Sinnessystem bei dem Migränekranken so stark, daß es wiederum den durchgebrochenen Verdauungsprozeß zurückdrängen kann.

Ich schildere Ihnen diese Dinge natürlich etwas grob, aber Sie werden daraus sehen, worauf es ankommt. Es kommt darauf an, den gesunden und kranken menschlichen Organismus wirklich zu durchschauen, nicht bloß nach seiner Zellenzusammensetzung, sondern nach dem, was als Kräfte in gleichem Sinne oder polarisch oder rhythmisch in diesem menschlichen Organismus wirkt, um dann dasjenige in der Natur aufzusuchen, was beim Naturwirken im menschlichen Organismus diesen oder jenen krankhaften Prozeß bekämpfen kann.

So kann man zum Beispiel finden, wie derjenige Prozeß, der im Phosphor enthalten ist, in der äußeren Natur ein Prozeß ist, der, wenn man ihn in den menschlichen Organismus hinüberführt, unterstützend auf eine gewisse Art inneren Unvermögens des menschlichen Organismus wirkt: dann nämlich, wenn der menschliche Organismus in bezug auf gewisse Kräfte, die in seinem Inneren, wenn er gesund ist, immer wirken sollen, unfähig wird, diese Kräfte in der richtigen Weise wirken zu lassen, wenn er zu wenig Kraft hat, um gewisse Kräfte in sich wirken zu lassen, die eigentlich eine Art organischen Verbrennungsprozesses sind, der immer da ist bei der Umbildung der Stoffe im menschlichen Organismus. Bei jeder Bewegung, bei allem, was der Mensch tut, auch bei demjenigen, was innerlich ausgeführt wird, geschehen ja organische Verbrennungsprozesse. Nun kann der menschliche Organismus zu schwach werden, um diese organischen Verbrennungsprozesse in der richtigen Weise zu regeln. Sie müssen nämlich in einer gewissen Weise gehemmt werden. Werden sie zu wenig gehemmt, dann entwickeln sie sich in vehementer Art. Die organischen Verbrennungsprozesse haben eigentlich durch sich selbst immer eine unermeßliche, unbegrenzte Intensität, sonst würde sogleich da oder dort eine zu große Ermüdung eintreten, oder man würde überhaupt nicht weiterkönnen, als sich bewegender Mensch. Diese organischen Verbrennungsprozesse haben eigentlich eine, ich will sagen, unbegrenzte Intensität, und der Organismus muß fortwährend die Möglichkeit haben, sie zu hemmen.

Wenn nun entweder in einem Organsystem oder im ganzen Organismus diese hemmenden Kräfte nicht da sind, wenn der Organismus zu schwach geworden ist, um seine organischen Verbrennungsprozesse in der richtigen Weise zu hemmen, dann entsteht dasjenige, was in den verschiedensten Formen die Tuberkulose ist. Es wird nur durch die organische Ohnmacht, möchte ich sagen, durch das Nichthemmenkönnen der Verbrennungsprozesse der geeignete Nährboden für die Bazillen geschaffen; diese können sich dann auf diesem Nährboden finden.

Es soll gar nichts hier gegen die Bazillentheorie gesagt werden. Die Bazillentheorie ist sehr nützlich. Aus der verschiedenen Art, wie die Bazillen da oder dort auftreten, erkennt man natürlich Verschiedenes; für die Diagnose erkennt man daraus überhaupt außerordentlich viel. Es soll von mir selbst aus überhaupt nicht gegen die offizielle Medizin aufgetreten werden, sondern sie soll eigentlich nur da fortgesetzt werden, wo sie an gewisse Grenzen kommt. Und so fortgesetzt kann sie werden, indem eben gerade die Gesichtspunkte der Anthroposophie auf sie angewendet werden.

Führt man dem Organismus nun Phosphor zu, dann unterstützt man diese Fähigkeiten, die organischen Verbrennungsprozesse zu hemmen. Aber da muß man Rücksicht darauf nehmen, daß diese Hemmung von den verschiedensten Organsystemen ausgehen kann. Geht sie zum Beispiel, sagen wir, von dem System, das in den Knochen vorzugsweise arbeitet, aus, dann muß man die Phosphorwirkung im menschlichen Organismus dadurch unterstützen, daß man sie gewissermaßen gerade nach der Knochenseite hin spezialisiert. Das geschieht, indem man das Heilmittel des Phosphors verbindet in irgendeiner Weise, die sich eben dann durch das genauere Studium der Sache ergibt, mit Kalzium oder Kalziumsalz. Hat man es mit einer Dünndarmtuberkulose zu tun, so wird man irgendwelche Kupferverbindungen in der richtigen Dosierung dem Phosphor beimischen. Hat man es mit einer Lungentuberkulose zu tun, so wird man zum Beispiel Eisen zu dem Phosphor hinzugeben. Aber es kommen dann, da die Lungentuberkulose eine äußerst komplizierte Erkrankung ist, unter Umständen noch andere Beimischungen in Betracht. So sehen Sie also, daß die Möglichkeit einer wirklichen Therapie darauf beruht, wie die chemischen und physikalischen Prozesse im menschlichen Organismus sich fortsetzen, wie sie da drinnen weiterwirken.

Die offizielle Medizin geht eben vielfach von der Ansicht aus, daß so, wie die Antimonkräfte draußen im Antimon wirken, sie auch im menschlichen Organismus wirken. Das ist nicht der Fall. Man muß sich klar sein darüber, wie diese Prozesse im menschlichen Organismus weiter wirken. Und das kann man namentlich sehen, wenn man eben die eigentlich anthroposophischen Erkenntnisse auf die Versuche anwendet, um die es sich dabei handelt.

Haben wir beim Antimon und seinen Kräften gesehen, daß das Antimon den Rhythmus herstellt zwischen astralischem Körper und Ätherkörper oder Bildekräftekörper, so kann man bei den Kräften, die in der Kieselsäure, im Quarz, in der Silicea wirken, sehen, daß sie besonders dazu geeignet sind, das richtige Verhältnis zwischen dem Ich und dem astralischen Leib, wenn es gestört wird, herzustellen, um dadurch auf das Nerven-Sinnes-System gesundend zu wirken. Während es beim Kalk so ist – insbesondere bei dem Kalk, der von Kalkabsonderungen der Tiere verwendet wird –, daß man Heilmittel bekommt, die das richtige Verhältnis herstellen zwischen dem Bildekräfteleib und dem physischen Leib.

So daß man sagen kann: Es führt einen die richtige Anschauung des Menschen dazu, Kalk oder überhaupt Ähnliches, namentlich also vom tierischen Organismus Abgesondertes, Austernschalen zum Beispiel zu verwenden, um das richtige Verhältnis herzustellen, wenn es gestört ist, was sich immer dann auch in physischen Prozessen ausdrückt, in Krankheitsprozessen, – um das richtige Verhältnis zwischen dem Ätherleib und dem physischen Leib herzustellen. Darauf hat man bei solchen kalkigen oder ähnlichen Absonderungen bei der Heilmittelbereitung zu reflektieren.

Hat man es zu tun mit einem arrhythmischen Zusammenwirken des Bildekräfteleibes und des astralischen Leibes, so muß man auf solche Dinge sehen, wie sie beispielsweise im Antimon, aber noch in zahlreichen anderen Metallen vorhanden sind, insbesondere aber auch in den Bestandteilen, die im mittleren Teile der Pflanzen enthalten sind, also in den Blättern und in dem Stamme namentlich stark vorhanden sind, während diejenigen Kräfte, die dem Phosphorprozeß entsprechen, vorzugsweise in den Blütenorganen der Pflanzen enthalten sind, und diejenigen Prozesse, die dem Kieselsäureprozeß entsprechen, in den Wurzelorganen der Pflanzen. So daß man auch die Beziehung finden kann zwischen den Kräften, die in den verschiedenen Teilen der Pflanzen sind. Die Wurzelkräfte haben eine entschiedene Verwandtschaft und Beziehung zum menschlichen Kopf und zum Nerven-Sinnes-System. Die Blätter und die Stammesorgane haben eine besondere Beziehung zu dem rhythmischen System und die Blütenorgane eine besondere Beziehung zum Unterleibs-, zum Stoffwechselsystem.[27] Wenn man daher oftmals in einer einfachen Weise dem Verdauungs-, dem Stoffwechselsystem zu Hilfe kommen will, so gelingt das sehr häufig einfach dadurch, daß man, nachdem man in der richtigen Weise diagnostiziert hat, bestimmte Blütenorgane wählt, die man zu Tee bereitet. Auf diese Weise kommt man den Verdauungsorganen bei. Während man die Salze der Wurzeln ausziehen muß durch einen besonderen Ausziehungsprozeß, wenn man ein Heilmittel gewinnen will, das zum Beispiel auf den Nerven-Sinnes-Prozeß, auf die Kopforgane besonders wirkt.

Und so muß man auf der einen Seite die Natur, auf der anderen Seite den menschlichen Organismus durchschauen. Dann kann man in der Natur wirklich die Heilmittel so finden, daß man sehen kann, wie die beiden Dinge zusammenhängen, daß man nicht bloß klinisch probieren muß: Wie wirkt das? – Und dann, nicht wahr, eine Reihe von Fällen aufzeichnet, von denen neunzig Prozent oder siebzig Prozent irgendwie ein günstiges Resultat zeigen, wobei man sich außerdem in vierzig Fällen dann geirrt hat. Dann wird die Sache statistisch behandelt, und je nachdem die Statistik das oder jenes ergibt, wird die Sache dann als Heilmittel oder nicht als ein Heilmittel betrachtet.

Ich kann diese Dinge eben wirklich nur in der Kürze aphoristisch behandeln, um Ihnen zu zeigen, wie in der Tat, ohne irgendwie in einen Dilettantismus oder in eine ärztliche Sektiererei zu verfallen, streng wissenschaftlich vorgegangen werden kann, um den Erkrankungsprozessen durch Heilmittel, die aus der menschlichen Anschauung stammen, beizukommen.

Ebenso wie die Erkenntnis des richtigen Naturstoffes und Naturprozesses wichtig ist, die zum Heilmittel verarbeitet werden müssen, ebenso wichtig ist dann die besondere Art der Anwendung.

Gerade dadurch, daß man entweder auf das Nerven-Sinnes-System wirken kann, um in der angedeuteten Weise von ihm aus in der rechten Art die Gesundung herbeizuführen, oder auf das rhythmische System, oder auf das Stoffwechsel-Gliedmaßen-System, gerade dadurch, daß man auf diese einzelnen Systeme wirken muß, ist es wichtig, ist es wesentlich, auch zu wissen, wie die Behandlungsmethode nun eintreten soll. Denn fast jedes Heilmittel kann man wiederum in dreierlei Art anwenden. Entweder wird es dem Menschen durch den Mund in den Magen und so weiter eingeführt, man rechnet also bei der Art und Weise, wie der Mensch das Heilmittel aufnimmt, auf den Stoffwechsel des Menschen, auf das Stoffwechselsystem und darauf, wie das Stoffwechselsystem dann auf die anderen Systeme wirkt. Daher hat man Heilmittel, die insbesondere in dieser Art gebraucht werden, daß sie dem Menschen durch Mund und Magen eingeführt werden und so weiter.

Dann aber gibt es auch Heilmittel, die im eminentesten Sinne so verwendet werden müssen, daß sie schon durch ihre Verwendungsweise auf das rhythmische System wirken. In dieser Beziehung wird Antimon ganz besonders dazu berufen sein, die richtige Behandlungsmethode in bezug auf diesen Punkt zu finden. Denn da treten die Injizierungen, die Injektionsmethoden ein. Und das Heilmittel, das dem Blute eingeimpft[28] wird, oder in anderer Weise injiziert wird, das ist dasjenige, bei dem vor allen Dingen wiederum darauf gerechnet wird, daß es auf den rhythmischen Prozeß des Menschen wirkt.

Bei denjenigen Heilmitteln, die man als Bäder und in Salben verwendet, oder selbst da, wo es darauf ankommt, äußerlich mechanisch den menschlichen Organismus zu behandeln, sagen wir in Massageprozessen oder dergleichen, also da, wo es sich darum handelt, in einer mehr äußerlichen Weise das Heilmittel oder den Heilprozeß an den Menschen heranzubringen, da rechnet man darauf, daß die Heilmethode auf das Nerven-Sinnes-System wirkt.

Und so kann man wiederum durch jedes andere System in der verschiedensten Weise eben wieder zum Heilprozeß hinarbeiten. Nehmen wir an, wir haben Silicea, ein Quarz. Es ist etwas anderes, ob wir zum Beispiel ein Heilmittel haben, das wir zubereiten, und das durch den Mund genommen werden soll, oder ob es injiziert wird. Rechnen wir darauf, daß es durch den Mund genommen wird, so wollen wir durch die Art und Weise, wie es im Verdauungssystem verarbeitet wird und das Verdauungssystem wiederum die Kräfte in das Nerven-Sinnes-System schickt, also auf dem Umwege durch das Verdauungssystem die Quarzprozesse hereinführen. Rechnen wir aber damit, daß sie mehr hineingeschickt werden sollen in das Nerven-Sinnes-System, dadurch daß sie eingefügt werden dem Blutorganismus, dem Atmungsrhythmus, wodurch wiederum auf dem Umweg durch diesen

Rhythmus geheilt werden kann, wenn wir also dies beabsichtigen, so injizieren wir.

Wenn wir beabsichtigen, durch das Verdauungsorgan irgendwie aromatisch-ätherische Substanz, wie sie in der Pflanzenblüte enthalten ist, zur Wirksamkeit zu bringen, so machen wir einen Tee, den wir durch den Mund in den Magen einführen. Wollen wir dadurch wirken, daß wir das ätherische Öl, das in aromatischer Weise auf das Nerven-Sinnes-System wirkt, direkt zur Wirksamkeit bringen oder durch das Nerven-Sinnes-System auf den rhythmischen Prozeß, dann machen wir aus den Säften dieser Blüten meinetwillen irgendein Bad, indem wir den Saft dieser Blüten dem Wasser beimischen und ein Bad daraus bereiten. Da wirken wir auf das Nerven-Sinnes-System.

Und so sehen Sie, wie wiederum auch von den Behandlungsweisen, die man den einzelnen Stoffen in ihrem Verhältnis zum Menschen angedeihen läßt, eben die Heilwirkung abhängt.

Alle diese Dinge werden in einer wirklich durchsichtigen Weise erst zum Vorschein kommen, wenn anthroposophische Erkenntnis immer mehr und mehr auf die Beziehung der Naturwirkungen zum Menschen angewendet wird, wenn also durch Anthroposophie herauskommt, welche Heilmittel man anwenden soll, und wie man sie auf den Menschen anwenden soll.

Damit auf diese Weise etwas bewirkt werden kann, sind durch Ärzte, die sich hinzugefunden haben zu unserer anthroposophischen Bewegung, unsere Klinisch-Therapeutischen Institute mit ihren entsprechenden Laboratorien und sonstigen Unternehmungen gegründet worden, damit auf der einen Seite Heilmittel und Heilmethoden ausprobiert werden können, auf der anderen Seite die Heilmittel hergestellt werden können. Solche klinischen sowohl wie chemisch-pharmazeutischen Institute[29] haben wir in Arlesheim bei Dornach und Stuttgart.

Insbesondere soll hier hingewiesen werden auf das Klinisch-Therapeutische Institut[30] in Arlesheim, das ja unter der ausgezeichneten Leitung von Frau Dr. Wegman steht, die insbesondere eine segensreiche Wirksamkeit für dieses Institut dadurch entfaltet, daß sie dasjenige hat, was ich den Mut des Heilens nennen möchte. Denn es gehört gerade, wenn man einerseits hineinblickt in die Kompliziertheit der Naturvorgänge, aus denen die Heilungsprozesse hervorgeholt werden sollen, auf der anderen Seite in die ungeheure Kompliziertheit der Gesundheits- und Krankheitsprozesse im Menschen, es gehört, wenn man dieses unermeßliche Feld vor sich hat – und man hat immer dieses unermeßliche Feld vor sich, auch wenn man eben nur eine bestimmte Anzahl von Patienten hat –, dann zum Heilen der Mut des Heilens.

Angegliedert ist diesem Arlesheimer Institut ein Internationales Pharmazeutisches Laboratorium[29], in dem die Heilmittel hergestellt werden. Sie können heute in der ganzen Welt verwendet werden, wenn man nur die richtigen Mittel und Wege sucht. Das Laboratorium stellt die Mittel her; es müssen nur die Leute die Mittel und Wege zu dem Laboratorium finden, darum handelt es sich. Es müssen die Leute die richtigen Mittel und Wege finden, in welcher Weise man zu den Heilmitteln kommt. Nicht auf dilettantische Weise wird gearbeitet, nicht verleugnet wird die heutige Wissenschaft, sondern die heutige Wissenschaft wird nur fortgesetzt.

Wird diese Erkenntnis einmal reifen in weitesten Kreisen, dann können wir um das Gelingen einer solchen Bewegung, wie es das Internationale Pharmazeutische Laboratorium in Arlesheim ist, wirklich ganz unbesorgt sein. Aber es ist schwierig, gegenüber der heutigen rein materialistischen Richtung eine auf voller Menschenerkenntnis beruhende Therapie mit ihren Heilmitteln in der Welt auch wirklich zur Geltung bringen zu können. Hier müßte man eigentlich auf die Einsicht jedes Menschen rechnen, dem die Gesundheit seiner Mitmenschen am Herzen liegt.

Nun, indem man so zunächst hinzuweisen hat auf dasjenige, was durch Naturheilmittel erreicht werden kann und ihre entsprechende Verwendung, wird natürlich nicht ausgeschlossen, was auf dem Wege, ich möchte sagen, mehr geistig-seelischer Prozesse in der Heilung erreicht werden kann. Auf diesem Gebiete macht man ja ganz besonders fruchtbare Beobachtungen. Wenn man nun das Hygienisch-Therapeutische, wie man es ja immer muß in einer richtigen Pädagogik, in die Schule hineinzutragen hat, sieht man, wie die Art und Weise, wie man seelisch-geistig im Unterricht auf die Kinder wirkt – wenn ich pädagogische Vorträge halte, so setze ich ja diese Dinge auseinander –, zwar vielleicht manchmal nicht sofort, aber im Verlauf des Lebensprozesses, die mannigfaltigsten gesundenden und krankmachenden Wirkungen haben kann. Ich will nur eines erwähnen. Der Lehrer kann zum Beispiel mit Bezug auf das Gedächtnis des Kindes in der richtigen Weise vorgehen, indem er ihm nicht zuviel und nicht zuwenig zumutet. Geht er unrichtig vor, mutet er dem Gedächtnis zuviel zu im achten, neunten, zehnten, elften Lebensjahre, hat er nicht den richtigen pädagogischen Takt nach dieser Richtung, dann wird dasjenige, was da die Seele vollbringen muß in einer übermäßigen Erinnerungstätigkeit, in einer künstlich gezüchteten Erinnerungstätigkeit, sich später im Leben ausleben als allerlei physische Erkrankungen. Man kann nachweisen den Zusammenhang zwischen dem Diabetes und falschen Gedächtnismethoden im Unterricht. Während auch wiederum das Stören des Gedächtnisses nach einer anderen Seite in einer ungünstigen Weise durchaus auf das Kind wirken kann.

Ich kann das nur prinzipiell erwähnen, denn die Zeit ist ja schon so sehr vorgeschritten. Aber man sieht daraus, wie nicht nur an Gesundheit und Krankheit die natürlichen Heilmittel arbeiten, sondern wie die besondere Art, wie die Seele selber arbeitet, für Gesundheit und Krankheit von ganz besonderer Wichtigkeit ist.

Und von da ausgehend kann man dann auch den Weg hinüberfinden zu denjenigen Methoden, wo wir versuchen, durch rein geistig-seelische Einflüsse von Mensch zu Mensch, die ich heute natürlich der Kürze der Zeit halber nicht im einzelnen beschreiben kann, Gesundungsprozesse herbeizuführen. Gerade auf diesem Gebiete kann man sich aber sehr leicht einem Dilettantismus hingeben. Man kann zum Beispiel den Glauben hegen, daß die sogenannten Geisteskrankheiten am leichtesten durch geistige Einflüsse zu heilen sind. Gerade die Geisteskrankheiten zeichnen sich dadurch aus, daß man den Kranken eigentlich seelisch-geistig kaum beikommen kann. Das ist es ja gerade, daß bei sogenannten Geisteskrankheiten die Seele sich gegen äußere Einflüsse abschließt. Aber man wird immer finden, daß gerade bei den sogenannten Geisteskrankheiten, die eigentlich ihren Namen mit Unrecht führen, physische Krankheitsprozesse irgendwo verborgen vorliegen.[31] Ehe man dilettantisch gerade bei Geisteskrankheiten herumhantieren will, soll man eigentlich den physischen Krankheitsherd, der sich manchmal sehr verbirgt, diagnostisch richtig finden, dann wird man gerade wohltätig wirken durch entsprechende Heilung des physischen Organismus.

Viel eher wird es sich gerade bei physischen Krankheiten darum handeln, daß man durch allerlei geistig-seelische Einflüsse, die heute meist sehr dilettantisch betrieben werden – darauf will ich jetzt nicht eingehen –, hilft. Gerade bei physischen Krankheiten wird in dieser Beziehung viel Segen gestiftet werden können, in mancherlei Weise der äußere Prozeß, der durch Heilmittel herbeigeführt werden soll und dergleichen mehr, unterstützt werden können.

Ich kann das nur andeuten. Diejenigen Methoden, die auf dem Boden der Anthroposophie fußen, schließen ganz gewiß therapeutische seelisch-geistige Einflüsse nicht aus, sondern ein. Das beweisen wir ja dadurch, daß Sie im Klinisch-Therapeutischen Institut in Arlesheim-Dornach neben den physischen Heilmethoden die sogenannte Heileurythmie finden können.

Diese Heileurythmie[32] besteht darin, daß man dasjenige, was Sie hier als Kunsteurythmie sehen, an dem bewegten Menschen, dem Menschen in seiner Gliederung, aber sich bewegend im Raume, umformt, das Vokalisierende so umformt, daß sich der Mensch in gesunden Bewegungen, die aber aus der Eurythmie herausgeholt sind, bewegt, daß man die vokalisierenden Bewegungen so anwendet, daß man gerade die Kräfte, die ich vorhin die albuminisierenden Kräfte im Menschen genannt habe, dadurch unterstützt. Während durch die konsonantisierenden Kräfte vielfach die antimonisierenden Kräfte unterstützt werden.

So kann man auch durch das Zusammenwirken von konsonantischer und vokalischer Heileurythmie das Gleichgewicht zwischen diesen beiden Kräftearten herbeiführen. Und namentlich kann es sich da zeigen, wenn die Dinge richtig, nicht dilettantisch gemacht werden, wie andere Heilprozesse, namentlich auch bei chronischen Erkrankungen, ungeheuer unterstützt werden können durch diese Heileurythmie.

Diese Heileurythmie beruht eigentlich darauf, daß gerade seelisch-geistige Vorgänge wachgerufen werden durch dasjenige, was der Mensch mit den Gliedern seines Körpers ausführt. Wenn man weiß, welche Bewegungen aus dem gesunden Menschenorganismus unmittelbar hervorgehen wollen, dann kann man auch die entsprechenden Bewegungen finden, die heilend wirken, wenn von den Gliedmaßen aus, von der menschlichen Bewegung aus zurückgewirkt wird auf den Prozeß der inneren Organe.

So gibt es gerade in dem Klinisch-Therapeutischen Institut in Arlesheim die Möglichkeit, diese Heileurythmie aufzusuchen und zu sehen, wie sie als Therapie nun ein besonderer Zweig innerhalb der ganzen Heilprozesse sein kann, die eben aus wirklicher Menschenerkenntnis heraus auf anthroposophischem Boden gefunden werden können.

Es würde natürlich zu weit gehen, gerade auf diesem Gebiete Einzelheiten auszuführen. Das Prinzip ist eigentlich in dem gegeben, was ich dargestellt habe.

So ist es eben gekommen, daß wir in der mannigfaltigsten Weise, weil sozusagen Heilkundige an uns herangekommen sind, diese therapeutische Strömung innerhalb der anthroposophischen Bewegung ausbilden mußten. Sie hat sich aus den Zeitverhältnissen heraus ergeben. Sie ist sozusagen von der gegenwärtigen Zivilisation gefordert worden. Anthroposophie hat ja im Grunde genommen nur die Antwort gegeben auf Fragen, die an sie gestellt worden sind.

Ich konnte Ihnen heute wirklich nur aphoristisch die Prinzipien auseinandersetzen; mehr ist in dieser ja schon allzulang gewordenen Zeit nicht möglich. Und wollte ich auch nur einiges ausführen, so daß es, ich möchte sagen, in seiner Ganzheit dastünde, dann müßte ich etwas ähnliches tun, was ich auch vorgestern bei dem eurythmischen Vortrage abgelehnt habe, ich müßte Sie einladen, über Nacht dazubleiben und mir zuzuhören bis morgen früh, bis wir dann zu dem morgigen Vormittagsvortrag zusammenkommen. Das ist etwas Krankmachendes, und es kann doch wirklich nicht jemand, der über das Gesundmachen reden will, auf diese Weise die Leute krank machen! Daher muß man sie zu gesundem Schlafe schon lieber durch kürzere Darstellung nach Hause schicken.

Krankheit und Gesundheit in Beziehung zum Karma

Solche Betrachtungen, wie wir sie heute und in den allernächsten Tagen anzustellen haben, können sehr leicht einem gewissen Mißverständnis unterworfen sein. Wir werden es zu tun haben mit mancherlei Krankheits- und Gesundheitsfragen vom Gesichtspunkte des Karma[33], und bei der Gegensätzlichkeit unserer heutigen Zeitströmungen gerade auf diesem Gebiete könnte leicht eine mißverständliche Auffassung der geisteswissenschaftlichen Grundlagen Platz greifen, wenn dieses Kapitel – der Zusammenhang von Krankheit und Gesundheit mit dem Karma – berührt wird. Sie wissen ja, daß in den weitesten Kreisen die Diskussion mit ziemlicher Heftigkeit und Leidenschaftlichkeit wogt, wenn Gesundheits- und Krankheitsfragen in Betracht kommen. Es ist Ihnen ja allen bekannt, wie sehr von seiten der Laien sowohl als auch von seiten dieser oder jener Ärzte Partei ergriffen wird gegen das, was man die wissenschaftliche Medizin nennt. Auf der andern Seite kann leicht bemerkt werden, wie die Vertreter der wissenschaftlichen Medizin vielleicht gerade herausgefordert werden durch manchen ungerechten Angriff, so daß sie nicht nur in eine Art von Leidenschaft verfallen, wenn es sich darum handelt – was ihr gutes Recht ist –, einzutreten für das, was die Wissenschaft dazu zu sagen hat, sondern daß von dieser Seite heute auch ein zum Teil recht arger Kampf geführt wird gegen das, was von andern Gesichtspunkten als den in der offiziellen Medizin vertretenen irgendwie gesagt wird über das in Betracht kommende Gebiet. Theosophie oder Geisteswissenschaft wird nur dann ihren hohen Aufgaben gerecht werden können, wenn sie auf einem solchen, von Diskussionen vielfach verdunkelten Gebiet das unbefangene und objektive Urteil wahrt. Wer ähnliche Vorträge von mir gehört hat, wird wissen, wie wenig es mir darum zu tun ist, einzustimmen in den Chor, der heute das, was man als «Schulmedizin» bezeichnet, diskreditieren will.[34] Von einem Einstimmen in diese oder jene Parteirichtung kann bei der Geisteswissenschaft auch nicht im entferntesten die Rede sein.

Es darf vielleicht gerade bei dieser Gelegenheit einleitend betont werden, daß die Leistungen in bezug auf die Tatsachen und tatsächlichen Erforschungen der Erscheinungen gerade auf dem Gebiet des Krankheitswesens und der Gesundheitsfragen der Menschheit in den letzten Jahren und Jahrzehnten wahrhaftig zu ebensolchem Lobreden, Anerkennen und Bewundern herausfordern wie zahlreiche andere naturwissenschaftliche Ergebnisse. Und von dem, was auf diesem Gebiete an Tatsächlichem geleistet worden ist, darf auch gesagt werden: Wenn sich irgend jemand freuen darf über das, was die Medizin in den letzten Jahren geleistet hat, so kann dies gerade die Geisteswissenschaft sein. Auf der andern Seite muß aber auch betont werden, was gerade für die Naturwissenschaft gilt, daß die Errungenschaften und tatsächlichen Erkenntnisse und Entdeckungen zuweilen recht wenig richtige und befriedigende Interpretationen und Erklärungen finden durch das, was heute wissenschaftliche Meinungen sind. Das ist ja das Hervorstechendste in unserer Zeit für viele Gebiete naturwissenschaftlicher Forschung, daß die Meinungen, die Theorien nicht gewachsen sind den zuweilen wunderbaren Tatsachenergebnissen. Und erst das Licht, das von der Geisteswissenschaft ausgeht, wird Klarheit über das bringen, was auf diesem Gebiet in den letzten Jahren errungen worden ist.

Nachdem das vorausgeschickt worden ist, wird es klar sein, daß es sich nicht um irgendwelches Einstimmen in billige Bekämpfung dessen handelt, was auf dem Gebiet der wissenschaftlichen Medizin heute geleistet werden kann. Dann darf aber auch gesagt werden, daß die bewundernswerten Tatsachen, die zutage getreten sind, nicht fruchtbar werden können in unserer Zeit zum Heile der Menschheit, weil auf der andern Seite geradezu materialistisch gefärbte Meinungen und Theorien diese Fruchtbarkeit verhindern. Daher ist es für die Theosophie[35] viel besser, daß sie anspruchslos das sagt, was sie zu sagen hat, als in irgendeinen Parteikampf einzugreifen. Es werden dadurch viel weniger die Leidenschaften aufgeregt werden, als sie es heute schon sind.

Wenn wir überhaupt einen Gesichtspunkt gewinnen wollen zu den Fragen, die uns beschäftigen sollen, dann müssen wir uns damit bekanntmachen, daß die Ursachen zu irgendeiner Erscheinung in der mannigfaltigsten Weise gesucht werden müssen, nähere und entferntere Ursachen, und daß die Theosophie, wenn es sich darum handeln wird, karmische Ursachen zu Gesundheitsfragen zu suchen, es ein wenig zu tun haben wird mit den entfernteren Ursachen, die nicht an der Oberfläche liegen. Machen wir uns das durch einen Vergleich klar. Wenn Sie den Vergleich überdenken, werden Sie schon auf das kommen, was eigentlich gemeint ist.

Nehmen wir an, irgend jemand stehe auf dem Standpunkt, «wie wir es heute so herrlich weit gebracht haben» auf diesem Gebiete, und er verachte ganz die Meinungen, welche in den vergangenen Jahrhunderten über Gesundheit und Krankheit zutage getreten sind. Wenn Sie versuchen, einen Überblick über die Krankheits- und Gesundheitsfragen zu finden, werden Sie den Eindruck bekommen, daß die Darsteller eines solchen Gebietes gewöhnlich das Urteil haben: Was in den letzten zwanzig bis dreißig Jahren auf diesem Gebiete zutage getreten ist, das ist eine Art absoluter Wahrheit, die zwar ergänzt werden kann, aber nie ein solches absprechendes Urteil erfahren kann wie das, welches solche Beurteiler leider selbst abgeben über das meiste, was auf diesem Gebiete vorangegangen ist an menschlichem Sinnen und Trachten. Es wird zum Beispiel häufig gesagt: Wir finden gerade auf diesem Gebiete in den verflossenen Zeiten den krassesten Aberglauben –, und es werden dann recht abschreckende Beispiele angeführt, wie in den verflossenen Jahrhunderten versucht worden sei, dies oder das zu heilen. Insbesondere schlimm findet man, wenn man irgendwo auf Ausdrücke stößt, welche in der damaligen Bedeutung dem heutigen Bewußtsein längst verlorengegangen sind, sich aber dennoch in das heutige Bewußtsein eingeschlichen haben, und mit denen so, wie sie der heutige Mensch denkt, nichts anzufangen ist. So sagen einige: Da gab es Zeiten, in denen man eine jede Krankheit Gott oder dem Teufel zuschrieb! So schlimm, wie es solche Darsteller machen, liegt es deshalb nicht, weil sie nicht wissen, welcher Komplex von Anschauungen bei einem solchen Begriff «Gott» oder «Teufel» gemeint war. Durch einen Vergleich können wir uns das klarmachen.

Nehmen wir an, zwei Leute reden miteinander. Da erzählt der eine dem andern: Eben habe ich eine Stube gesehen, die ganz voller Fliegen ist. Nun sagt mir jemand, das sei ganz natürlich; und das glaube ich auch, denn die Stube ist sehr schmutzig, und dadurch finden die Fliegen ihr Fortkommen. Es ist ganz erklärlich, daß man das als Grund für das Vorhandensein der Fliegen annimmt, und ich glaube auch, daß derjenige ganz recht hat, der da sagt, die Fliegen werden nicht mehr in der Stube sein, wenn man einmal gründlich reinemacht! – Nun hat aber ein anderer erzählt, daß er noch etwas anderes wüßte, warum so viele Fliegen in dem Zimmer wären; und die Ursache könne er nicht anders bezeichnen, als daß in jenem Zimmer seit langem eine grundfaule Hausfrau hause. – Aber nun sieh einmal, was das für ein grenzenloser Aberglaube ist: daß die Faulheit wie eine Art Persönlichkeit sei, die nur zu winken brauchte, und dann kämen die Fliegen herein! Da ist die andere Erklärung doch richtiger, die das Vorhandensein der Fliegen durch den angehäuften Schmutz erklärt!

Nicht viel anders ist es auf einem andern Gebiete, wenn man sagt: Es ist jemand von einer Krankheit befallen, da er eben eine Infektion durch irgendeine Bazillenart erhalten hat; treibt man die Bazillen aus, so ist die Heilung da.[36] Nun reden aber da noch Leute von irgendeiner geistigen Ursache, die tiefer liege! Man braucht doch nichts anderes zu tun, als die Bazillen fortzutreiben! – Es ist nicht mehr Aberglaube, von einer geistigen Ursache zu sprechen bei Erkrankungen, doch alles übrige anzuerkennen, als in dem Falle, wo die Ursache für das Dasein der Fliegen in einer grundfaulen Hausfrau gesehen wird. Und man braucht nicht zu wettern, wenn man sagt: Die Fliegen werden nicht mehr da sein, wenn einmal reinegemacht wird. Nicht darum handelt es sich, daß der eine den andern bekämpft, sondern daß man lernt, sich gegenseitig zu verstehen und einzugehen auf das, was der eine will und was der andere will. Das muß man durchaus berücksichtigen, wenn von den unmittelbar naheliegenden Ursachen mit Recht gesprochen wird und wenn von den entfernteren Ursachen gesprochen wird. Der objektive Theosoph wird sich durchaus nicht auf den Standpunkt stellen, daß die Faulheit nur eine Art von Wink zu geben brauche, damit die Fliegen in das Zimmer kommen; er wird wissen, daß auch andere materielle Dinge dabei in Betracht kommen, daß aber alles, was materiell zum Ausdruck kommt, seine geistigen Hintergründe hat und daß diese geistigen Hintergründe zum Heile der Menschheit gesucht werden müssen. Diejenigen aber, welche in den Kampf gern einstimmen möchten, die sollen auch daran erinnert werden, daß die geistigen Ursachen nicht immer in derselben Weise aufgefaßt werden dürfen und auch nicht in der gleichen Art bekämpft werden können wie die gewöhnlichen materiellen Ursachen. Und man darf auch nicht denken, daß man durch das Bekämpfen der geistigen Ursachen enthoben wäre der Bekämpfung der materiellen Ursachen; denn sonst könnte man die Stube schmutzig lassen und brauchte nur gegen die Faulheit der Hausfrau zu Felde zu ziehen.

Wenn wir nun das Karma betrachten, müssen wir sprechen von Zusammenhängen zwischen Ereignissen, wie sie im Menschenleben eintreten in einer früheren Zeit und wie sie ihre Wirkung auf dasselbe Menschenwesen zeigen in einer späteren Zeit. Wenn wir sprechen von Gesundheit und Krankheit vom Gesichtspunkt des Karma aus, so heißt das nichts anderes als: Wie können wir uns vorstellen, daß der gesunde oder kranke Zustand eines Menschen seine Begründung findet in früheren Taten, Verrichtungen und Erlebnissen dieses Menschen? Und wie können wir uns vorstellen, daß sein gegenwärtiger Gesundheits- oder Krankheitszustand mit zukünftigen Wirkungen, die auf dasselbe Wesen zurückfallen, im Zusammenhang steht?

Am liebsten wird der heutige Mensch überhaupt glauben, daß eine Krankheit mit den allernächsten Ursachen nur im Zusammenhange stehe. Denn der Grundnerv unserer heutigen Weltanschauung auf allen Gebieten ist ja der, daß man Bequemlichkeit sucht; und stehenbleiben bei den allernächsten Ursachen ist eine bequeme Sache. Daher werden gerade in bezug auf Erkrankungen nur die allernächsten Ursachen berücksichtigt – und am meisten geschieht das von den Kranken selbst. Denn wie wäre es zu leugnen, daß die Kranken selbst veranlaßt sind, solche Bequemlichkeit zu üben? Aus diesem Umstande heraus ergibt sich so viel Unzufriedenheit, wenn ein solcher Glaube existiert, die Krankheit müsse die allernächsten Ursachen haben, welche von dem kundigen Arzt gefunden werden müssen; und wenn der Arzt dann nicht helfen kann, hat er irgend etwas verpfuscht. Aus dieser Bequemlichkeit des Urteils geht vieles von dem hervor, was heute auf diesem Gebiete gesagt wird. Wer Karma in seinen weitverzweigten Wirkungen zu betrachten versteht, der wird immer mehr seinen Blick erweitern von dem, was heute geschieht, zu Ereignissen, die verhältnismäßig sehr weit zurückliegen. Und er wird vor allen Dingen die Überzeugung gewinnen, daß eine durchgreifende Erkenntnis eines Sachverhaltes, der den Menschen trifft, nur möglich ist, wenn man den Blick erweitern kann über das, was weiter zurückliegt. Insbesondere beim erkrankten Menschen ist das der Fall.

Wenn wir vom kranken und auch vom gesunden Menschen sprechen, drängt sich uns die Frage auf die Lippen: Wie können wir uns von dem Kranksein überhaupt einen Begriff machen?

Wenn die geisteswissenschaftliche Forschung direkt vorgeht und den hellseherischen Blick zu Hilfe nimmt, wird sie immer, wenn es sich um Erkrankungen des Menschen handelt, Unregelmäßigkeiten bemerken, nicht nur im physischen Leibe des Menschen, sondern auch in den höheren Wesensgliedern des Menschen[37], im Ätherleibe und im astralischen Leibe. Und der hellseherische Forscher wird bei einem Krankheitsfall immer in Betracht ziehen müssen, welches in dem betreffenden Falle der Anteil sein kann des physischen Leibes auf der einen Seite und des Ätherleibes und des astralischen Leibes auf der andern Seite; denn alle drei Wesensglieder des Menschen können an der Erkrankung beteiligt sein. Nun entsteht die Frage: Welche Vorstellungen können wir über das Wie der Krankheit gewinnen? – Dem kommt man am leichtesten bei, wenn man in Betracht zieht, wieweit man den Begriff «Krankheit» überhaupt ausdehnen darf. Diejenigen, die gern in allerlei allegorisch-symbolischen Begriffen sprechen, auch da, wo sie nicht hingehören, denen mag es überlassen bleiben, wenn sie auch bei Mineralien oder Metallen von Erkrankungen sprechen, indem sie zum Beispiel sagen, wenn der Rost das Eisen frißt, sei das eine Krankheit des Eisens. Man muß sich dabei nur darüber klar sein, daß man durch solche abstrakten Begriffe zu einem wirklichen gedeihlichen Erfassen des Lebens nicht kommen kann; man kann nur kommen zu einer Art spielerischer Erkenntnis des Lebens, nicht aber zu einem Erkennen, das wirklich eingreift in die Tatsachen. Wer zu einem realen Krankheitsbegriff und auch zu einem realen Gesundheitsbegriff kommen will, muß sich hüten, davon zu sprechen, daß Mineralien und Metalle[38] auch erkranken können.

Nun ist die Sache schon anders, wenn wir ins Pflanzenreich hinaufgehen. Da dürfen wir gewiß von Erkrankungen der Pflanzen sprechen. Aber gerade Pflanzenkrankheiten sind für das reale Erfassen der Vorstellung «Krankheit» von einem ganz besonderen Interesse und von ganz besonderer Wichtigkeit. Bei Pflanzen wird man, wenn man wieder nicht spielerisch zu Werke geht, nicht leicht sprechen können von inneren Krankheitsursachen. In demselben Maße, wie man bei Tier und Mensch von inneren Krankheitsursachen sprechen kann, kann man bei Pflanzen nicht davon sprechen. Die Erkrankungen im Pflanzenreiche werden Sie immer zurückzuführen haben auf äußere Veranlassungen, auf diese oder jene schädlichen Einflüsse des Bodens, ungenügende Belichtungen, auf diese oder jene Wirkungen des Windes und auf sonstige elementare und Naturwirkungen. Oder Sie werden solche Erkrankungen von Pflanzen zurückzuführen haben auf Einflüsse von Parasiten, die sich an die Pflanzen heranmachen und sie schädigen. Und wir werden innerhalb des Pflanzenreiches mit Recht davon sprechen, daß der Begriff «innere Krankheitsursache» im Grunde gar keine Berechtigung hat. – Es ist natürlich nicht möglich, da ich nicht ein halbes Jahr über dieses Thema sprechen kann, daß ich mit unzähligen Belegen versehe, was ich jetzt angedeutet habe. Aber je tiefer wir in die Pflanzenpathologie eindringen, desto mehr werden wir sehen, daß von dem Begriff «innere Krankheitsursache» bei den Pflanzen nicht die Rede sein kann, sondern daß es sich da um äußere Veranlassungen und Schädigungen, um äußere Einflüsse handelt.[39]

Nun haben wir in der Pflanze, wie sie uns zunächst in der äußeren Welt entgegentritt, ein Wesen vor uns, das uns ein Gefüge von einem physischen Leibe und einem Ätherleibe zeigt. Und wir haben damit zugleich ein Wesen vor uns, das uns sozusagen aufmerksam darauf macht, daß ein solches Wesen mit physischem Leib und Ätherleib im Grunde dem Prinzip nach gesund ist und daß es warten muß, bis es eine äußere Schädigung erfährt, wenn es krank werden soll. Damit stimmt auch durchaus der geisteswissenschaftliche Tatbestand. Während wir durch die Methoden der hellseherischen Forschung im Tier- und Menschenreich bei Erkrankungen ganz entschieden im Inneren des Wesens – in den übersinnlichen Teilen – Veränderungen erblikken, können wir innerhalb einer erkrankten Pflanze niemals davon sprechen, daß der ursprüngliche Ätherleib selber verändert wäre, sondern nur davon, daß sich von außen allerlei Störungen und schädliche Einflüsse in den physischen Leib und namentlich in den Ätherleib hineingedrängt haben. Der geisteswissenschaftliche Tatbestand rechtfertigt durchaus das, was wir als allgemeinen Schluß gewinnen: daß in dem, was bei den Pflanzen in Betracht kommt – nämlich physischer Leib und Ätherleib –, etwas ursprünglich Gesundes vorliegt. Aber etwas anderes ist es, wie die Pflanze imstande ist, wenn sie äußere Schädigungen erfährt, alles mögliche aufzuwenden, um in Wachstum und Entwicklung sich gegen die Schädigungen zu wehren, sich zu heilen. Beobachten Sie einmal, wenn Sie eine Pflanze anschneiden, wie sie versucht, die beschädigte Stelle zu umwachsen, zu umgehen, was ihr da im Wege liegt und sie schädigt. Und wir können es fast mit Händen greifen, wie in der Pflanze eine innere Abwehr, eine Heilkraft vorhanden ist, wenn eine äußere Schädigung eintritt.

So sehen wir, daß wir in dem Ätherleib und physischen Leib der Pflanze etwas vor uns haben, was imstande ist, mit inneren Heilkräften zu antworten auf äußere Schädigungen. Das ist eine außerordentlich wichtige Tatsache, wenn man auf diesem Gebiete zur Klarheit kommen will. Ein Wesen wie die Pflanze mit physischem Leibe und Ätherleib zeigt uns also nicht nur, daß der physische Leib und der Ätherleib ursprünglich Prinzipien der Gesundheit in sich haben, soviel notwendig ist zur Entwicklung und zum Wachstum des betreffenden Wesens, sondern es zeigt uns ein solches Wesen sogar, daß ein Überschuß vorhanden ist von solchen Kräften, die sich in den Heilkräften ausleben können, wenn von außen Schädigungen kommen. – Woher müssen denn diese Heilkräfte stammen?

Wenn Sie in einen bloß physischen Körper hineinschneiden, wird die Schädigung bleiben. Er wird aus sich heraus nichts tun können, um die Schädigung sozusagen zu heilen. Deshalb können wir bei einem bloß physischen Körper nicht von einer Erkrankung sprechen, und am wenigsten davon, daß Krankheit und Heilung in Beziehung zueinander stehen können. Das können wir am besten sehen, wenn eine Krankheit bei einer Pflanze zutage tritt. Da haben wir das Prinzip der inneren Heilkraft zu suchen im Ätherleibe. Das zeigt wiederum im eminentesten Maße der geisteswissenschaftliche Tatbestand.

Denn um die Wunde einer Pflanze herum beginnt der Ätherleib der Pflanze ein viel regeres Leben, als er vorher dort entfaltete. Er bringt ganz andere Formen aus sich heraus, entwickelt ganz andere Strömungen. Das ist das außerordentlich Interessante, daß wir geradezu den Ätherleib der Pflanze herausfordern zu einer erhöhten Tätigkeit, wenn wir der Pflanze in bezug auf den physischen Leib eine Schädigung beibringen.

Damit haben wir zwar nicht den Begriff der Krankheit definiert; aber wir haben etwas getan, um zum Wie der Krankheit zu kommen, und wir haben etwas erreicht, was uns eine Ahnung verschafft über das innere Wie der Heilung.

Jetzt gehen wir einmal – immer am Leitfaden der inneren, hellseherischen Beobachtung – weiter und versuchen wir, die äußeren Erscheinungen vernunftgemäß zu begreifen, zu denen uns die Geisteswissenschaft führt. Dann können wir jetzt aufsteigen von den Schädigungen, welche wir Pflanzen beibringen, zu gewissen Schädigungen, welche wir Tieren beibringen, die also Wesen sind, die schon einen astralischen Leib haben. Wenn wir da im groben Sinne zu Werke gehen, so werden wir sehen, daß wir bei den höheren Tieren verhältnismäßig sehr wenig – und immer weniger, je höher das Tier steht – von dem erblicken können, was bei den Pflanzen in umfassendem Maße hervortritt: nämlich jenes Antworten des Ätherleibes auf äußere Schädigungen. Wenn wir grobe Schädigungen dem physischen Leibe eines niederen oder auch eines höheren Säugetieres beibringen, reißen wir zum Beispiel einem Hunde ein Bein aus oder dergleichen, dann werden wir finden, daß der Ätherleib des Hundes nicht so leicht mit seiner Heilkraft antworten kann, wie der Ätherleib der Pflanze antwortet auf eine Schädigung, die in ähnlicher Weise der Pflanze zugefügt worden ist. Aber auch im Tierreich ist das noch in großem Maße zu sehen. – Nehmen wir an, wir steigen hinunter bis zu ganz niedrigen tierischen Wesen, zu den Tritonen[40] oder ähnlichen. Solche niederen Tierwesen können Sie zerschneiden; schneiden wir einem solchen Wesen gewisse Organe ab, so ist das, könnte man sagen, dem Tiere gar nicht besonders unangenehm. Die Organe wachsen mit großer Schnelligkeit wieder nach, und das Tier sieht bald wieder so aus wie früher. Da ist etwas Ähnliches wie bei der Pflanze geschehen: Wir haben eine gewisse Heilkraft im Ätherleibe herausgefordert. Wer würde leugnen, daß die Herausforderung, Heilkräfte im Ätherleib zu entwickeln, beim Menschen oder beim höheren Tier eine erhebliche Gefährdung der Gesundheit bedeuten würde? Das niedere Tier dagegen wird in seinem Ätherleibe nur herausgefordert, ein anderes Glied aus seinem Inneren durch seinen Ätherleib herauswachsen zu lassen. Nun steigen wir etwas weiter hinauf.

Wenn wir jetzt zum Beispiel bei Krebsen ein Glied abschneiden, so sind die Krebse nicht sogleich imstande, ein anderes Glied aus sich herauswachsen zu lassen. Aber wenn sie sich das nächste Mal häuten, wenn sie bei der nächsten Übergangsstufe ihres Lebens ankommen, dann schon treibt für das abgebrochene Glied ein Stumpf heraus; beim zweitenmal wird er schon größer sein, und wenn sich das Tier genügend oft häuten würde, so würde das Glied ersetzt werden durch ein neues. – Da haben Sie die Erscheinung, daß in solchem Ätherleib schon mehr dazu gehört, damit die innere Heilkraft herausgefordert wird. Und bei den höheren Tieren ist das nun gar nicht mehr in diesem Maße der Fall. Wenn wir ein höheres Tier verstümmeln, kann es zunächst nicht diese Heilkraft aus seinem Ätherleibe heraus aufbringen. Aber es muß immer wieder betont werden, was heute in einen bedeutsamen naturwissenschaftlichen Streit hineinspielt: Wenn Sie das Tier verstümmeln, und das Tier hat Nachkommen, so übertragen sich diese Verstümmelungen nicht auf die Nachkommen; die nächste Generation hat wieder die vollen Glieder. Wenn der Ätherleib seine Eigenschaften auf die Nachkommen überträgt, wird er wieder angeregt, einen vollständigen Organismus herauszusetzen. Beim Tritonen wirkt der Ätherleib noch in demselben Tiere, beim Krebs erst in der Häutung; bei den höheren Tieren tritt dasselbe erst bei den Nachkommen ein; da ersetzt der Ätherleib, was in der vorhergehenden Generation verstümmelt worden ist. Wir müssen also solche Erscheinungen in der Natur gradweise betrachten, dann wird es uns klarwerden, daß selbst dann noch von einer Heilkraft im Ätherleibe gesprochen werden muß, wenn die Vererbungen von den Vorfahren auf die Nachkommen gehen, und daß der Ätherleib sich so vererbt, daß er wieder das ganze, ungeteilte Tier hervorbringt. Da haben Sie sozusagen ein Aufsuchen des Wie der Heilkräfte im Ätherleib.

Nun können wir die Frage aufwerfen: Woran liegt es denn, je weiter wir in der Tierreihe hinaufsteigen – und wenn wir das Menschenreich äußerlich betrachten, gilt das auch –, daß der Ätherleib immer mehr Anstrengungen machen muß, um überhaupt die Heilkräfte herauszubekommen? – Das liegt daran, daß der Ätherleib in der verschiedensten Weise mit dem physischen Leibe verbunden sein kann. Es gibt zwischen dem physischen Leibe und dem Ätherleibe sozusagen eine innigere Gemeinschaft und eine losere. Nehmen wir zum Beispiel ein niederes Tier, den Triton, bei dem ein abgeschnittenes Glied sich sogleich wieder ansetzt. Da müssen wir eine lose Verbindung annehmen zwischen Ätherleib und physischem Leib. Und in noch höherem Maße gilt das bei der Pflanzenwelt. Da müssen wir sagen: Die Verbindung ist eine derartige, daß der physische Leib nicht imstande ist, auch auf den Ätherleib zurückzuwirken, so daß der Ätherleib ungeschoren bleibt durch das, was im physischen

Leibe geschieht, und daß der Ätherleib in gewisser Beziehung unabhängig ist vom physischen Leibe. Nun ist das Wesen des Ätherleibes das des Tätigseins, des Hervorbringens, des Wachstumförderns. Er fördert das Wachstum bis zu einer bestimmten Grenze. In dem Augenblick, da wir bei Pflanzen oder niederen Tieren ein Glied abschneiden, ist der Ätherleib gleich wieder bereit, das Glied zu ergänzen, das heißt, die volle Tätigkeit zu entfalten. Was muß aber vorliegen, wenn er die volle Tätigkeit nicht entfalten kann? Dann müßte er mehr gebunden sein an die Tätigkeit des betreffenden Gliedes. Und das ist in der Tat bei den höheren Tieren der Fall. Da ist eine viel innigere, dichtere Verbindung zwischen Ätherleib und physischem Leib vorhanden. Wenn der physische Leib seine Formen ausbildet, wirken diese Formen – also was in der physischen Natur ist – wieder zurück auf den Ätherleib.

Wenn wir anschaulich sprechen wollen: Bei ganz niederen Tieren oder bei Pflanzen wirkt das, was draußen ist, nicht zurück auf den Ätherleib, läßt ihn ungeschoren, führt ein selbständiges Dasein. Sobald wir zu höheren Tieren kommen, drängen die Formen des physischen Leibes rückwärts sich dem Ätherleibe auf; da ist der Ätherleib ganz angepaßt dem physischen Leibe, und wir verletzen mit dem physischen Leibe zugleich den Ätherleib. Dann muß natürlich der Ätherleib tiefere Kräfte anwenden, weil er zuerst sich selber wieder herstellen muß – und dann erst die betreffenden Gliedmaßen. Daher müssen wir an tiefere Heilkräfte appellieren, wenn wir an den Ätherleib eines höheren Tieres herangehen. Womit hängt das aber zusammen? Warum ist der Ätherleib eines höheren Tieres so abhängig von den Formen des physischen Leibes?

Je weiter wir in der Tierreihe vorschreiten, um so mehr haben wir zu berücksichtigen nicht nur die Tätigkeit des physischen Leibes und des Ätherleibes, sondern auch die des astralischen Leibes. Der astralische Leib kommt bei den niederen Tieren in seiner Wirksamkeit noch außerordentlich wenig in Betracht. Daher haben die niederen Tiere noch so viel Pflanzenähnliches. Je höher wir hinaufsteigen, desto mehr kommt der astralische Leib in Betracht. Der wirkt aber nun so, daß er den Ätherleib von sich abhängig macht. Ein Wesen wie die Pflanze, das nur physischen Leib und Ätherleib hat, hat mit der Außenwelt wenig zu tun; es werden Reize ausgeübt, aber die drücken sich nicht aus in inneren Vorgängen. Wo dagegen ein astralischer Leib wirksam ist, da spiegeln sich die äußeren Eindrücke in inneren Vorgängen. Ein Wesen, das den astralischen Leib nicht wirksam hat, ist innerlich mehr abgeschlossen der Außenwelt gegenüber. Es öffnet sich ein Wesen um so mehr der Außenwelt, als der astralische Leib wirksam ist. Also verbindet der astralische Leib das Innere eines Wesens mit der Außenwelt. Die zunehmende Wirksamkeit des astralischen Leibes macht, daß der Ätherleib viel stärkere Kräfte aufwenden muß, um auftretende Schädigungen wieder auszugleichen.

Wenn wir aber jetzt hinaufsteigen vom Tier zum Menschen, ist noch etwas anderes zu berücksichtigen. Da werden in diesen astralischen Leib nicht nur hineingeprägt, hineingetragen die vorgeschriebenen Verrichtungen, wie es mehr beim Tiere der Fall ist: das Tier lebt mehr mit einer gebundenen Marschroute, lebt mehr mit einem gebundenen Lebensprogramm. Sie werden nicht leicht beim Tiere davon sprechen können, daß es in besonderem Maße gegenüber seinen Instinkten ausschweifend wäre oder sich mehr in seinen Instinkten der Mäßigkeit hingeben könne. Es folgt seinem Lebensprogramm. Was sich beim Tier ausdrückt, ist einer Art von typischem Programm unterworfen. Der Mensch aber ist in der Lage, gerade dadurch, daß er höher hinaufgestiegen ist in der Stufenleiter der Entwicklung, alle möglichen Unterschiede – zwischen Richtig und Unrichtig, Wahrheit und Lüge, Gut und Böse – auszuleben. In der verschiedensten Weise kommt er durch nur individuelle Anlässe mit der Außenwelt in Berührung. Alle diese Arten von Berührungen fallen zurück, machen Eindruck auf seinen astralischen Leib. Und die Folge ist, daß auch die Wechselwirkung zwischen astralischem Leib und Ätherleib jetzt nach diesen äußeren Erlebnissen ausfallen muß. Wenn also ein Mensch in irgendeiner Beziehung ein ausschweifendes Leben führt, so bedeutet das einen Eindruck auf seinen astralischen Leib. Wir haben aber gesehen, daß der astralische Leib wieder den Ätherleib beeinflußt – wie, das wird abhängen von dem, was in den astralischen Leib hineingelegt worden ist. Daher werden wir jetzt verstehen können, daß der Ätherleib des Menschen geändert wird, je nachdem der Mensch dieses oder jenes Leben führt in den Grenzen von Gut und Böse, Richtig oder Unrichtig, von Wahrheit oder Lüge und so weiter. Das übt einen Einfluß auf den Ätherleib des Menschen aus.

Nun erinnern wir uns, wie die Vorgänge sind, wenn der Mensch durch die Pforte des Todes tritt. Wir wissen, daß der physische Leib abgelegt wird und daß zurückbleibt der Ätherleib, der nun mit dem astralischen Leib und dem Ich verbunden ist. Wenn nun nach dem Tode eine Zeit vergangen ist, die sich nur nach Tagen bemißt, wird das Hauptsächlichste des Ätherleibes als ein zweiter Leichnam abgeworfen; es bleibt jedoch ein Extrakt des Ätherleibes zurück, der mitgenommen wird und erhalten bleibt für alle kommenden Zeiten. In diesem Extrakt des Ätherleibes ist nun alles wie in einer Essenz darinnen, was im Leben hineingekommen ist zum Beispiel von einem ausschweifenden Leben, oder was der Mensch aufgenommen hat als das Ergebnis eines richtigen oder unrichtigen Denkens, Handelns und Fühlens. Das enthält der Ätherleib, und das nimmt der Mensch mit in die Zeit bis zur neuen Geburt. Weil das Tier solche Erlebnisse überhaupt nicht hat, kann es natürlich nichts in derselben Weise hinter die Pforte des Todes hinüberbringen. Wenn nun der Mensch wieder durch eine Geburt ins Dasein tritt[41], ist die Essenz seines früheren Ätherleibes etwas, was sich wieder hineinergießt in seinen neuen Ätherleib, was den neuen Ätherleib beim Aufbau durchdringt. Daher hat der Mensch in seinem neuen Dasein im Ätherleib darinnen die Ergebnisse dessen, wie er im früheren Leben gelebt hat. Und da der Ätherleib der Auferbauer ist einer ganz neuen Organisation nach einer neuen Geburt, so prägt sich das jetzt alles auch in seinen physischen Leib hinein. Warum kann sich das in den physischen Leib hineinprägen?

Die geisteswissenschaftliche Forschung zeigt uns, daß wir in der Form eines Menschenleibes, der durch die Geburt ins Dasein tritt, ungefähr sehen können, welche Taten der Mensch in einem früheren Leben verrichtet hat. Aber werden wir auch eine ganz vernunftgemäße Erklärung finden für das, was sich uns dargestellt hat als abnehmende Heilkraft in der aufsteigenden Entwicklungsreihe der Tiere? Da wir bei einem Tiere nicht davon sprechen können, daß es bei seiner Geburt eine wiederverkörperte Individualität aus einem früheren Erdendasein mitbringt, so werden wir nur den allgemeinen astralischen Leib dieser Tiergattung wirksam finden, und der wird bei diesem Tier die Heilkräfte des Ätherleibes beschränken. Beim Menschen aber finden wir, daß nicht nur sein astralischer Leib, sondern auch sein Ätherleib imprägniert ist mit den Ergebnissen der Taten des vorhergehenden Lebens. Und weil der Ätherleib für sich die Kraft hat, das hervorzubringen, was er von früher her in sich hat, so werden wir auch begreifen, daß er, wenn jetzt eine andere Kraft in ihm auftritt, auch imstande sein wird, in den ganzen Aufbau der Organisation das hineinzulegen, was er aus früheren Verkörperungen sich mitbringt. Und wir werden jetzt verstehen, wie hinüberwirken können unsere Taten aus einem Leben in unseren Gesundheitszustand in dem nächsten Leben und wie wir in unserem Gesundheitszustande vielfach eine karmische Wirkung unserer Taten aus einem vorhergehenden Leben zu suchen haben. Wir können aber noch auf eine andere Weise der Sache beikommen.

Wir können fragen: Wirkt nun alles, was wir in dem Leben zwischen Geburt und Tod verrichten, in gleicher Art zurück auf unseren Ätherleib? – Schon im gewöhnlichen Leben können Sie einen gewaltigen Unterschied wahrnehmen zwischen dem Zurückwirken dessen, was wir als bewußte Menschen erleben, und mancherlei andern Erlebnissen auf unsere eigentliche innere Organisation. Da ergibt sich eine höchst interessante Tatsache, die durch die Geisteswissenschaft so recht aufgeklärt werden kann, die aber auch ganz vernunftgemäß zu begreifen ist. Der Mensch hat im Verlaufe seines Lebens eine ganze Summe von Erlebnissen, welche er bewußt aufnimmt und mit seinem Ich verbindet. Die werden in ihm zu Vorstellungen, und er verarbeitet diese Vorstellungen. Aber nun besinnen Sie sich einmal, wie unendlich viele Erlebnisse, Erfahrungen und Eindrücke es gar nicht bis zur Vorstellung bringen und eigentlich doch im Grunde beim Menschen da sind und auf ihn wirken. Es wird Ihnen oft passieren, daß Ihnen jemand sagt: Ich habe dich heute auf der Straße gesehen; du hast mich sogar angeschaut! – und Sie wissen gar nichts davon. So ist es vielfach. Eindruck hat so etwas natürlich gemacht. Ihr Auge hat zwar den andern gesehen; aber der unmittelbare Eindruck ist nicht bis zur Vorstellung gekommen. – Solcher Eindrücke gibt es unzählige, so daß unser Leben eigentlich in zwei Teile zerfällt: in eine solche Lebensseelenreihe, welche aus bewußten Vorstellungen besteht, und in eine solche, welche wir niemals ganz zum klaren Bewußtsein gebracht haben. Aber es sind noch weitere Unterschiede: Sie werden leicht unterscheiden können zwischen solchen Eindrücken, die Sie in Ihrem Leben gehabt haben und die für Sie zu erinnern sind, also Eindrücke, die so auf Sie gemacht worden sind, daß sie immer in die Erinnerung hineinfallen können; und Sie werden solche Eindrücke gehabt haben, an welche Sie sich nicht erinnern können.

Also unser Seelenleben zerfällt in ganz verschiedene Kategorien. Und es ist tatsächlich ein ganz beträchtlicher Unterschied zwischen den verschiedenen Kategorien, wenn wir die Wirkung auf das innere Wesen des Menschen betrachten. – Bleiben wir jetzt für ein paar Minuten beim Leben des Menschen zwischen Geburt und Tod. Wenn wir da genau beobachten, zeigt sich uns, daß ein gewaltiger Unterschied ist zwischen denjenigen Vorstellungen, die immer wieder in unser Bewußtsein hineinfallen können, und solchen, die wieder vergessen worden sind, so daß sie eine Erinnerungsfähigkeit nicht eigentlich entwickelt haben. Dieser Unterschied kann am leichtesten durch folgendes klargemacht werden. Denken Sie einen Eindruck, der bei Ihnen eine klare Vorstellung hervorrief. Nehmen wir an, es sei ein Eindruck, der in Ihnen Freude oder Schmerz erregte, also ein Eindruck, der von einem Gefühl begleitet war. Halten wir das fest, daß die meisten Eindrücke – eigentlich alle Eindrücke, die auf uns gemacht werden – von Gefühlen begleitet sind. Und die Gefühle drücken sich nicht nur an der bewußten Oberfläche des Lebens aus, sondern sie wirken tief hinein bis in den physischen Leib. Sie brauchen nur daran wieder zu denken, wie ein Eindruck Sie erblassen läßt, ein anderer Sie erröten macht. Bis in die

Umlagerung des Blutes wirken da die Eindrücke. Und nun gehen Sie über zu dem, was entweder überhaupt nicht oder nur flüchtig zum Bewußtsein kommt – und es nicht bis zur Erinnerung bringt. Da zeigt uns die Geisteswissenschaft, daß solche Eindrücke keineswegs weniger von ähnlichen Erregungen begleitet sind als die bewußten. Wenn Sie einen Eindruck empfangen von der Außenwelt, der, wenn Sie ihn bewußt empfangen hätten, Sie erschreckt hätte, daß vielleicht Ihr Herz gepocht hätte, so bleibt derselbe Eindruck, wenn er nicht bewußt wird, doch nicht ohne Wirkung. Er macht aber nicht nur einen Eindruck, sondern er geht auch bis in den physischen Leib. Es tritt da sogar das Eigentümliche auf, daß ein Eindruck, der eine bewußte Vorstellung hervorruft, eine Art von Widerstand findet beim Hineinwirken in die tiefere menschliche Organisation; wenn aber der Eindruck auf uns einfach wirkt, ohne daß wir es zur bewußten Vorstellung bringen, dann hemmt ihn nichts, aber er ist deshalb nicht weniger wirksam. Es ist das menschliche Leben ein viel reicheres als das, was uns davon bewußt wird.

Es gibt eine Zeit im menschlichen Leben, wo solche Eindrücke, die so lebendig auf die menschliche Organisation wirken und keine Erinnerungsfähigkeit haben, in besonders reichem Maße erlebt werden. In der ganzen Zeit von der Geburt bis zu dem Zeitpunkt, an dem die Erinnerung beginnt, sind unzählige reiche Eindrücke auf den Menschen gemacht worden, welche alle im Menschen drinnensitzen und auch in dieser Zeit den Menschen verändert haben. Sie wirken ebenso wie die bewußten Eindrücke; aber ihnen steht, besonders wenn sie vergessen sind, nichts entgegen von dem, was sich sonst einordnet in das Seelenleben als bewußte Vorstellungen und dadurch gleichsam einen Damm bildet. Und diese unbewußten Eindrücke dringen am allertiefsten. Nun kann man schon durch das äußere Leben vielfach die Bestätigung finden, daß es Momente im menschlichen Leben gibt, wo die zweite Sorte von inneren Wirkungen zum Ausdruck kommt. Manche Ereignisse des späteren Menschenlebens können Sie sich nicht erklären. Sie finden gar nicht, wie Sie dazu kommen, gerade in dieser Weise jetzt dieses oder jenes erleben zu müssen. Sie erleben zum Beispiel etwas, das macht auf

Sie einen so erschütternden Eindruck, daß Sie sich gar nicht erklären können, wie ein verhältnismäßig so gleichgültiges Erlebnis einen so erschütternden Eindruck machen kann. Wenn Sie nun nachforschen, werden Sie vielleicht finden, daß Sie gerade in der kritischen Zeit – zwischen der Geburt und dem letzten Zeitpunkt, bis zu dem man sich erinnern kann – ein ähnliches Erlebnis hatten, das Sie aber vergessen haben. Keine Vorstellung ist davon zurückgeblieben. Damals hatten Sie einen erschütternden Eindruck gehabt; der lebt fort und verbindet sich mit dem jetzigen und verstärkt ihn. Und was Sie sonst jetzt viel weniger erschüttert hätte, das macht nun einen besonders starken Eindruck. – Wer das einsieht, wird sich eine Vorstellung davon bilden, wie unendlich verantwortungsvoll die Erziehung in der ersten Kindheit ist und wie etwas seine ganz bedeutungsvollen Schatten oder auch Lichter auf das spätere Leben wirft.[42] Da wirkt also etwas vom Früheren hinüber auf das spätere Leben.

Nun kann sich herausstellen, daß solche Eindrücke der Kindheit – besonders wenn sie sich wiederholt haben – die ganze Lebensstimmung so beeinflussen, daß von einem gewissen Zeitpunkt an eine Gemütsverstimmung eintritt, die unerklärlich ist und die nur erklärlich wird, wenn man zurückgeht und weiß, welche Eindrücke aus der früheren Zeit ihre Lichter oder Schatten hineinwerfen in das spätere Leben; denn die sind es, die jetzt in einer dauernden Gemütsverstimmung zum Ausdruck kommen. Man wird dann finden, daß die Ereignisse besonders stark wirken, die nicht gleichgültig an dem Kind vorübergegangen sind und die schon damals besonderen Eindruck auf das Kind gemacht haben. – Wir werden also sagen können: Wenn Affekte, Gefühle und Empfindungen besonders mitwirkend sind an den Eindrücken, die später vergessen werden, dann sind diese Affekte und Gefühlsergüsse ganz besonders wirksam in dem Hervortreiben solch ähnlicher Erlebnisse.

Nun erinnern Sie sich an die Darstellungen, die von mir öfters gegeben worden sind über das Leben während der Kamalokazeit.[43] Nachdem der Ätherleib des Menschen als ein zweiter Leichnam abgelegt worden ist, lebt der Mensch sein ganzes letztes Leben zurück, geht vorüber an allen seinen Erlebnissen, welche er gehabt hat; aber er geht nicht so vorüber, daß sie ihm gleichgültig bleiben. Gerade während der Kamalokazeit, weil der Mensch seinen alten astralischen Leib noch hat, bewirkt das Durchgemachte die tiefsten Gefühlserlebnisse. – Nehmen wir zum Beispiel an, jemand sterbe mit siebzig Jahren, lebe sein Leben zurück bis in sein vierzigstes Jahr, wo er jemandem eine Ohrfeige gegeben hat. Da erlebt er den Schmerz, welchen er dem andern zugefügt hat. Dadurch wird hervorgerufen eine Art Selbstvorwurf; der bleibt dann als Sehnsucht, und diese Sehnsucht bringt er im nächsten Leben mit, um diese Sache im späteren Leben auszugleichen. Und Sie können begreifen, da in dieser Zeit zwischen Tod und neuer Geburt solche astralischen Erlebnisse vorhanden sind, daß dasjenige, was von uns als Handlung erlebt wird, sich um so sicherer und tiefer einprägt unserem inneren Wesen und beim Aufbau der neuen Leiblichkeit mitwirkt. Wenn wir also schon im gewöhnlichen Leben so stark berührt werden können durch gewisse Erlebnisse, besonders wenn es Gefühlseindrücke waren, daß sie eine Gemütsverstimmung bewirken können, so werden wir begreifen, daß die viel stärkeren Eindrücke des Kamalokalebens sich so eindrücken können, daß sie bei einer neuen Inkarnation bis tief in die Organisation des physischen Leibes hineinwirken.

Da sehen Sie eine Steigerung einer Erscheinung, die Sie bei aufmerksamer Beobachtung schon im Leben zwischen Geburt und Tod finden können. Solche Vorstellungen, denen mit dem Bewußtsein kein Damm entgegengebracht wird, werden schon zu mehr Unregelmäßigkeiten in der Seele führen können: zu Neurasthenie, zu nervenkrankheitsartigen Erscheinungen, vielleicht auch zu Geisteskrankheiten. Alle diese Erscheinungen stellen sich uns dar wie ursächliche Zusammenhänge von früheren mit späteren Ereignissen und geben uns ein anschauliches Bild dafür.

Wollen wir jetzt den Begriff steigern, so können wir sagen: Was wir als Handlungen in einem Leben vollführen, das wird im Leben nach dem Tode umgesetzt in einen mächtigen Affekt, und dieser Affekt, der jetzt durch keine physische Vorstellung geschwächt wird und durch kein gewöhnliches Bewußtsein gehemmt ist – denn das Gehirn ist hierbei nicht nötig –, der durch die andere, tiefer hineinwirkende Form des Bewußtseins erlebt wird, bewirkt nun, daß unsere Taten und unser ganzes Wesen vom vorigen Leben in unserer Anlage und Organisation in einem neuen Leben erscheint. Daher werden wir es begreiflich finden können, daß ein Mensch, der in einer Verkörperung sehr egoistisch gedacht, gefühlt und gehandelt hat, wenn er nach dem Tode vor sich sieht die Früchte seines egoistischen Denkens, Fühlens und Handelns, sich durchzieht mit mächtigen Affekten gegen seine früheren Handlungen. Das ist in der Tat der Fall. Er bekommt Tendenzen in sich, die gegen sein eigenes Wesen gerichtet sind. Und diese Tendenzen, insofern sie aus einem egoistischen Wesen des vorigen Lebens hervorgegangen sind, drükken sich aus in einer in sich schwachen Organisation im neuen Leben. «Schwache Organisation» ist hier dem Wesen nach genommen, nicht dem äußeren Eindruck nach.[44] Wir müssen uns daher klar sein, daß eine schwache Organisation zurückgeführt werden kann karmisch auf ein egoistisches Handeln in einem vorhergehenden Leben.

Gehen wir weiter. Nehmen wir an, in einem Leben zeige ein Mensch einen besonderen Hang zur Lügenhaftigkeit. Das ist schon ein Hang, der geht aus einer tieferen Organisation der Seele hervor. Denn wenn sich der Mensch nur dem überläßt, was in seinem allerbewußtesten Leben ist, so wird er nicht eigentlich lügen; nur Affekte und Gefühle, welche aus dem Unterbewußtsein heraus wirken, verleiten zum Lügen. Da haben wir schon etwas Tieferes sitzen. Wenn der Mensch lügenhaft war, werden seine Handlungen, die aus der Lügenhaftigkeit hervorgehen, wieder die heftigsten Affekte im Leben nach dem Tode gegen den Menschen selbst erzeugen, und eine starke Tendenz gegen die Lügenhaftigkeit wird sich zeigen. Dann wird sich der Mensch mitbringen im späteren Leben nicht nur eine schwache Organisation, sondern – die Geisteswissenschaft zeigt uns das – eine Organisation, die sozusagen unrichtig gebaut ist, die regellos gebaute innere Organe in der feineren Organisation zeigt.[45] Es stimmt da etwas nicht recht zusammen. Das ist bedingt durch früheren Hang zur Lügenhaftigkeit. – Und woher ist der Hang zur Lügenhaftigkeit selbst gekommen? Denn in dem Hang zur Lügenhaftigkeit hat der Mensch ja schon etwas, was auch nicht stimmt.

Da müssen wir noch weiter zurückgehen. Und da zeigt die Geisteswissenschaft, daß ein flatterhaftes Leben, das keine Hingabe und keine Liebe kennt, daß ein oberflächliches Leben in der einen Verkörperung sich ausdrückt in dem Hang zur Lügenhaftigkeit in der nächsten Verkörperung; und der Hang zur Lügenhaftigkeit zeigt sich in der zweitnächsten Inkarnation in den unrichtig gebauten Organen. – So können wir drei aufeinanderfolgende Inkarnationen in ihren Wirkungen karmisch verfolgen: Oberflächlichkeit und Flatterhaftigkeit in der ersten Inkarnation, Hang zur Lügenhaftigkeit in der zweiten und physische Krankheitsdisposition in der dritten Inkarnation.

Da sehen wir Karma an Gesundheit und Krankheit arbeiten. – Was jetzt gesagt worden ist, ist so gesagt, daß die Tatsachen selber herausgeholt worden sind aus der geisteswissenschaftlichen Forschung. Nicht Theorien sollten aufgestellt werden, sondern es sind beobachtete Fälle, die durch die Methoden der Geisteswissenschaft untersucht werden können.

Wir haben also zunächst hingewiesen auf die allergewöhnlichsten Tatsachen – auf die Heilkräfte des Ätherleibes bei den Pflanzen. Wir zeigten dann, wie durch das Hinzutreten des astralischen Leibes bei den Tieren der Ätherleib weniger wirksam ist, und wir sahen ferner, wie durch die Aufnahme des Ich, das ein individuelles Leben im Guten und Bösen, Wahren und Falschen entwickelt, der astralische Leib, der mit dem Hinaufsteigen in der Tierreihe die Heilkräfte nur hemmt, wieder etwas Neues dem Menschen einfügt: die aus dem individuellen Leben ihm einfließenden karmischen Krankheitseinflüsse. Bei der Pflanze gibt es noch keine inneren Krankheitsursachen, weil die Krankheit noch im Äußerlichen ist und die Heilkräfte des Ätherleibes ungeschwächt wirken. Bei den niederen Tieren haben wir noch einen Ätherleib mit solchen Heilkräften, daß er selbst Glieder ersetzen kann; aber je weiter wir hinaufsteigen, desto mehr prägt sich der astralische Leib dem Ätherleib ein, und dadurch schränkt der Astralleib die Heilkräfte des Ätherleibes ein. Aber weil sich die Tiere nicht in Reinkarnationen fortpflanzen, hängt das, was im Ätherleibe ist, nicht zusammen mit irgendwelchen moralisch-intellektuellen oder individuellen Qualitäten, sondern mit dem allgemeinen Typus. Beim Menschen jedoch wirkt das, was er in seinem Ich erlebt, zwischen Geburt und Tod hinein bis in den Ätherleib.

Warum kommen denn die Erlebnisse der Kindheit bei den genannten Gemütswirkungen nur in leichten Erkrankungen zum Vorschein? Weil wir die Ursachen zu vielem, was sich in Neurasthenie, Neurose, Hysterie und so weiter zeigt, werden finden können in demselben Leben. Die Ursachen zu tieferen Krankheitsfällen aber werden wir zu suchen haben in einem vorhergehenden Leben, weil sich erst beim Übergang zu einer neuen Geburt dasjenige recht in den Ätherleib hineinverpflanzen kann, was moralisch und intellektuell erlebt wird. Im allgemeinen kann der Ätherleib beim Menschen tiefere moralische Wirkungen in einem Leben nicht einverleibt erhalten, obwohl wir einzelne Ausnahmefälle – und sogar sehr bedeutende Fälle – noch kennenlernen werden.

So haben wir einen Zusammenhang zwischen unserem Leben im Guten und Bösen, im Moralischen und Intellektuellen in der einen Inkarnation, und unserer Gesundheit oder Krankheit in der nächsten.

Geisteswissenschaftliche Erkenntnis als Grundlage für eine anthroposophische Menschenkunde

Die Leitung der Anthroposophischen Gesellschaft, die von mir hier einen Vortragskursus über pädagogische Gegenstände veranlaßt hat, hat es auch angemessen gefunden, daß ich einige öffentliche Vorträge halte, welche die Beziehungen anthroposophischer Geisteswissenschaft zur Heilkunst zum Gegenstande haben. Es wird notwendig sein, daß ich heute abend eine Art einleitenden Vortrag halte und den eigentlichen Gegenstand, die Befruchtung der Heilkunst durch die Anthroposophie, in den beiden nächsten Vorträgen behandele – aus dem Grunde, weil zur großen Befriedigung der Veranstalter viele Zuhörer erschienen sind, welche mit Anthroposophie noch weniger bekannt sind, und Vorträge, die ein spezielles Kapitel behandeln, mehr in der Luft hängen würden, wenn ich nicht heute eine Art einleitenden Vortrag über Anthroposophie im allgemeinen den eigentlichen Betrachtungen vorangehen ließe, die das Gebiet des Medizinischen berühren sollen.

Anthroposophie will ja nicht das sein, was ihr von so vielen Seiten nachgesagt wird: irgendeine Art von Schwärmerei oder Sektierertum; sondern sie will sein eine ganz ernste, im wissenschaftlichen Sinne gehaltene Betrachtung der Welt, nur daß diese Betrachtung der Welt in ebenso ernster Weise auf das geistige Gebiet gerichtet sein soll, wie wir heute gewohnt sind, wissenschaftliche Methoden angewendet zu finden auf das materielle Gebiet. Nun könnte es ja scheinen, als ob von vornherein mit der Hinwendung auf das Geistige für viele Menschen heute etwas Unwissenschaftliches gegeben werde, aus dem Grunde, weil eine allgemeine Meinung diese ist: daß man nur das wissenschaftlich erfassen könne, was sich durch sinnliche Erfahrung erkennen läßt, und was der Verstand, der Intellekt des Menschen aus dieser sinnlichen Erfahrung gewinnen kann. Die Meinung vieler Menschen ist: in dem Augenblicke, in dem man übergeht auf das

Geistige, habe die wissenschaftliche Resignation einzutreten, in der Art, daß man sagt, über das Geistige könne nur eine subjektive Meinung, eine Art Gefühlsmystik entscheidend sein, die jeder mit sich selbst abmachen müsse, Glaube müsse da an die Stelle wissenschaftlichen Erkennens treten. Daß dies nicht der Fall sein soll, dies gerade zu zeigen, soll die Aufgabe dieses einleitenden Vortrages sein.

Anthroposophie will allerdings nicht eine «Wissenschaft» im gewöhnlichen Sinne des Wortes sein, die abgezogen vom Leben von einzelnen Menschen getrieben wird, die sich für diesen oder jenen wissenschaftlichen Beruf vorbereiten, sondern sie will sein eine Betrachtungsweise der Welt, die für jeden Menschensinn gelten kann, der Sehnsucht danach hat, sich die Fragen zu beantworten, die handeln von dem Sinn, den Aufgaben des Lebens, von der Wirkungsweise der geistigen und der materiellen Kräfte im Dasein und der Anwendung dieser Erkenntnisse im Leben. Und es ist uns auf anthroposophischem Felde bisher durchaus gelungen, auf einzelnen Gebieten ganz praktische Anwendungsmöglichkeiten der anthroposophischen Betrachtungsweise zu erzielen, vor allen Dingen auf pädagogischem Gebiete, wo wir Schulen[46] eingerichtet haben, die auf der Anschauungsweise beruhen, von der heute abend hier gesprochen werden soll. Und es ist uns dies auch in einer schon vielfach anerkannten Weise auf dem Gebiete der Heilkunst gelungen, so paradox das für manchen heute noch scheinen mag. Denn Anthroposophie will auf keinem Gebiete irgendwie in einen Gegensatz, in eine Opposition geraten zu dem, was heute anerkannte Wissenschaft ist, sie will nicht einen trivialen Dilettantismus pflegen.[47] Sie will durchaus, daß die, welche im ernsten Sinne Anthroposophie als Erkenntnis sich erarbeiten wollen, dasjenige achten und schätzen, was zu so großen Errungenschaften, vollends in der neueren Zeit, gerade auf den verschiedensten Gebieten in wissenschaftlicher Art geführt hat. So kann es sich also nicht darum handeln, auch auf dem Gebiete der Heilkunst nicht, irgendwie Laienhaftes, zu der heutigen Wissenschaft in Opposition Tretendes, mit der Anthroposophie zu verkünden, sondern zu zeigen, wie man durch gewisse geistige Methoden in der Lage ist, zu dem Anerkannten anderes hinzuzufügen, das eben nur dann hinzugefügt werden kann, wenn man das Gebiet ernsten Forschens erweitert in die geistige Welt hinein.

Anthroposophie will dies dadurch erreichen, daß sie nach Erkenntnisarten strebt, die im gewöhnlichen Leben und auch in der gewöhnlichen Wissenschaft nicht vorhanden sind. Im gewöhnlichen Leben wie in der gebräuchlichen Wissenschaft bedient man sich ja derjenigen Erkenntnisse, welche der Mensch erringt, wenn er mit seinen nun einmal menschlich vererbten Anlagen und Fähigkeiten dasjenige hinzuerwirbt in seiner Entwicklung, was uns die gewöhnliche heutige niedere oder höhere Schulerziehung geben kann, und was uns in dem heute anerkannten Sinne zu einem reifen Menschen macht. Anthroposophie will weitergehen, sie will ausgehen von dem, was ich nennen möchte intellektuelle Bescheidenheit. Und diese intellektuelle Bescheidenheit, die zunächst da sein muß, wenn man überhaupt Sinn und Gesinnung für Anthroposophie entwickeln will, möchte ich in der folgenden Weise charakterisieren.

Nehmen wir einmal die Entwicklung des Menschen von der jüngsten Kindheit auf. Wir sehen das Kind so in die Welt treten, daß es in seinen Lebensäußerungen und namentlich in dem, was es in der Seele trägt, noch nichts von dem hat, womit der reife Mensch sich erkenntnismäßig und tatenmäßig in der Welt orientiert. Durch Erziehung und Unterricht müssen erst aus der kindlichen Seele und aus dem kindlichen Organismus diejenigen Fähigkeiten herausgeholt werden, die der Mensch nicht reif zur Welt mitbringt. Und wir geben alle zu, daß wir ja nicht im wahren Sinne des Wortes für die Welt wirkende Menschen sein können, wenn wir nicht zu dem, was wir durch Vererbung in die Welt mitbringen, dasjenige hinzuerwerben würden, was eben erst durch die Erziehung aus dem Menschen herausentwickelt werden kann. Dann treten wir – der eine früher, der andere später, je nachdem er niedere oder höhere Schulen absolviert – ins Leben und haben ein gewisses Verhältnis zum Leben, haben die Möglichkeit, ein gewisses Bewußtsein zu entwickeln von dem, was uns in der Welt umgibt. Nun sagt der, der mit Verständnis an das Wollen der Anthroposophie herankommt: Warum sollte dasselbe, was zunächst beim Kinde möglich ist – daß es etwas ganz anderes wird, wenn es seine seelischen Eigenschaften weiterentwickelt –, warum sollte denn das nicht möglich sein beim reifen Menschen im heutigen Sinne? Warum sollte man denn, wenn man mit der heutigen, auch höchsten Schulbildung, an die Welt der Sinne herantritt, nicht auch in der Seele verborgene Fähigkeiten haben, die noch weiterentwickelt werden können, so daß man durch eine weitere Entwicklung hinauskommt zu Erkenntnissen und zu einer praktischen Lebensführung, die gewissermaßen dasjenige fortsetzen, was man sich in derjenigen Entwicklung errungen hat, die zum gewöhnlichen Bewußtsein hinführt?

So wird denn auf dem Felde der Anthroposophie eine Art von Selbstentwicklung aufgenommen, eine Selbstentwicklung, die über den gewöhnlichen Stand des Bewußtseins hinausführen soll. Nun gibt es in der menschlichen Seele drei Fähigkeiten, die wir für das gewöhnliche Leben bis zu einem gewissen Grade entwickeln, die aber weiterentwickelt werden können. Und erst Anthroposophie ist dasjenige im modernen Kultur- und Zivilisationsleben, was zu einer entsprechenden Weiterentwicklung dieser Fähigkeiten die Anregung geben will. Diese Fähigkeiten sind *Denken, Fühlen und Wollen.*[48] Alle drei Fähigkeiten können so umgestaltet werden, daß sie Erkenntnisfähigkeiten in einem höheren Sinne werden.

Zunächst das *Denken.* Wir gebrauchen in derjenigen Bildung, die wir uns heute erwerben, das Denken so, daß wir uns eigentlich im Denken ganz passiv der Welt hingeben. Ja, man verlangt es gerade in der Wissenschaft, daß möglichst keine innere Aktivität im Denken wirken soll, sondern daß das, was draußen in der Welt ist, nur so sprechen soll, wie die Sinne es beschreiben, und daß man im Denken sich einfach dieser Sinnesbeobachtung hingibt. Man sagt: jedes Weitergehen über ein solches Passivverhalten führe zur Phantastik, zur Träumerei. Aber das, um was es sich bei der Anthroposophie handelt, führt nicht zur Phantastik, nicht zur Träumerei, sondern ganz im Gegenteil zu einer solchen inneren Betätigung, die klar ist, wie nur irgendeine Verrichtungsweise auf dem Gebiete der Mathematik oder der Geometrie klar sein kann. Gerade die Art und Weise, wie man sich in der Mathematik, in der Geometrie verhält, wird in der Anthroposophie zum Muster genommen, nur daß dann nicht speziell Eigenschaften entwickelt werden wie in der Geometrie, sondern daß allgemein-menschliche, jedes menschliche Herz und jeden Menschensinn berührende Fähigkeiten entwickelt werden. Und im Grunde genommen ist das, was zunächst zu leisten ist, etwas, was eigentlich von jedem Menschen, wenn er nur unbefangen genug dazu ist, eingesehen werden kann. Man verwendet einfach die Fähigkeit, die Kraft des Denkens, eine Weile zunächst nicht dazu, um etwas anderes, Äußeres zu erfassen, zu ergreifen, sondern man läßt einen Gedanken anwesend sein in der menschlichen Seele, einen Gedanken, den man möglichst überschauen kann, und man gibt sich für eine bestimmte Zeit ganz diesem Gedanken hin. Ich will es genauer beschreiben.

Wer das nötige Vertrauen dazu hat, wende sich an einen auf diesem Gebiete erfahrenen Menschen und frage ihn: Welches ist für mich der beste Gedanke, dem ich mich so hingeben kann? – Dann wird dieser ihm einen leicht überschaubaren Gedanken geben, der dem, der so etwas sucht, aber möglichst neu sein soll. Verwendet man einen alten Gedanken, dann steigen allerlei Erinnerungen, Gefühle, also Subjektives aus der Seele herauf, und man kommt leicht in die Träumerei hinein. Verwendet man jedoch einen Gedanken, der einem ganz sicher neu ist, bei dem man an nichts erinnert wird, dann kann man sich einem solchen so hingeben, daß man die denkerischen Seelenkräfte dabei immer mehr und mehr verstärkt. Ich nenne in meinen Schriften, besonders in meinem Buche «Wie erlangt man Erkenntnisse der höheren Welten?» und in der «Geheimwissenschaft im Umriß»[49] diese Art, das Denken innerlich zu kultivieren, Meditation. Es ist ein altes Wort; wir wollen heute mit ihm nur den Sinn verbinden, den ich auseinandersetzen will.

Die Meditation besteht darin, daß man die Aufmerksamkeit von allem äußerlich und auch innerlich Erlebten abwendet, daß man an nichts denkt als nur an den einen Gedanken, den man ganz in den Mittelpunkt des Seelenlebens stellt. Indem man so alle Kraft, die man in der Seele hat, auf einen einzigen Gedanken wendet, geschieht mit den seelischen Kräften etwas, was sich damit vergleichen läßt, daß man immer mehr und mehr eine Handbewegung als Übung ausführt. Was geschieht dabei? Die Muskeln verstärken sich, man bekommt kräftige Muskeln. Genau so geht es mit den Seelenkräften. Wenn man sie immer wieder und wieder auf einen Gedanken hin richtet, so erkraften sie sich, verstärken sich. Und wenn dies lange Zeit hindurch geschieht – es braucht auf einmal wahrhaftig nicht längere Zeit, denn es handelt sich mehr darum, daß man überhaupt in eine Seelenverfassung hineinkommt, sich zu konzentrieren auf einen Gedanken –, dann wird man, je nachdem man die Veranlagung dazu hat, bei einem kann es acht Tage dauern, bei einem anderen kann sich der Erfolg in drei Jahren einstellen und so weiter, aber man wird durch solche Übungen, die man immer wieder und wieder, und seien es auch nur fünf Minuten oder eine Viertelstunde täglich, anstellt, dazu kommen, innerlich etwas zu fühlen, wie wenn sich das menschliche Wesen mit einem neuen inneren Kräfteinhalt erfüllt. Man fühlt vorher die Kräfte seiner Nerven im gewöhnlichen Denken und Fühlen; man fühlt die Kräfte seiner Muskeln im Ergreifen der Gegenstände, im Ausführen der verschiedenen Verrichtungen. So wie man das nach und nach fühlt, wenn man von Kindheit an aufwächst, so lernt man nach und nach etwas fühlen, was einen neu durchdringt, wenn man solche Denkübungen anstellt, die ich hier nur prinzipiell anführen kann. Genauer sind sie in den schon angeführten Büchern beschrieben. Dann fühlt man eines Tages: Man kann jetzt nicht mehr über äußere Dinge denken, wie man es früher auch gekonnt hat, sondern man fühlt jetzt: man hat eine ganz neue Seelenkraft in sich, man hat etwas in sich, was wie ein verdichtetes, wie ein viel stärkeres Denken ist. Und endlich fühlt man: mit diesem Denken ergreift man zuerst etwas, was man vorher nur in ganz schattenhafter Weise gekannt hat.

Was man da ergreift, das ist nämlich im Grunde genommen die Wirklichkeit des eigenen Lebens. Wie kennt man denn dieses eigene Erdenleben, wie man es seit der Geburt durchlebt hat? Man kennt es in der Erinnerung, die bis zu einem gewissen Punkt der Kindheit zurückreicht. Da tauchen aus unbestimmten Seelentiefen herauf die Erinnerungen an die durchgemachten Erlebnisse. Sie sind schattenhaft. Vergleichen Sie nur einmal, wie schattenhaft das ist, was als Erinnerungsbilder an das Leben auftaucht, gegenüber dem, was man vollsaftig, intensiv von Tag zu Tag an Erlebnissen hat. Erfaßt man nun in der geschilderten Weise das Denken, dann hört diese Schattenhaftigkeit der Erinnerungen auf. Dann geht man zurück ins eigene Erdenleben und man erlebt das, was man vor zehn, vor zwanzig Jahren erlebt hat, mit derselben inneren Kraft und Stärke, wie es war, als man es erlebt hatte. Aber man erlebt es nun nicht so, wie man es damals erlebte, daß man mit den äußeren Gegenständen, mit den äußeren Wesenheiten in unmittelbare Berührung kommt, sondern man erlebt einen geistigen Extrakt davon. Und was man erlebt, das kann, so paradox es heute noch klingen mag, ganz eindeutig geschildert werden. Man hat auf einmal, wie in einem mächtigen Tableau, wie in einem Panorama, sein Leben bis zur Geburt hin vor sich. Nicht daß man die einzelnen Ereignisse bloß in der Zeitenfolge vor sich hat, sondern man hat sie in einem einheitlichen Lebenstableau vor sich. Die Zeit wird zum Raume. Was man erlebt hat, das hat man vor sich, aber nicht im Sinne der gewöhnlichen Erinnerung, sondern man hat es so vor sich, daß man weiß: Was man da vor sich hat, das ist die tiefere menschliche Wesenheit, ein zweiter Mensch in demjenigen Menschen, den man im gewöhnlichen Bewußtsein vor sich hat. Und dann kommt man auf folgendes: Dieser physische Mensch, den man im gewöhnlichen Bewußtsein vor sich hat, baut sich auf aus den Stoffen, die wir aus der Welt, die um uns herum ist, nehmen. Wir stoßen diese Stoffe fortwährend ab, nehmen neue Stoffe auf, und man kann ganz genau sagen: innerhalb eines Zeitraumes von sieben bis acht Jahren ist das, was unseren Körper materiell stofflich gebildet hat, abgestoßen, ist durch Neues ersetzt. Was in uns stofflich ist, das ist etwas Vorüberfließendes. Und wir kommen, indem wir durch das verdichtete Denken das eigene Leben kennenlernen, zu demjenigen, was bleibt, was bleibt durch unser ganzes Erdenleben hindurch, was aber zu gleicher Zeit das ist, was aus den äußeren Stoffen unseren Organismus aufbaut und was ihn wieder abbaut. Und dies letzte ist gleichzeitig das, was wir als ein Lebenstableau übersehen.

Nun unterscheidet sich das, was wir in dieser Weise ansehen, von der gewöhnlichen Erinnerung noch durch etwas anderes. In der gewöhnlichen Erinnerung treten die Ereignisse des Lebens so vor unsere Seele hin, wie sie von außen an uns herankommen. Wir erinnern uns, was uns dieser Mensch getan hat, was uns durch jenes Ereignis zugefügt worden ist. In dem Tableau, das durch das verdichtete Denken vor uns hintritt, lernen wir uns so erkennen, wie wir sind, was wir einem Menschen getan haben, wie wir uns zu einem Ereignis gestellt haben. Wir lernen uns selbst kennen. Das ist das Wichtige. Denn indem wir uns selbst kennenlernen, lernen wir uns auch intensiver kennen und lernen uns so kennen, wie wir in unseren Wachstumskräften, ja selbst in unseren Ernährungskräften drinnenstecken; und wie wir es selbst sind, die unseren Körper aufbauen und wieder abbauen. Wir lernen daher so unsere innere Wesenheit kennen.

Und das Wesentliche ist dann, daß wir, indem wir so zu dieser Selbsterkenntnis kommen, sogleich etwas erfahren, was man durch keine gewöhnliche Wissenschaft und durch kein gewöhnliches Bewußtsein erfahren kann. Ich muß gestehen, es ist heute noch schwer auszusprechen, wozu man da kommt, aus dem Grunde, weil es gegenüber dem, was heute aus autoritativen Gründen als berechtigt angesehen wird, so fremdartig klingt. Aber es ist eben so. Es ist eine Erfahrung, die man mit dem verdichteten Denken macht. Und diese Erfahrung besteht darin, daß man folgendes sagen muß: Wir haben Naturgesetze, wir studieren diese Naturgesetze emsig in unseren Wissenschaften, wir lernen sie schon zum Teil in der Volksschule kennen. Wir sind stolz darauf, und die nüchterne Menschheit ist mit Recht stolz auf das, was sie so als Naturgesetze kennengelernt hat in Physik, Chemie und so weiter. Ich möchte es ausdrücklich betonen: Anthroposophie dilettiert nicht in einer wesenlosen Opposition in der Wissenschaft. Im Gegenteil, sie erkennt diese Wissenschaft viel stärker an, als die Wissenschaft selber es tut. Sie nimmt sie gerade recht ernst, aber sie kommt darauf, indem sie das innerlich verdichtete Denken ergreift, zu sagen: Naturgesetze, wie wir sie in Physik und Chemie kennenlernen, sind doch nur da innerhalb der Stoffeswelt unserer Erde, und sie gelten nicht mehr, wenn man in den Weltenraum hinausgeht.

Ich muß da etwas aussprechen, was vielleicht dem, der unbefangen darüber nachdenkt, gar nicht so unplausibel erscheint, da es nur scheinbar paradox ist. Wenn wir irgendwo eine Lichtquelle haben, so wissen wir, wie dieses Licht, wenn man es zerstreut, an Intensität immer mehr abnimmt; und wenn wir hinausgehen in den Raum, wird es immer schwächer und schwächer, so daß wir zuletzt versucht sind, es als Dämmerung, gar nicht mehr als Licht anzusprechen, bis es endlich, wenn wir recht weit hinausgehen, uns gar nicht mehr als Licht gelten kann. So wie es für das Licht ist, so ist es für die Naturgesetze. Sie gelten im Erdbereich, aber je weiter wir in den Kosmos hinauskommen, desto weniger und weniger gelten sie, und wenn wir schließlich recht sehr hinausgehen, dann gelten diese Naturgesetze nicht mehr. – Jene Gesetze, die wir aber durch das verdichtete Denken kennenlernen, die leben in unserem eigenen Leben schon, und die zeigen uns, daß wir als Mensch nicht aus den Naturgesetzen der Erde herausgewachsen sind, sondern aus höheren kosmischen Gesetzen. Wir haben sie uns mitgebracht, indem wir in das Erdendasein hineingekommen sind. Und so lernen wir erkennen, wie wir in dem Augenblicke, wo wir das verdichtete Denken erfassen, die Naturgesetze nur auf das mineralische Reich anwenden können. Wir können nicht, wie es aus einem sehr begreiflichen Irrtum heraus die neuere Physik macht, sagen, man könne die Naturgesetze auch anwenden auf die Sonne, auf die Sterne. Das können wir nicht; denn Naturgesetze auf das Weltall anwenden wollen, wäre gerade so einfältig, wie wenn man mit einer Kerzenflamme in den Weltenraum hinausleuchten wollte. Indem wir von dem Mineral, das so, wie es als Mineral uns erscheint, nur auf der Erde ist, aufsteigen zu dem Lebendigen, können wir nicht mehr sprechen von den Naturgesetzen im Bereich der Erde, sondern müssen sprechen von Gesetzen, die aus dem Kosmos, aus dem Weltenraume in das Erdendasein hereinwirken. Das ist nun schon bei der Pflanze der Fall. Nur wenn wir das Mineral erklären wollen, können wir die

Gesetze der Erde gebrauchen, jene Gesetze also, zu denen zum Beispiel die Schwerkraft und so weiter gehört, die vom Mittelpunkt zum Umkreis wirken. Gehen wir zum Pflanzendasein, so müssen wir sagen: da ist die Kugel der Mittelpunkt, und es wirken von überall her, von allen Seiten vom Kosmos die Lebensgesetze, jene Lebensgesetze, die wir zuerst mit dem verdichteten Denken in uns selber entdecken, von denen wir kennenlernen, daß wir uns selber zwischen Geburt und Tod durch sie aufbauen. Wir lernen zu den vom Mittelpunkt der Erde nach auswärts wirkenden Gesetzen diejenigen kennen, die von allen Seiten zum Mittelpunkt der Erde hereinwirken, und die schon im Pflanzenreich wirksam sind. Da schauen wir uns dann die Pflanze an, wie sie aus der Erde heraussprießt, und sagen uns, diese Pflanze enthält mineralische Stoffe. Die Chemie ist heute sehr weit, diese Stoffe in ihrem gegenseitigen Wirken zu erkennen. Alles berechtigt, alles sehr schön und gut. Sie wird noch weiterkommen. Das wird auch sehr schön und gut sein. Aber wenn wir die Pflanzen erklären wollen, müssen wir ihr Wachstum erklären, und das können wir nicht mehr durch die Kräfte, die von der Erde aufsteigend wirken, sondern nur durch jene Kräfte, die vom Umfange, vom Kosmos in das Erdendasein hereinwirken. Da kommen wir dazu, anzuerkennen, daß wir in der Erkenntnis von der irdischen Anschauung aufsteigen und zu der kosmischen Anschauung kommen müssen. Und in dieser kosmischen Anschauung ist nun das enthalten, was wirkliche menschliche Selbsterkenntnis ist.

Wir können weiterkommen, indem wir auch das *Fühlen* umgestalten. Das Fühlen, das wir im gewöhnlichen Leben haben, ist eine persönliche Angelegenheit, nicht eine eigentliche Erkenntnisquelle. Aber wir können das, was sonst nur im Fühlen subjektiv erlebt wird, zu einer wirklichen objektiven Erkenntnisquelle machen, und zwar in folgender Weise.

Im Meditieren konzentriert man sich auf einen ganz bestimmten Gedanken; man kommt zu dem verdichteten Denken und ergreift dadurch etwas, was von der Peripherie des Weltalls zum Mittelpunkte der Erde wirkt, im Gegensatz zu den gewöhnlichen Naturgesetzen, die vom Mittelpunkt der Erde nach allen

Seiten hin wirken. Hat man das verdichtete Denken erreicht, hat man erreicht, daß das eigene Leben und auch das Leben der Pflanzen wie auf einem mächtigen Tableau vor der Seele ausgebreitet sind, so kann man weitergehen. Man kann dahin kommen, nachdem einen im erkrafteten Denken etwas ergriffen hat, nun den verstärkten Gedanken wieder auszuschalten. Wer da weiß, wie es schwierig ist im gewöhnlichen Leben, Gedanken, die einen ergriffen haben, wieder auszuschalten, der wird begreifen, daß besondere Übungen dazu notwendig sind, um das Angedeutete zu erreichen. Aber man kann es; man kann nicht nur erreichen, daß man einen Gedanken, auf den man sich konzentriert hat, mit aller Kraft der Seele ausschaltet, sondern daß man auch das ganze Erinnerungstableau – und damit sein eigenes Leben – ausschaltet und die Aufmerksamkeit davon abzieht. Dann tritt etwas ein, von dem man deutlich merkt: man steigt jetzt tiefer in die Seele hinunter, steigt jetzt in jene Regionen hinunter, die sonst nur dem Gefühle zugänglich sind. Nun ist es ja gewöhnlich so, wenn man im gewöhnlichen Leben Gesichtseindrücke, Gehörseindrücke und so weiter verschwinden läßt, dann schläft der Mensch meistens ein. Hat man aber das verdichtete Denken entwickelt, so schläft man nicht ein, wenn man nun alle Gedanken, auch die verdichteten, ausschaltet. Da kommt man in einen Zustand, in welchem keine Sinneswahrnehmungen und keine Gedanken wirken, den man nur so beschreiben kann, daß man sagt: der Mensch ist bloß wach, er schläft nicht ein; aber er hat zunächst nichts im Bewußtsein, er ist mit leerem Bewußtsein wach. Das ist ein Zustand, den die Geisteswissenschaft entdeckt, der im Menschen da sein kann, der ganz systematisch, methodisch heranentwickelt werden kann: leeres Bewußtsein haben im vollbesonnenen Wachzustand. Wenn man sonst leeres Bewußtsein herstellt, ist man für den gewöhnlichen Lebenszustand eingeschlafen. Vom Einschlafen bis zum Aufwachen haben wir zwar leeres Bewußtsein, aber wir schlafen eben. Wachend leeres Bewußtsein haben, ist das, was als zweiter Erkenntniszustand angestrebt wird.

Aber das Bewußtsein bleibt dann nicht lange leer. Es füllt sich. So wie sich das gewöhnliche Bewußtsein durch die Augenwahrnehmungen mit Farben füllt, durch das Ohr mit Tönen, so füllt sich nun dieses leere Bewußtsein mit einer geistigen Welt, die ebenso im Umkreise ist wie hier die gewöhnliche physische Welt. Erst das leere Bewußtsein entdeckt die geistige Welt, jene geistige Welt, die weder hier auf der Erde noch im Kosmos im Raume ist, sondern die außer Raum und Zeit ist, die aber doch unsere tiefste menschliche Wesenheit ausmacht. Denn haben wir vorher mit dem verdichteten Bewußtsein des Denkens hinschauen gelernt auf unser ganzes Erdenleben wie auf eine Einheit, jetzt schauen wir mit dem erfüllten, zuerst leeren Bewußtsein hinaus in diejenige Welt, die wir in einem seelisch-geistigen Leben durchgemacht haben, bevor wir ins irdische Dasein heruntergestiegen sind. Wir lernen uns jetzt kennen als ein Wesen, das geistig vorhanden war vor Geburt und Empfängnis, das vor dem Erdendasein in einem vorirdischen Dasein gelebt hat. Wir lernen uns erkennen als ein geistig-seelischer Mensch, der den Leib, den er an sich trägt, von Eltern und Voreltern überliefert erhalten hat, so überliefert erhalten hat, daß er ihn, wie gesagt, alle sieben Jahre auswechseln kann, der aber das, was er seinem eigentlichen Wesen nach ist, sich hereingebracht hat aus dem vorirdischen Dasein. Das lernt man nicht durch Theorien oder durch ein spintisierendes Denken kennen, sondern man kann es nur kennenlernen, wenn man in intellektueller Bescheidenheit eben die entsprechenden Fähigkeiten dazu erst entwickelt.

So lernen wir jetzt die innere menschliche Wesenheit, die eigentliche geistig-seelische Wesenheit kennen. Sie tritt uns entgegen, wenn wir in die Region des Gefühls nicht nur fühlend, sondern auch erkennend hinuntersteigen. Da müssen wir aber erst merken, daß Erkenntnis-Erringen verbunden ist mit starken inneren Erlebnissen, die ich in folgender Weise schildern kann. Wenn Sie irgendein Glied Ihres physischen Organismus unterbunden haben, es nicht bewegen können, wenn Ihnen jemand vielleicht nur zwei Finger zusammenbindet, so spüren Sie es als unangenehm, vielleicht als schmerzhaft. Jetzt sind Sie in einem Zustande, wo Sie im Geistig-Seelischen erfahren ohne den Leib. Jetzt haben Sie den ganzen physischen Menschen nicht an sich, denn jetzt leben Sie in einem leeren Bewußtsein. Der Übergang dazu ist mit einem tiefen Schmerzgefühl verbunden. Über die Erfahrung des Schmerzes, der Entbehrung hinüber, erringt man sich den Eingang in das, was unser tiefstes geistig-seelisches Wesen ist. Davor schrecken viele Menschen zurück. Aber es ist eben nicht anders möglich, sich über das wirkliche menschliche Wesen aufzuklären, als auf diese Art.

Lernt man auf diese Weise erkennen, was man dem innersten Wesen des Menschen nach ist, so kann man dann noch weitergehen. Dann muß man aber eine Erkenntniskraft ausbilden, die im gewöhnlichen Leben nicht als Erkenntniskraft genommen wird: man muß die *Liebe* ausbilden als Erkenntniskraft, das selbstlose Hinausgehen in die Dinge und Vorgänge der Welt. Bildet man diese Liebe immer mehr und mehr aus, so daß man tatsächlich sich hinaustragen kann in den Zustand, den ich eben geschildert habe, wo man leibfrei, körperfrei die Welt anzuschauen vermag, dann lernt man sich vollständig erfassen als geistiges Wesen in der geistigen Welt. Dann weiß man, was der Mensch als Geist ist, dann weiß man aber auch, was Sterben heißt, denn im Tode legt der Mensch seinen physischen Leib tatsächlich ab. In der Erkenntnis, die ich jetzt als dritte schildere, die durch eine Vertiefung der Liebe erfahren wird, lernt man sich erkennen außerhalb seines Leibes; man vollzieht in der Erkenntnisbildhaftigkeit die Trennung von seinem Leibe. Man weiß von diesem Augenblicke an, was es heißen will, wenn man im Erdendasein den Leib ablegt und durch die Pforte des Todes geht. Man lernt den Tod kennen, aber auch das Leben im Geistig-Seelischen über den Tod hinaus. Man lernt die geistig-seelische Wesenheit des Menschen jetzt erkennen, wie sie im Leben nach dem Tode sein wird. Wie man sie vorher erkennen gelernt hat, wie sie vor dem Herabstieg in das irdische Dasein in der geistigen Welt ist, so lernt man jetzt erkennen das Fortleben der geistig-seelischen Wesenheit des Menschen nach dem Tode.

Da tritt etwas auf, woran man so recht merkt, wie unvollkommen das heutige Bewußtsein ist. Es spricht aus Hoffnung, aus Glauben heraus von Unsterblichkeit. Aber Unsterblichkeit ist nur die Hälfte der Ewigkeit: das Fortdauern von dem gegenwärtigen Zeitpunkte in alle Ewigkeit. Wir haben heute kein Wort, wie es noch Erkenntnisstufen früherer Zeiten gehabt haben, die zur Unsterblichkeit noch die andere Hälfte der Ewigkeit fügten: das Ungeborensein. Denn ebenso wie der Mensch unsterblich ist, so ist er ungeboren, das heißt, er tritt durch die Geburt aus der geistigen Welt in das physische Dasein herein, wie er durch den Tod aus der physischen Welt wieder in ein geistiges Dasein hineingeht. Man lernt auf diese Weise die wahre, durch Geburt und Tod gehende geistige Wesenheit des Menschen kennen, und erst dann ist man in der Lage, den ganzen Menschen aufzufassen.

Was ich so nur prinzipiell, in der Kürze hier geschildert habe, ist der Inhalt einer heute schon reichen Literatur, die wahrhaftig ihre Gewissenhaftigkeit, ihre Erkenntnisverantwortlichkeit von der exaktesten Wissenschaft gelernt hat, die es heute nur geben kann. Man berührt damit eine Geisteswissenschaft, die wirklich der gewöhnlichen Wissenschaft gewachsen sein will.

Aber gerade dadurch lernt man ein anderes kennen: wie das Leben eigentlich aus zwei Strömen besteht. Man spricht heute allgemein von Entwicklung, man spricht davon: das Kind ist klein, es entwickelt sich, es wächst. Es wuchtet und kraftet, es sprießt und sproßt das Leben. Man spricht davon, daß sich die niederen Lebewesen zu den höheren entwickelt haben: sprießendes, sprossendes Leben, das immer komplizierter und komplizierter wird. Mit Recht! Dieser Strömung des Lebens – das lernt man erkennen – steht eine andere gegenüber, die auch in jedem Lebewesen, das empfindet, vorhanden ist: die abbauende Strömung. Geradeso wie wir wucherndes, sprießendes, sprossendes Leben in uns haben, aufbauendes Leben, so haben wir auch abbauendes Leben in uns. Durch eine solche Erkenntnisart, wie ich sie beschrieben habe, lernt man einsehen, daß man nicht nur sagen kann: unser Leben geht hinauf bis in unser Gehirn und Nervensystem; dort richtet sich das Materielle so ein, daß das Nervensystem der Träger des seelischen Lebens werden kann. So ist es nicht. Es sprießt und sproßt das Leben, aber es gliedert sich ein in dieses sprießende, sprossende Leben das fortwährende Zerfallen. Fortwährend zerfällt in uns das Leben. Das sprießende, sprossende Leben macht dem Zerfall fortwährend Platz. Wir sterben eigentlich teilweise in jedem Augenblick, es zerfällt etwas in uns. Wir bauen es nur immer wieder auf. Aber indem etwas in uns materiell zerfällt, hat das Geistig-Seelische Platz, in uns einzutreten, in uns tätig zu sein. Hier kommen wir an den großen Irrtum des Materialismus: Dieser glaubt, daß das spriessende, sprossende Leben sich hinaufentwickelt im Menschen bis zu den Nerven und daß gerade so, wie aus dem Blut die Muskeln aufgebaut werden, auch die Nerven sich aufbauen, sie werden es auch. Aber dadurch entwickelt sich noch kein Denken, daß die Nerven aufgebaut werden, und ebenso kein Fühlen. Sondern indem die Nerven gewissermaßen zerfallen, gleichsam lauter Löcher bekommen, gliedert sich in das Zerfallende das Geistig-Seelische hinein. Wir müssen das Materielle zuerst abbauen, damit das Geistig-Seelische in uns erscheinen kann, damit wir selber es erleben können.

Das wird der große Moment in der Entwicklung der richtig verstandenen Naturwissenschaft sein, wo sie das Entgegengesetzte der Entwicklung, an der entsprechenden Stelle, fortsetzend diese Entwicklung erkennen wird, wo sie nicht nur den Aufbau, sondern auch den Abbau, wo sie zu der Evolution die Devolution erkennen wird. Dann wird man verstehen, wie das Geistige im Tiere und im Menschen – im Menschen auf eine selbstbewußte Art – das Materielle ergreift. Das Geistige ergreift das Materielle nicht dadurch, daß dieses sich ihm entgegenentwickelt, sondern es ergreift es dadurch, daß das Materielle sich im umgekehrten Prozeß abbaut, und im Abbauen findet das Geistige dann seine Erscheinung, seine Offenbarung. So sind wir erfüllt von Geistigem, das überall da ist, wo Devolution ist, nicht Evolution, wo *Ent*-Entwicklung ist.

Dann aber lernt man durchschauen, wie dieser ganze Mensch vor uns steht, wie er in einem polarischen Gegensatz vor uns steht. Überall, wo Aufbau ist, in einem jeglichen Organ, muß auch Abbau sein. Und indem wir irgendein Organ, Leber, Lunge oder Herz, anschauen, ist es in einem stetigen Strom, in einem Strom, der sich zusammensetzt aus Aufbau–Abbau, Aufbau–Abbau. Ist es denn nicht so, daß wir eigentlich eine merkwürdige Sprache führen, wenn wir zum Beispiel sagen: Hier fließt der Rhein? – Was ist denn der Rhein? Wenn wir sagen: Hier fließt der Rhein –, so meinen wir gewöhnlich nicht: Da ist das Flußbett «Rhein», aber das fließende Wasser meinen wir, wenn wir hinschauen. Das ist jedoch in jedem Augenblicke ein anderes. Der Rhein ist hundert Jahre, ist tausend Jahre da. Aber was ist denn in jedem Augenblicke da? Was in jedem Augenblicke in dem Strömen in Veränderung begriffen ist! So ist alles, was in uns ist, in dem Strom der Veränderung enthalten, im Aufbau und im Abbau, und im Abbau wird es Träger des Geistigen. Und so gibt es in jedem normalen Menschenleben einen Gleichgewichtszustand zwischen Aufbau und Abbau, und in ihm entwickelt der Mensch seine richtige Fähigkeit für das Geistig-Seelische. Aber dieser Gleichgewichtszustand kann gestört sein, kann so gestört sein, daß ein Organ seinen richtigen Aufbau einem zu geringen Abbau entgegenstellt, so daß sein Wachstum wuchert; oder umgekehrt, ein Organ kann einem normalen Abbau einen zu geringen Aufbau entgegenstellen, dann verkümmert das Organ, trocknet aus, und wir kommen aus dem Physiologischen in das Pathologische hinein.

Nur wer durchschaut, was dieser Gleichgewichtszustand ist, kann auch durchschauen, wie dieser Gleichgewichtszustand durch Hypertrophie des Aufbaues oder Abbaues gestört wird. Wenn wir aber dies erkennen, dann können wir auch den Blick auf die große Welt hinausrichten und können in ihr das finden, was unter Umständen auf den gestörten Aufbau oder Abbau ausgleichend wirken kann. Haben wir zum Beispiel ein Organ des Menschen, das dadurch gestört ist, daß es einen zu großen Abbau in sich hat, und schauen wir dann mit einem durch geisteswissenschaftliche Erkenntnis geschärften Blick auf irgend etwas draußen in der Natur, auf irgendeine Pflanze, so erkennen wir dann in einer bestimmten Pflanze: da ist Abbau. Nun stellt sich heraus, daß wir in den Arten gewisser Pflanzen immer Aufbaukräfte haben, die genau den Aufbaukräften von menschlichen Organen entsprechen. So können wir finden, wenn wir diese allgemeine, jetzt von mir entwickelte Anschauung haben: im menschlichen Nierenorgan sind aufbauende Kräfte. Nehmen wir an, sie sind zu schwach, sie werden von den Abbaukräften überwuchert. Wir schauen hinaus auf die Pflanzen, finden im gewöhnlichen Ackerschachtelhalm, im Equisetum arvense, Aufbaukräfte, die genau den Aufbaukräften, die wir im Nierenorgan haben, entsprechen. Wenn wir aus Equisetum arvense ein Präparat bereiten und im Zirkulationsprozeß, in der Ernährung, in der richtigen Weise das Präparat an seinen Ort bringen, wo es wirken kann, so verstärken wir durch das Heilmittel die zu schwach gewordenen aufbauenden Kräfte des Nierenorgans. So für jedes Organ. Haben wir nur einmal diese Kenntnis ergriffen, dann haben wir durch die Kräfte, die wir draußen in der Welt finden, die Möglichkeit, Aufbau und Abbau, die aus ihrem Gleichgewicht gekommen sind, wieder ins Gleichgewicht zu bringen. Haben wir irgendwo, etwa auch in den Nieren, zu starke Kräfte des Aufbaues, zu schwache des Abbaues, so müssen wir den Abbau verstärken.[50] In diesem Falle müssen wir zu niederen Pflanzen, etwa den Farnkräutern greifen, die die Abbaukräfte verstärken.

So kann man über das bloße Probieren und Experimentieren, ob irgendein Stoff oder Präparat hilft, hinauskommen. Man durchschaut den menschlichen Organismus nach den Gleichgewichtsverhältnissen seiner Organe; man durchschaut die Natur nach den aufbauenden und den abbauenden Kräften, und man macht nun die Heilkunst zu etwas, was man durchschaut, wo man nicht nur ein Heilmittel deshalb anwendet, weil die Statistik festgestellt hat: in so und so vielen Fällen wirkt es nützlich, – sondern aus dem Durchschauen des Menschen und der Natur weiß man, wie man ganz exakt im einzelnen Falle den Naturvorgang in einem Naturprodukt zum Heilfaktor umgestalten kann, das heißt für das menschliche Organ in bezug auf aufbauende und abbauende Kräfte.

Ich sage nicht, daß nicht die Medizin in der neueren Zeit ungeheure Fortschritte gemacht hat. Auch für die Medizin werden diese Fortschritte von der Anthroposophie voll anerkannt. Es wird von uns nicht mit Ausschluß der modernen Medizin gearbeitet, sondern im Gegenteil, mit vollster Würdigung derselben.[34] Aber gerade wenn man das untersucht, was sich auf dem Gebiete der wirksamen Heilmittel der neueren Zeit herausgestellt hat, so findet man bei alledem, daß man durch langsames Experimentieren dazu gekommen ist, es zu finden. Was sich durch das Durchschauen der menschlichen Natur auf den Gebieten, wo die Medizin schon glücklich war, voll bestätigt hat, dafür liefert die Anthroposophie die durchsichtige Erkenntnis. Dazu aber liefert sie eine ganze Reihe neuer Heilmittel, die zu finden durch dieses Durchschauen der Natur und des Menschen möglich geworden ist.

Lernt man aber auf diese Weise in einer geistigen Art in den Menschen hineinschauen – und ich werde noch zeigen, wie auf den einzelnen Gebieten die Heilkunst befruchtet werden kann durch eine wirkliche Erkenntnis des Geistes –, lernt man so hineinblicken in das geistige Leben neben dem materiellen, dann gelangt man, und jetzt nicht auf die alte träumerische Weise, die dann in den Mythen ihren Ausfluß gefunden hat, sondern auf exakte Weise, dazu, ganz rationell Erkenntnis und Heilkunde zu verbinden. Man lernt heilen aus einer wirklichen, aus künstlerischer Anschauung der Welt erwachsenden Kunst. Und damit ist man wieder bei dem angelangt, was in den alten Zeiten – aber nicht auf diejenige Weise, wie man es heute anstreben muß, nachdem wir die glorreiche Wissenschaft hinter uns haben – durch eine Art traumhafter Erkenntnis vorhanden war, wo man zu dem kam, was zum Anwenden der Kräfte der Natur und der Geisteskräfte gegenüber dem gesunden und kranken Menschen führen kann, gegenüber dem Gesunden in Schule und Volkspädagogik, gegenüber dem Kranken in der Heilkunst. Wir haben in den alten Zeiten Mysterienstätten, in denen eine Erkenntnis gepflegt wurde, die dem Menschen seine religiösen Rätsel lösen und seine Seelensehnsuchten befriedigen sollte; neben diesen Mysterien aber haben wir die Heilstätten. Wir sehen mit Recht heute das als kindlich an, was damals gepflegt worden ist. Aber es lag ein gesunder Kern darin, der Kern, daß sich die Erkenntnis der sogenannten normalen Welt fortsetzen muß in die Erkenntnis der anormalen Welt hinein. Denn, ist es nicht sonderbar, daß wir auf der einen Seite sagen: aus der Natur heraus entsteht der Mensch in seinem gesunden Zustande – und daß wir dann wieder aus den Naturgesetzen heraus den kranken Menschen erklären müssen? Denn jede Krankheit ist wieder aus Naturgesetzen erklärbar. Widerspricht sich die Natur? Wir werden sehen, daß sie sich nicht widerspricht, wenn der Mensch krank wird. Aber die Erkenntnis muß sich aus dem Physisch-Normalen fortsetzen in das Pathologische hinein. Dadurch gewinnt die Erkenntnis erst ihren Lebenswert, daß neben der Pflegestätte für das Normale im Leben sich diejenige für das Erkrankende im Leben findet.

Es ist allerdings die Anthroposophie mit diesen Dingen erst in einem Anfange, aber auf dem Wege zu Zielen, die für den unbefangenen Sinn durchaus als berechtigt erkannt werden können. In dem uns leider abgebrannten Goetheanum bei Dornach in der Schweiz sollte eine Erkenntnisstätte vorhanden sein – sie wird hoffentlich bald wieder aufgebaut sein –, eine Erkenntnisstätte, durch die des Menschen Sehnsucht nach dem Durchschauen seiner eigenen Lebensquellen möglich sein sollte. Wiederum sind wir, ich möchte sagen, aus der Selbstverständlichkeit heraus dazu gekommen, diesem Goetheanum anzugliedern die Heilstätte, zwar auch noch in bescheidener Art, aber doch so, wie es vor einer wirklichen Menschenerkenntnis sein muß: in dem Klinisch-Therapeutischen Institut[30] in Arlesheim, das aus den Bemühungen von Frau Dr. Wegman erflossen ist, das dann auch seine Nachfolgeschaft durch das Institut von Dr. Zeylmans van Emmichoven, in den Haag, gefunden hat. Damit ist in Dornach neben einer Erkenntnisstätte für das Geistige auch wieder die Heilstätte hingestellt. Und wenn zu alledem, was die Erkenntnis des Geistes ist, vor allem Mut gehört, so gehört auch zu der Heilweise vor allem Mut. Und das ist es, was in dem Klinisch-Therapeutischen Institut in Arlesheim lebt, das zum Goetheanum gehört: der Mut des Heilens, um das, was aus dem ganzen Menschen an möglicher Beherrschung der Heilkräfte fließt, zum Segen der Menschheit anzuwenden. Deshalb darf, wenn auch in bescheidener Weise, eine solche Erkenntnisstätte, die wiederum zum Mysterium hinstrebt – aber im modernen Sinne –, wo die großen Fragen des Daseins neben dem Erkennen der Kleinigkeiten des Lebens gepflegt werden sollen, nebeneinandergestellt werden mit der Heilstätte, die da anstrebt in geistiger Weise, auch die Heilkunst entsprechend zu vertiefen, insbesondere seitdem in einer vertiefteren Art noch das aufgetreten ist, was seit letzte Weihnachten in Dornach gepflegt wird.

Das ist das, was heute schon als die reale Beziehung zwischen Anthroposophie und Medizin dasteht, und was sich dann auslebt auf dem Gebiete der Medizin durch die hingebungsvolle Arbeit meiner lieben Mitarbeiterin Frau Dr. Wegman, die sich von Anfang an und schon seit Jahrzehnten so in die Anthroposophie hineingestellt hat, daß mit einer gewissen Selbstverständlichkeit die Orientierung in bezug auf die Heilkunst erfolgen konnte.

In dieser äußerlichen Nebeneinanderstellung von Erkenntnisstätte und Heilstätte ist auch das äußere Bild vorhanden, wie innerlich nebeneinander stehen sollen die anthroposophische Erkenntnis und die Praxis des Heilens – aus einer solchen Geistesart heraus, wo aus einer Anschauung des kranken Zustandes des Menschen auch herauswachsen soll die Anschauung des Therapeutischen, des Heilens, so daß beide nicht auseinanderfallen, sondern daß sich der diagnostische Prozeß fortsetzt in den Heilprozeß hinein. So strebt Anthroposophie an, daß man, indem man die Diagnose ausführt, in der Erkenntnis dessen, was im Menschen geschieht, wenn er im kranken Zustande ist, zugleich anschaut: Da geschieht dies im Menschen, geschieht dies im Abbauprozeß, geschieht jenes im Aufbauprozeß. Man erkennt dann die Natur zum Beispiel in Vorgängen, wo Abbaukräfte wirken; man weiß, wo Abbaukräfte vorhanden sind, und indem man diese im Heilmittel verwendet, ist man in die Lage gesetzt, so zu wirken, daß diese Abbaukräfte einem Aufbauprozeß im Menschen entgegenarbeiten können. Und umgekehrt. So durchschaut man in dem, was im Menschen vor sich geht, den kranken Zustand; aber indem man den kranken Zustand hat, schaut man zugleich in das Wesen der Wirkung des Heilmittels hinein.

Was sich nun aus diesem innerlichen Erfassen des gesunden und kranken Menschen zu diesem äußerlichen Nebeneinanderstellen von Goetheanum und Klinik für die Befruchtung der modernen Heilkunst durch geisteswissenschaftliche Vertiefung sagen läßt, das möchte der Inhalt der nächsten beiden Vorträge sein.[51] Heute wollte ich nur das Wesen des geistigen Erkennens auseinandersetzen und darauf hinweisen, wie aus diesem geistigen Erkennen ein innerliches Durchdrungensein des Menschen wirkt, durch das er nicht bloß theoretisch an Natur- und Geisteskräfte herantritt, sondern so, daß er sie auch handhaben lernt, um aus dem geistigen Erkennen heraus das Leben in seinen gesunden und kranken Zuständen zu gestalten. Das Leben wird mit fortdauernder Zivilisation immer komplizierter und komplizierter. Heute schon waltet auf dem Untergrunde vieler Seelen die Sehnsucht, das zu finden, was diesem immer komplizierter werdenden Leben gewachsen ist. Anthroposophie will vor allem mit diesen Sehnsuchten rechnen. Und man wird sehen, daß sie, gebenüber vielem Zerstörenden im heutigen Leben, in ehrlicher Weise mitarbeiten will am Aufbauenden, am Wachsen und Gedeihen in der Zivilisation – aber nicht in lahmen Phrasen, sondern in der Betätigung, in den praktischen Fragen des Lebens, überall da, wo erkannt werden soll, will sie so erkennen, daß Erkenntnis ins Leben überfließen kann; und überall da, wo etwas im Leben auftritt, will sie so erkennen, daß sie helfen kann.

Die menschliche Konstitution

In dem einleitenden Vortrage[52] habe ich versucht auseinanderzusetzen, wie durch die von der Anthroposophie gepflegte Erkenntnisart der Mensch nach seiner Totalität, nach seiner Gesamtwesenheit – nach Leib, Seele und Geist – durchschaut werden soll. Wie man nur dann zu einer inneren Erkenntnis der gesunden und kranken Zustände in der menschlichen Wesenheit kommen kann, wenn man diese ganze Natur des Menschen ins Auge faßt, das versuchte ich ferner zu zeigen; und wie man dadurch, daß man kennenlernt die realen Beziehungen desjenigen, was im Menschen vor sich geht, zu den äußeren Vorgängen und substantiellen Verhältnissen in der Natur, nun auch dazu gelangt, eine unmittelbare Verbindungsbrücke zu schlagen zwischen dem Pathologischen und dem Therapeutischen.

Nun aber wird es sich im weiteren darum handeln, dasjenige, was das letzte Mal im allgemeinen gesagt worden ist, an Einzelheiten zu erhärten. Da wird es vor allen Dingen darauf ankommen, richtig ins Auge zu fassen, wie in der menschlichen Organisation ein Abbau stattfindet, wie auf der anderen Seite aber auch fortwährend ein Aufbau stattfindet. Wir haben im Sinne des letzten Vortrages am Menschen zu unterscheiden jenen äußeren physischen Organismus, der durch die äußeren Sinne wahrnehmbar ist und dessen Offenbarungen durch die Sinneswahrnehmungen mit dem Verstande begriffen werden können. Wir haben außer diesem physischen Leib, in dem Sinne, wie ich dies das letzte Mal auseinandergesetzt habe, einen ersten übersinnlichen Leib im Menschen zu unterscheiden: den ätherischen oder Lebensleib. Diese beiden Organisationsglieder der menschlichen Gesamtwesenheit dienen dem Aufbau der menschlichen Organisation. Der physische Leib wird fortwährend, indem er seine Stoffe ausstößt, erneuert. Der ätherische Leib, der die

Kräfte des Wachstums, der Ernährungsfähigkeit in sich enthält, er ist in seiner Gesamtkonstitution etwas, von dem wir eine Anschauung bekommen, wenn wir die wachsende, blühende Pflanzenwelt im Frühling betrachten; denn die Pflanzen enthalten ebenso wie der Mensch einen Äther- oder Lebensleib. Wir haben also in diesen beiden Organisationsgliedern des Menschen eine fortschreitende, aufbauende Entwicklung.

Indem der Mensch ein empfindendes Wesen ist, trägt er des weiteren – man braucht sich nicht an Ausdrücken zu stoßen, sondern nur dasjenige zu sehen, was sie uns erörtern – einen astralischen Leib in sich, der im wesentlichen der Vermittler der Empfindungen ist, der Träger des innerlichen, fühlenden Wesens. Dieser astralische Leib enthält nun in sich nicht mehr Kräfte des Aufbaus, er trägt in sich Kräfte des Abbaus. So wie durch den ätherischen Leib, oder nenne man es, wie man will, aber da ist es, die Menschennatur gewissermaßen sprießt und sproßt, so wird das, was sprießt und sproßt, durch den astralischen Leib fortwährend abgebaut. Und gerade dadurch ist in der menschlichen Organisation eine seelisch-geistige Betätigung, daß das Physisch-Ätherische fortwährend abgebaut wird. Man macht etwas ganz Falsches, wenn man meint, das Geistig-Seelische in der menschlichen Wesenheit liege im Aufbau; und der Aufbau, die fortschreitende Entwicklung, komme zuletzt an einem Punkt – meinetwillen in der Nervenorganisation oder dergleichen – dazu, Träger des Geistig-Seelischen zu sein. Das ist nicht der Fall. Wenn einmal – und alle Anzeichen sind dafür da, daß es in Bälde geschehen wird – unsere tief bewundernswürdigen naturwissenschaftlichen Untersuchungen auf dem Wege weiterschreiten, auf dem sie schon sind, dann wird es sich zeigen, daß im Nervenprinzip nicht ein Aufbauendes das Wesentliche ist; das Aufbauende in der Nervenorganisation ist nur dazu da, damit die Nerven überhaupt bestehen können. Aber der Nervenvorgang ist in einer fortwährenden, wenn auch langsamen Auflösung begriffen; es ist das, was in einem Abbau ist und dadurch gewissermaßen, indem das Physische sich auflöst, dem Geistig-Seelischen den Platz frei macht.

In noch stärkerem Maße ist das der Fall für die eigentliche Ich-

Organisation, durch die sich der Mensch über alle anderen Naturwesen erhebt, die auf der Erde in seiner Umgebung sind. Die Ich-Organisation ist im wesentlichen immer abbauend; sie macht sich am meisten dort geltend, wo im menschlichen Wesen abgebaut wird.

So hat man also, wenn man in dieses Wundergebilde des menschlichen Organismus hineinschaut, in jedem einzelnen Organ einen Aufbau, wodurch das Organ dem Wachstum, der fortschreitenden Entwicklung dient, und einen Abbau, wodurch es der rückschreitenden physischen Entwicklung dient, aber damit gerade dem Platzgreifen des Geistig-Seelischen im Menschen. Und schon das letzte Mal sagte ich: Der Gleichgewichtszustand zwischen Aufbau und Abbau, der für jedes Organ im Menschen in einer bestimmten Weise da ist, er kann gestört sein. Der Aufbau kann überwuchern, dann haben wir es mit krankhaften Zuständen zu tun. Wenn wir so in die Menschenwesenheit hineinschauen – ich kann die Dinge zunächst nur mit einiger Abstraktion darlegen, sie werden nachher schon konkreter zum Ausdruck kommen – und wenn wir gewissenhaft mit wissenschaftlicher Verantwortung vorgehen, daß wir nicht nur im allgemeinen phrasenhaft herumreden: es ist Aufbau und Abbau vorhanden –, sondern wenn wir daraufhin jedes einzelne Organ wirklich studieren, und zwar mit derselben wissenschaftlichen Gewissenhaftigkeit, die man gelernt hat an wissenschaftlichen Beobachtungen, die es heute zu so großer Vollkommenheit gebracht haben, dann schaut man eben hinein in jene Gleichgewichtszustände, die für die einzelnen Organe bestehen müssen, und hat die Möglichkeit, eine Anschauung zu bekommen von dem gesunden Menschen. Ist irgendwie nach der einen oder anderen Richtung, nach der Richtung des Aufbaues oder nach der des Abbaues, das Gleichgewicht der Organe gestört, dann hat man es zu tun mit irgend etwas Krankhaftem im menschlichen Organismus.

Nun muß man aber berücksichtigen, wie der menschliche Organismus zu der ihn umgebenden äußeren Welt der drei Naturreiche steht, zum mineralischen, pflanzlichen, tierischen Reich, aus denen wir ja unsere Heilmittel nehmen müssen. Wenn man in umfänglicher Weise den Blick so hinlenkt auf die inneren Gleichgewichtszustände des Menschen, wie ich es ja skizziert habe, dann sieht man, wie im menschlichen Organismus nach allen Richtungen überwunden wird das, was außerhalb des menschlichen Organismus in den drei Reichen der Natur vorhanden ist. Nehmen wir das Allereinfachste: die Wärmezustände im menschlichen Organismus. Es darf nichts von äußeren Wärmezuständen im Inneren des menschlichen Organismus sozusagen seine unveränderte Fortsetzung finden. Wenn ich die Wärmeerscheinungen außen in der Natur verfolge, so weiß ich: Wärme erhöht die Temperatur von Dingen der Außenwelt. Wir sagen: Wärme durchdringt die Dinge. Wenn wir ebenso als menschliche Organisation von der Wärme durchdrungen wären, wenn wir sozusagen für die Wärme ein Ding wären, dann wäre die Wärme für uns krankmachend. Nur wenn wir durch die Intensität und das Qualitative unserer Organisation imstande sind, jeden Wärmeprozeß, der auf uns ausgeübt wird, sogleich innerlich mit dem Organismus in Empfang zu nehmen, ihn zu einem inneren Prozeß umzubilden, dann sind wir als menschliche Organisation in der Lage der Gesundheit. Wir werden von Wärme oder Kälte in dem Augenblick beschädigt, wo uns äußere Wärme oder Kälte ergreift und wir nicht in der Lage sind, sofort innerhalb unserer Organisation das in Empfang zu nehmen, was äußere Wärme oder Kälte ist.

Das kann bei Wärme und Kälte sozusagen jeder Mensch leicht einsehen. Bei allen übrigen Naturvorgängen ist jedoch das gleiche der Fall. Nur ein sorgfältiges, durch geistige Anschauung verschärftes Studium führt dazu, zu erkennen, daß jeder Prozeß, der in der Natur stattfindet, im menschlichen Organismus umgesetzt, transformiert, metamorphosiert wird, so daß wir in unserer inneren Organisation fortwährend Überwinder desjenigen sind, was im irdischen Bereiche in unserer Umgebung da ist. Nehmen wir jetzt die gesamte innere Organisation des Menschen, so werden wir sagen: Wird die innere Kraft des Menschen, die äußeren Vorgänge und Prozesse innerlich zu verwandeln, die fortwährend auf ihn einwirken, auch dann, wenn er zum Beispiel Nahrungsmittel genießt, wird diese Fähigkeit herabgesetzt, dann wirkt das, was von außen in den Menschen hineinkommt, als Fremdkörper und der Mensch wird gewissermaßen – wenn ich grob, trivial spreche – ausgefüllt mit Fremdkörpern oder mit Fremdprozessen und so weiter.[53] Oder aber der Mensch entwickelt seine höheren Organisationsglieder, die ich als den astralischen Leib und als Ich-Organisation bezeichnet habe, übermäßig stark, dann kann er die äußeren Prozesse, die von der Umgebung in ihn hineinkommen, nicht nur so transformieren, wie sie transformiert werden sollen, sondern stärker transformieren, wuchtiger, übermäßig transformieren. Es findet eine Beschleunigung der Prozesse statt, die in ihn eindringen. Die äußere Natur wird über das Menschliche hinausgeführt, wird gewissermaßen – populär ausgedrückt – zu stark vergeistigt, und wir haben es wiederum mit einer Störung der Gesundheit zu tun. Aber was man so nur in einem ganz abstrakten Prinzip andeutet, ist ja für jedes Organ im Menschen vorhanden; das muß für jedes einzelne Organ besonders studiert werden. Und der Mensch verhält sich in bezug auf die Art und Weise, wie er die äußeren Prozesse umsetzt, wirklich in einer sehr komplizierten Art.

Wer über jene Kenntnisse hinaus, die man durch die ja durchaus nicht anzufechtende heutige Anatomie und Physiologie bekommt, sich weiterzubilden versucht, so daß er das, was man durch das Studium des Leichnams oder durch das Studium von Krankheitsfällen als Anschauung vom menschlichen Organismus bekommt, umsetzt, um es anzuschauen, nicht in einer Art toter Struktur, sondern umsetzt in sein lebendiges Wesen und Weben, der steht der menschlichen Organisation gegenüber in jedem Augenblick eigentlich recht hilflos da; denn gerade je genauer, je lebendiger man die menschliche Organisation kennenlernt, desto komplizierter erscheint sie. Es gibt da jedoch Richtlinien, durch die man gleichsam durch das Labyrinth sich hindurchkämpfen kann. Und wenn ich hier eine persönliche Bemerkung einfügen darf, so mag es diese sein, sie ist zugleich durchaus sachlich.

Solche Richtlinien zu finden, um die menschliche Organisation nach ihrer Ganzheit, nach ihrer Totalität zu durchschauen, beschäftigte mich eigentlich, bevor ich überhaupt öffentlich davon gesprochen habe, was etwa im Jahre 1917 geschah[54], vorher durch dreißig Jahre hindurch. Als verhältnismäßig junger Mensch, in meinen ersten Zwanzigerjahren, habe ich mir die Frage vorgelegt: Gibt es eine Möglichkeit, in diese komplizierte menschliche Organisation mit gewissen Leitlinien einzudringen, so daß man zu irgendeiner Überschau kommt? Und da stellte sich heraus – wie gesagt, was ich jetzt kurz auseinandersetze, war eine Arbeit, mit der ich mich dreißig Jahre befaßt habe –, daß man die menschliche Gesamtorganisation nach drei Aspekten beurteilen kann, so daß man unterscheidet: die Nerven-Sinnes-Organisation, die rhythmische Organisation, und die Stoffwechsel-Gliedmaßen-Organisation. Mehr als anderes gehört alles das im menschlichen Organismus zusammen, was man die Nerven-Sinnes-Organisation nennen kann. Und sie ist wiederum der Träger alles dessen, was man als das Vorstellungsleben bezeichnen kann. Aber wiederum als in einer gewissen Beziehung in sich geschlossen erweist sich das, was man die rhythmische Organisation in der Menschennatur nennen kann: der Atmungsrhythmus, der Rhythmus des Blutkreislaufes, der Rhythmus, der sich in Schlafen und Wachen offenbart, und zahlreiches andere, was rhythmisch im Menschen verläuft. Gerade durch eine sachgemäße, exakte Unterscheidung der rhythmischen Organisation von der Nerven-Sinnes-Organisation kam ich zunächst darauf, diese Gliederung im Menschen vorzunehmen. Ich mußte mir damals, vor jetzt fast vierzig Jahren, wo mehr als heute die prinzipiellen physiologischen Fragen auf den Menschenherzen lasteten, die Frage vorlegen: Ist es denn möglich nach der Erscheinung, die sich in der Erfahrung darbietet, so zu sprechen, daß das gesamte Seelenleben nach Denken, Fühlen und Wollen an das Nervensystem und Sinnessystem gebunden ist? Es ergab sich für mich dabei ein unmöglicher Widerspruch: an das Nerven-Sinnes-System sollen Denken, Fühlen und Wollen gebunden sein? Ich kann heute natürlich nicht im einzelnen dies ausführen, kann auf alles nur hindeuten; allein gerade wenn wir ins therapeutische Gebiet kommen, wird sich uns manches aufhellen. Wenn man zum Beispiel wirklich mit physiologischem Blick, mit Exaktheit die Wirkungen des Musikalischen auf die menschliche Organisation studiert; wenn man die enge Gebundenheit im Erleben des Musikalischen an alles Rhythmische im Menschen kennenlernt, und wenn man auf der anderen Seite das Seelische im Musikalischen erfaßt, das Gefühlsmäßige im Erfassen des Melodischen, des Harmonischen unbefangen studiert, so sagt man sich zunächst: Das ganze Gefühlsleben des Menschen ist nicht unmittelbar an das Nervensystem gebunden, sondern es wird erlebt im rhythmischen System; und nur wenn wir ins Vorstellen heraufheben, was wir zunächst an Musikalischem unmittelbar im rhythmischen System erleben und was, indem es dort erlebt wird, Gefühlswelt wird, dann wird die Vorstellung davon erst vom Nervensystem getragen. Da kommt man darauf, daß das Nervensystem und das rhythmische System wirklich voneinander innerlich, organisatorisch voneinander geschieden sind.

Nehmen Sie die gegenwärtige Physiologie mit allem, was sie Ihnen bieten kann; nehmen Sie vor allem, was sie Ihnen bieten kann an äußeren Erfahrungen, die Sie mit dem Musikalischen machen können, und studieren Sie so etwas wie das menschliche Ohr im Wahrnehmen der Töne, studieren Sie es, dieses Ohr, indem es musikalisch gegliederte Töne erfaßt, dann werden Sie sich schon sagen: Hörbares, das heißt sinnlich Wahrnehmbares einer Art, wird zunächst dem rhythmischen System des Menschen einverleibt, rhythmet herauf in die Sinnesorganisation, rhythmet heran an das Nervensystem und wird dann durch das Nervensystem vorgestellt. Unmittelbar steht unser rhythmisches System mit dem Gefühlsleben in Verbindung, mittelbar nur das Nervensystem, das der Träger des Denkens ist – der Träger des Fühlens jedoch nur insofern, als wir uns unserer Gefühle bewußt werden in Gedanken, und die Gedanken werden dann vom Nervensystem getragen.

Ebenso kommt man weiter, wenn man das Physiologische bis zu dem treibt, was Stoffwechsel-Gliedmaßen-System ist. Es könnte paradox erscheinen, daß ich diese zwei Dinge zusammenfasse: Stoffwechsel und Gliedmaßen; aber Sie brauchen nur zu bedenken, wie alles Motorische, alles, was in Bewegung ist und mit den Gliedmaßen zusammenhängt, auf den Stoffwechsel zurückwirkt. Das Stoffwechsel-Gliedmaßen-System ist schon ein einheitliches Ganzes. Und wenn man nicht in konfuser, sondern in exakter Weise die Dinge untersucht, so erweist sich wiederum, daß das Stoffwechsel-Gliedmaßen-System der unmittelbare Träger aller Willenserscheinungen im Menschen ist. Wiederum ist es so: Wenn das, was im Stoffwechsel-Gliedmaßen-System als dem Träger der Willenserscheinungen vorgeht, heraufwirkt, heraufkraftet in das rhythmische System – wir haben in der menschlichen Organisation unmittelbar den Zusammenhang zwischen Stoffwechselsystem und rhythmischem System gegeben –, dann geht es ins Gefühl über. Wir entwickeln unsere Gefühle in unserem Willen, indem unser Wille sich unmittelbar in den Stoffwechselvorgängen auslebt, unmittelbar. Wir erleben mittelbar im rhythmischen System fühlend den Willen. Und wir machen uns Gedanken über das, was wir wollen, indem Stoffwechselsystem und rhythmisches System heraufkraften in das Nerven-Sinnes-System.

Da schaut man hinein in eine Gliederung des Menschen, die nun wirklich Leitlinien für ein Durchschauen der menschlichen Organisation abgibt. Denn durchschaut man das, was im Nerven-Sinnes-System gegeben ist und vergleicht es mit dem, was im Stoffwechsel-Gliedmaßen-System gegeben ist – lassen wir zunächst das rhythmische System zwischendrinnen liegen –, dann findet man einen vollständigen polarischen Gegensatz nach jeder Richtung: Nerven-Sinnes-System und Stoffwechsel-Gliedmaßen-System sind polarisch einander entgegengesetzt; wo das Stoffwechsel-Gliedmaßen-System aufbaut, da baut das Nerven-Sinnes-System ab, und umgekehrt. Dieses und vieles andere erweist sich als polarischer Gegensatz. Erst wenn man in dieser Weise den menschlichen Organismus durchschaut und dann sieht, wie alles das, was Ich-Organisation ist, im engeren Sinne gebunden ist an das Nerven-Sinnes-System; wie alles das, was Ätherleib des menschlichen Organismus ist, gebunden ist im engeren Sinne an das Stoffwechsel-Gliedmaßen-System; wie alles das, was astralischer Leib ist, gebunden ist an das rhythmische System; und wie der physische Leib das Ganze durchdringt, aber fortwährend überwunden wird von den drei anderen Gliedern der menschlichen Organisation, dann lernt man eben auch in das Normale oder Abnorme, in die sogenannten normalen oder abnormen Prozesse der menschlichen Organisation hineinschauen.

Lassen Sie uns, damit wir das im einzelnen erörtern können, einmal etwas im Detail betrachten. Nehmen wir die Nerven-Sinnes-Organisation. Ich möchte, damit ich nicht mißverstanden werde, hier etwas einfügen. Ein sehr übelwollender Naturforscher hat, indem er ganz oberflächlich gehört hatte von dieser Gliederung, die ich der menschlichen Natur zugrunde legte, gesagt, ich hätte zu unterscheiden versucht zwischen Kopforganisation, Brustorganisation und Unterleibsorganisation: ich hätte gewissermaßen also die Nerven-Sinnes-Organisation in den Kopf konzentriert, die rhythmische Organisation in die Brust und die Stoffwechsel-Gliedmaßen-Organisation in den Unterleib. Aber das ist natürlich eine ganz übelwollende Auslegung. Denn wenn man nicht räumlich abtrennt, dann ist in der menschlichen Organisation das Nerven-Sinnes-System im Kopf hauptsächlich organisiert, aber es ist ebenso in den beiden anderen Systemen zu finden. Die rhythmische Organisation ist vorzugsweise in der Mittelorganisation des Menschen lokalisiert, aber sie ist wieder im ganzen Menschen ausgebreitet. Und ebenso ist die Stoffwechselorganisation überall im Menschen zu finden. Da handelt es sich nicht um eine Unterscheidung nach räumlich voneinander zu sondernden Organen, sondern um etwas, was man qualitativ erfassen muß und was in den einzelnen Organen lebt und sie durchdringt. – Wenn man, von dieser Auffassung ausgehend, die Nerven-Sinnes-Organisation studiert, so findet man sie durch den ganzen Organismus ausgebreitet. Nur ist zum Beispiel das Auge oder das Ohr so organisiert, daß es am intensivsten die Nerven-Sinnes-Organisation enthält, weniger stark die rhythmische und noch weniger stark die Stoffwechselorganisation. Ein Organ wie zum Beispiel die Niere hat nicht so viel von Nerven-Sinnes-Organisation in sich wie das Auge oder das Ohr, aber es hat auch Nerven-Sinnes-Organisation, es hat mehr rhythmische, mehr Stoffwechselorganisation, aber es hat alle drei Glieder der menschlichen Organisation in sich. Und man versteht den Menschen nicht, wenn man ihn so schildert, daß man sagt: hier sind Sinne, dort Verdauungsorgane. So ist es ja nicht. In Wirklichkeit verhält es sich ganz anders. Ein Sinnesorgan ist nur hauptsächlich Sinnesorgan; jedes Sinnesorgan ist auch in einem gewissen Sinne Verdauungsorgan und rhythmisches Organ. Ein Organ wie die Niere oder die Leber, ist nur im hauptsächlichsten Sinne Ernährungs- oder Ausscheidungsorgan; in einem untergeordneten Sinne ist es auch Sinnesorgan. Wenn wir daher von der Nerven-Sinnes-Organisation – ihrer Realität nach, nicht nach den phantastischen Begriffen, die sich die Physiologie sehr häufig macht – hinschauen auf die ganze Organisation des Menschen mit den einzelnen, spezifizierten Organen, so finden wir, daß der Mensch durch die einzelnen Sinne – Sehsinn, Geruchssinn, Gehörsinn und so weiter – die Außenwelt wahrnimmt; aber wir sehen, wie der Mensch ganz von Sinnesorganisation durchdrungen ist. Die Niere ist zum Beispiel ein Sinnesorgan, das in feiner Weise das wahrnimmt, was im Verdauungs- und Ausscheidungsprozeß sich vollzieht. Ebenso ist die Leber in gewisser Beziehung Sinnesorgan; das Herz ist sogar in einem hohen Grade innerliches Sinnesorgan, und erst dann versteht man es, wenn man es so auffaßt.

Glauben Sie nicht, daß ich ein Kritiker der gegenwärtigen Wissenschaft irgendwie sein möchte; ich erkenne diese Wissenschaft mit allen ihren Verdiensten voll an und möchte, daß gerade unsere Anschauung voll auf dieser Wissenschaft fußt. Aber man muß sich schon klar werden, daß diese Wissenschaft heute durchaus noch nicht die Möglichkeit hat, exakt in die Menschennatur hineinzuschauen. Würde sie dies können, dann würde sie nicht in der Art, wie sie es heute macht, die tierische Organisation so nahe an die menschliche heranbringen; denn die tierische liegt gerade in bezug auf das Sinnesleben um ein Niveau tiefer als die menschliche Organisation. Die menschliche Nerven-Sinnes-Organisation ist in die Ich-Organisation eingespannt; die tierische ist nur in den astralischen Leib eingespannt. Das Sinnesleben des Menschen ist ein ganz anderes als das des Tieres. Wenn das Tier irgendwie durch sein Auge etwas wahrnimmt – Sie können das an einem genaueren Studium der Struktur des Auges erkennen –, so geht im Tiere etwas vor, was sozusagen durch den ganzen Leib des Tieres geht; es spielt sich das nicht so ab wie beim Menschen. Beim Menschen bleibt die Sinneswahrnehmung viel peripherischer, viel mehr an der Oberfläche konzentriert. Das können Sie daraus entnehmen, daß im Tiere feine Organisationen vorhanden sind, die bei höheren Tieren meist nur im Ätherischen da sind. Bei gewissen niederen Tieren aber finden Sie zum Beispiel den Schwertfortsatz[55], den aber ätherisch auch höhere Tiere haben, oder Sie finden den Fächer[56] im Auge. Das sind Organe, die in der Art, wie sie vom Blut durchdrungen sind, zeigen, daß das Auge an der Gesamtorganisation des Tieres teilnimmt und ein Leben im Umkreis der Umwelt vermittelt. Beim Menschen dagegen sehen wir, wie er mit seiner Nerven-Sinnes-Organisation ganz anders zusammenhängt und daher auch in einem viel höheren Sinne als das Tier mit der seinigen in der Außenwelt lebt, während das Tier mehr in sich lebt. Aber alles, was so, durch die höheren geistigen Glieder des Menschen vermittelt, sich auslebt durch die Ich-Organisation als Nerven-Sinnes-Leben, das braucht ja, weil es im Bereiche des physischen Leibes vorhanden ist, seine Einflüsse, auch seine stofflichen Einflüsse von der Sinneswelt, von der physischen Welt her.

Studiert man nun exakt das Nerven-Sinnes-System des Menschen, wenn es in vollständig gesundem Zustande im Menschen funktioniert, so findet man es abhängig von einem Stoffe und den Prozessen, die in diesem Stoffe vorgehen. Denn ein Stoff ist ja niemals etwas nur Ruhendes, sondern stellt nur dar, was eigentlich ein Vorgang ist. Ein Quarzkristall ist zum Beispiel nur deshalb ein Begrenztes, Konturiertes, weil wir nie sehen, daß dies ein Prozeß ist, ein Prozeß, der zwar sehr langsam abläuft, aber es ist ein Vorgang. Man muß in den menschlichen Organismus immer mehr eindringen, die Wechselwirkung verstehen. Was als äußerlich Physisches in den Organismus hineinkommt, das muß in der Weise, wie ich es in der Einleitung charakterisiert habe, von dem Organismus aufgenommen und in ihm überwunden werden. Da ist nun ganz besonders das interessant, daß das menschliche Nerven-Sinnes-System, wenn es im sogenannten normalen, das heißt, gesund zu nennenden Zustande ist – was natürlich relativ zu nehmen ist –, abhängig ist von einem feinen Prozeß, der sich unter dem Einfluß der in den Organismus eindringenden Kieselsäure abspielt. Die Kieselsäure, die äußerlich in der physischen Natur sich zu dem schönen Quarzkristall gestaltet, zeigt die Eigentümlichkeit, wenn sie in die menschliche Organisation eindringt und von ihr überwunden wird, aufgenommen zu werden von den Prozessen des Nerven-Sinnes-Systems; so daß man, wenn man geistig schauen kann, was im Nerven-Sinnes-System des Menschen vorgeht, einen wunderbar feinen Prozeß sieht, der in der Kieselsäuresubstanz wirkt. Aber wenn Sie auf der anderen Seite auf das schauen, was ich vorhin gesagt habe, daß der Mensch überall Sinn ist, dann werden Sie gewahr, daß nur in dem Umkreis des Menschen – da, wo die Sinne vorzugsweise konzentriert sind – ein intensiver Kieselsäureprozeß sich abspielt; daß aber, wenn man mehr ins Innere des Organismus kommt, wo die Organe Lunge, Leber, Niere sind, jener Kieselsäureprozeß weniger stark sich zeigt, wieder dünner wird, während er dann in den Knochen wiederum stark wird. So bekommt man auf diese Weise eine merkwürdige Gliederung des Menschen. Man hat sozusagen die Peripherie und den Umkreis, wo die Sinne konzentriert sind; man hat das, was die Gliedmaßen ausfüllt und trägt, das Knochensystem; dazwischen hat man das Muskelsystem, das Drüsensystem und so weiter. In dem, was ich als Umkreis und als das Zentrierte bezeichnet habe, hat man den stärksten Kieselsäureprozeß; und man verfolgt in den Organen, die dazwischenliegen, spezifiziert überall eigene, aber schwächere Kieselsäureprozesse als im Umkreis. Da sagt man sich: Nach außen hin, wo der Mensch von den Nerven weiter hinaus übergeht ins Sinnessystem, da braucht er immer mehr und mehr Kieselsäure; in der Mitte seines Organismus braucht er verhältnismäßig wenig Kieselsäure; dort aber, wo seinem motorischen System das Knochensystem zugrunde liegt, da braucht er wiederum mehr Kieselsäure.[57]

Damit haben wir durch das Anschauen der ganzen Organisation des Menschen auch erkannt, wie ein besonders spezifizierter Prozeß im Menschen sich abspielt: ein Kieselsäureprozeß im menschlichen Wesen. Lernt man dies einmal kennen, dann kommt man schon auch darauf, wie wenig exakt die heutigen physiologischen Angaben sind. Wenn wir heute nämlich – ich betone nochmals: ich will hier nicht kritisieren, ich will nur Angaben machen – das Leben des Menschen im Sinne der gegenwärtigen Physiologie studieren, so werden wir zum Beispiel auf den Atmungsprozeß gelenkt. Er ist in einer gewissen Beziehung kompliziert, im wesentlichen aber besteht er darin, daß der Mensch von außen Sauerstoff aus der Luft aufnimmt und Kohlensäure durch die Ausatmung wieder abgibt. Das ist jener rhythmische Prozeß, der eigentlich die Grundlage des menschlichen organischen Lebens ist. Wir verfolgen ihn so, daß wir sagen: Sauerstoff wird durch Einatmung aus der Luft aufgenommen, geht durch die Vorgänge, die in der Physiologie beschrieben werden, über in den ganzen Organismus, vereinigt sich mit dem Kohlenstoff aus dem menschlichen Blut und wird dann mit der Ausatmung als Kohlensäure wieder ausgeschieden. Diese Darstellung ist nach einer bloß äußerlichen Beobachtungsweise richtig. Aber dieser Prozeß, der sich da an dem Sauerstoff und Kohlenstoff abspielt, ist mit einem anderen verbunden. Wir atmen nämlich nicht bloß Sauerstoff ein und verbinden ihn mit dem Kohlenstoff in unserer Organisation. Das tun wir vorzugsweise mit demjenigen Sauerstoff, den wir nach unten in unserer Organisation ausbreiten; den verbinden wir vorzugsweise mit dem Kohlenstoff und atmen ihn dann als Kohlensäure wieder aus. Aber es liegt diesem rhythmischen Vorgang noch ein anderer, feinerer Prozeß zugrunde. Der Sauerstoff nämlich, der in der menschlichen Organisation gegen den Kopf zu und damit eben – in dem vorher angedeuteten eingeschränkten Sinne – nach dem Nerven-Sinnes-System geht, der verbindet sich mit dem Silizium, das heißt mit dem Stoff, den wir Kiesel nennen, und bildet Kieselsäure. Und während für das Stoffwechselsystem die Erzeugung von Kohlensäure das Wesentliche ist, ist für das Nerven-Sinnes-System die Erzeugung von Kieselsäure im Menschen ein Wesentliches. Nur ist das ein feiner Prozeß, den wir nicht mit unseren groben Instrumenten schon verfolgen können; aber alle Wege sind da, um ihn auch einmal verfolgen zu können. So haben wir also in der Atmung gegeben einen gröberen Prozeß, wo der eingeatmete Sauerstoff sich mit dem Kohlenstoff unseres Organismus verbindet und als Kohlensäure ausgeatmet wird. Daneben haben wir einen feineren Prozeß, wo sich der Sauerstoff mit dem Silizium zu Kieselsäure verbindet und als solche in die menschliche Organisation hinein abgesondert wird. Und durch diese Absonderung von Kieselsäure wird der ganze menschliche Organismus – im höheren Maße an der Peripherie, im minderen Maße in jedem Organ – zum Sinnesorgan.

Sieht man den menschlichen Organismus in dieser Weise an, dann schaut man in sein feines Gefüge hinein, dann schaut man hin, wie jedes einzelne Organ – und wie es sich mit der Kieselsäure verhält, so verhält es sich mit unzähligen anderen Substanzen – seinen bestimmten Gehalt an Prozessen, die an Substanzen gebunden sind, hat und haben muß. Man muß nun verstehen, wenn man Gesundheit oder Krankheit begreifen will, wie diese Prozesse sich in einem menschlichen Organ abspielen. Nehmen wir als Beispiel die menschliche Niere. Man wird nun, wenn man durch irgendwelche Verhältnisse dazu geführt wird, diagnostizieren, durch irgendeinen Symptomkomplex glauben müssen, daß ein Krankheitsprozeß seinen Hauptquell in der Niere hat. Indem wir Geisteswissenschaft mit anwenden zum Diagnostizieren, kommen wir darauf, daß die Niere zu wenig Sinnesorgan ist für die umliegenden Verdauungs- und Ausscheidungsprozesse; sie ist zuviel Stoffwechselorgan, das Gleichgewicht ist also gestört. In solchem Falle haben wir vor allem darüber nachzudenken: Wie machen wir diese Niere wieder in stärkerem Maße zum Sinnesorgan? – Wir können sagen: Weil die Niere zeigt, daß sie nicht genügend Sinnesorgan für die Verdauungsprozesse und Ausscheidungen ist, müssen wir dafür sorgen, daß die nötige Kieselsäure an die Niere herankommt.

Wir haben nun im anthroposophischen Sinne drei Wege um dem menschlichen Organismus Stoffe zuzuführen, die er im gesunden Zustande braucht. Der erste Weg ist der, daß wir sie ihm wie die Nahrungsmittel, per os, innerlich geben als Heilmittel. Da müssen wir aber warten, ob der ganze Verdauungsorganismus so eingerichtet ist, daß er die Stoffe gerade dorthin trägt, wo sie wirken sollen. Das ist gewiß bei sehr vielen Dingen der Fall, und man muß wissen, wie ein Stoff im menschlichen Organismus wirkt, ob er auf Herz oder Lungen wirkt und so weiter, wenn wir ihn durch den Mund in die Verdauung hineinbringen. Als zweiten Weg haben wir den durch Injektion. Da bringen wir einen Stoff unmittelbar ins rhythmische System. Da wirkt mehr der Prozeß, da wandelt sich das, was in dem Stoffwechsel stoffliche Organisation ist, gleich in die rhythmische Tätigkeit um, und wir wirken dann unmittelbar auf das rhythmische System. Oder auch, wir versuchen als drittes, dadurch, daß wir den Stoff als Salbe bereiten und am richtigen Orte des Organismus aufstreichen oder daß wir ihn als Bad verarbeiten, kurz, wir versuchen dadurch zu wirken, daß wir ihn mehr äußerlich an den menschlichen Organismus heranbringen. Es gibt ja noch sehr viele Arten. Auf diese Weise also haben wir drei Wege, um mit den Substanzen an den Menschen heranzukommen.

Betrachten wir jetzt also die Niere, die sich uns im Diagnostizieren so zeigt, daß ihre Sinnesfähigkeit herabgestimmt ist. In diesem Falle müssen wir ihr dann den richtigen Kieselsäureprozeß zuführen. Da müssen wir für eines sorgen: Weil bei dem vorhin angedeuteten Prozeß im Atmen, wo Sauerstoff sich mit Kiesel verbindet und dann die Kieselsäure sich im ganzen Körper ausbreitet, weil sich nun dabei zu wenig Kieselsäure nach der Niere hinzieht, müssen wir dafür sorgen, daß sich ein stärkerer Kieselsäureprozeß nach der Niere hinzieht. Dazu müssen wir wissen, wie wir dem Organismus, der selber für die Niere nicht genug Kieselsäure erzeugen kann, zu Hilfe kommen. Da müssen wir dasjenige kennenlernen, was äußerlich dem Prozeß entspricht, der der Niere fehlt. Nun, irgendwo in der Niere finden wir etwas, was gerade der Prozeß enthält, der im Organismus an irgendeiner Stelle fehlt. Wir müssen suchen: Wie können wir Mittel und Wege finden, um den Kieselsäureprozeß gerade in die Niere hineinzubringen?

Da finden wir, daß die Nierenfunktion, insbesondere indem sie auch Sinnesfunktion ist, abhängt von dem astralischen Leib des Menschen. Der astralische Leib liegt namentlich den Ausscheidungsprozessen, dieser besonderen Form der Abbauprozesse, zugrunde. Daher müssen wir den astralischen Leib anregen, aber so anregen, daß er gerade an ein Organ, wie es die Niere ist, Kieselsäure heranbringt, die wir irgendwie von außen zuführen. Wir brauchen also ein Mittel, das erstens den Kieselsäureprozeß anregt, zweitens ihn besonders anregt in der Niere. Wenn wir nun suchen, dann kommen wir im Umkreis der Pflanzenwelt auf Equisetum arvense, auf den gewöhnlichen Ackerschachtelhalm. Der hat das Eigentümliche, daß er in hohem Maße Kieselsäure enthält. Bloße Kieselsäure würde, wenn wir sie dem Menschen eingeben, nicht zur Niere hingelangen. Equisetum enthält außerdem noch schwefelsaure Salze. Wenn wir schwefelsaure Salze allein anwenden, wirken sie auf das rhythmische System, auf die Ausscheidungsorgane und auf die Niere ganz besonders. Und wenn sie mit der Kieselsäure so innig verbunden sind, wie das bei Equisetum arvense der Fall ist – wir können es innerlich geben, aber auch, wenn sich herausstellen sollte, daß dies nicht geht, die anderen angegebenen Wege anwenden –, dann ebnen diese schwefelsauren Salze des Equisetum der Kieselsäure den Weg zur Niere hin.[58]

Jetzt haben wir an einem einzelnen Falle erkannt, was das Pathologische an der Nierenerkrankung ist. Wir sind ganz exakt dabei vorgegangen; wir haben das gesucht, was den mangelhaften Prozeß in der Niere ersetzt; wir führen eine Brücke auf, die Schritt für Schritt überschaubar ist, von der Pathologie zur Therapie.

Nehmen wir einen anderen Fall: Wir hätten es mit irgendwelchen Störungen im Verdauungssystem zu tun, Störungen, wie man sie etwa zusammenfaßt unter dem Namen Dyspepsie oder dergleichen. Indem man wieder so geisteswissenschaftlich vorgeht, wie ich es charakterisiert habe, wird man durchschauen können, daß es sich vorzugsweise um eine fehlerhafte, nicht stark genug wirkende Ich-Organisation handelt. Warum wirkt diese Ich-Organisation nicht stark genug? Das ist jetzt die Frage. Und wir müssen irgendwo im Funktionieren des menschlichen Organismus suchen, was da zugrunde liegt, daß die Ich-Organisation nicht stark genug wirkt. Wir werden in bestimmten Fällen finden, daß eine mangelhafte Gallenabsonderung vorhanden ist. In solchem Falle müssen wir der Ich-Organisation dadurch zu

Hilfe kommen, daß wir ebenso, wie wir es vorher mit dem Equisetum gegenüber der Nierenfunktion getan haben, es nun gegenüber der Gallenabsonderungsfunktion auch dazu bringen, dem Organismus irgend etwas zuzuführen, was, wenn es durch seine Zusammensetzung an seinen richtigen Platz kommt, einer zu schwach wirkenden Ich-Organisation hilft. Ebenso wie wir finden, daß der Kieselsäureprozeß, wenn er in der richtigen Weise – als der Prozeß, der dem normal funktionierenden Nerven-Sinnes-System zugrunde liegt – in die Niere eingeführt wird, ihre Sinnesfähigkeit hebt, so finden wir, daß Prozesse wie die Gallenabsonderung, die vorzugsweise der Ich-Organisation entsprechen, nun zusammenhängen mit einer ganz bestimmten Art, wie – mit anderen im Verhältnis zusammen – Kohlenstoff im Organismus wirkt. Da stellt sich zum Beispiel das Merkwürdige heraus: Wenn wir den Kohlenstoff in der richtigen Weise so in den Organismus einführen wollen, daß wir gerade der Dyspepsie begegnen, dann finden wir, daß der Kohlenstoff, der ja natürlich in jeder Pflanze enthalten ist, gerade im Cichorium intybus so enthalten ist, daß er hindirigiert wird zum Gallenfunktionsorgan. Wenn wir aus Cichorium intybus das richtige Präparat zu gewinnen wissen, dann leiten wir in derselben Art einen gewissen Kohlenstoffprozeß zur Gallenfunktion hin, wie wir mit dem Equisetumpräparat einen Kieselsäureprozeß in die Niere hineinbringen.

Ich habe Ihnen hier an leicht überschaubaren Beispielen, die auf leichte, unter Umständen auch auf sehr schwere Krankheitsfälle hinweisen können, das Prinzip anzudeuten versucht, wie durch ein geisteswissenschaftliches Durchschauen des menschlichen Organismus auf der einen Seite, der verschiedenen Naturgeschöpfe und ihrer Wechselbeziehungen auf der anderen Seite, zustande kommen kann: Erstens ein Durchschauen des Krankheitsprozesses, zweitens aber ein Durchschauen dessen, was notwendig ist, um den Erkrankungsprozeß, der in einer bestimmten Richtung abläuft, zum Umkehren zu bringen. Das Heilen wird dadurch zu einer durchschaubaren Kunst. Das ist das, was Arzneikunst, Heilkunst, Medizin haben kann von jener wissenschaftlichen Forschungsart, die hier Anthroposophie genannt wird. Das ist durchaus keine Phantasterei. Das ist eigentlich das, was bis zur alleräußersten Exaktheit – wie ich das neulich schon gesagt habe – das Forschen dahin bringt, vor allem den ganzen Menschen zu durchschauen, ihn zu begreifen nach der Seite des Physischen, des Seelischen und des Geistigen. Und im Menschen hängt der gesunde und der kranke Zustand von dem Wirken des Physischen, des Seelischen und des Geistigen ab. Dadurch, daß man den Menschen gliedert nach Nerven-Sinnes-System, rhythmischem System und Stoffwechsel-Gliedmaßen-System, schaut man auch hinein in die verschiedenen Prozesse und ihre Grade. Man lernt erkennen, wie in der Niere Sinnesfunktion vorhanden ist, wenn man erst aufmerksam wird auf das wesentliche der Sinnesfunktion; sonst sucht man die Sinnesfunktion nur in den gröberen Arten in den gewöhnlichen Sinnen. Dann aber kommt man dahin, Krankheiten als solche zu durchschauen.

Ich sagte schon, daß im Stoffwechsel-Gliedmaßen-System die entgegengesetzten Prozesse desjenigen vor sich gehen, was im Nerven-Sinnes-System sich abspielt. Aber es kann sein, daß Prozesse, die ihrer vorzüglichsten Wesenheit nach Nerven-Sinnes-Prozesse sind und zum Beispiel in den Kopfnerven vor sich gehen, dort also normal sind, nach dem Stoffwechsel-Gliedmaßen-System gewissermaßen disloziert werden können; daß dann im Stoffwechsel-Gliedmaßen-System durch Abnormität des astralischen Leibes und der Ich-Organisation etwas vorgehen kann, was richtig, normal in der Nerven-Sinnes-Organisation vor sich gehen würde. Das heißt, daß dasjenige, was für ein System das Richtige ist, sich für ein anderes System metamorphosieren und krankmachend sein kann. Dann entsteht dadurch, daß ein Prozeß, der zum Beispiel ins Nerven-Sinnes-System gehört, in einem anderen System erscheint, ein Krankheitsprozeß. Das ist beim Typhus der Fall. Der Typhus stellt einen Prozeß dar, der ins Nervensystem gehört. Während er sich dort abspielen sollte in der physischen Organisation, spielt er sich tatsächlich ab in der Gegend des Stoffwechselsystems innerhalb der ätherischen Organisation, des Ätherleibes, überträgt sich auf den physischen Leib und tritt als Typhus zutage. Da sieht man hinein in das

Wesen eines Erkrankens. Oder es kann auch das eintreten, daß diejenige Dynamik, diejenigen Kräfte, die in einem Sinnesorgan tätig sind, in einem gewissen Grade dort tätig sein müssen, damit das Sinnesorgan als solches entsteht, am falschen Orte sich betätigen. Was in einem Sinnesorgan wirkt, das kann irgendwie transformiert auch an einem anderen Orte sich betätigen. Nehmen wir die Tätigkeit des Ohres: Anstatt im Nerven-Sinnes-System prägt sie sich aus – durch Umstände, die auch beschrieben werden können – an einer anderen Stelle, zum Beispiel irgendwo im Stoffwechselsystem, da, wo dieses sich verbindet mit dem rhythmischen System. Dann kommt am falschen Orte ein abnormes Hintendieren nach einem Sinnesorgan zustande. Und das tritt auf als Karzinom, als Krebsbildung. Nur wenn Sie so die menschliche Organisation zu durchschauen vermögen, können Sie erkennen, daß Sie im Karzinom gewissermaßen eine über die Systeme hin dislozierte Sinnesbildungstendenz haben.[59]

Wenn von der Befruchtung der Medizin durch die Anthroposophie gesprochen wird, dann handelt es sich also darum, daß man hineinschauen lernt, wie Abnormes im menschlichen Organismus sich dadurch bildet, daß etwas, was in einem bestimmten Systeme normal ist, in ein anderes System hineinversetzt wird. Indem man aber so den menschlichen Organismus durchschaut, kommt man erst dadurch in die Lage, ihn im gesunden und kranken Zustande wirklich verstehen und dann die Brücke schlagen zu können von der Pathologie zur Therapie, vom Beobachten des Kranken zum Heilen. Wenn diese Dinge im Zusammenhange dargestellt werden, wird man schon sehen, wie das, was von einem solchen Gesichtspunkte aus gesagt werden kann, durchaus nicht im Widerspruche steht zu der modernen Medizin. Als ein erstes darüber wird – ich glaube in recht kurzer Zeit – das Buch erscheinen können, das von Frau Dr. Wegman, der Leiterin des Klinisch-Therapeutischen Instituts in Arlesheim, mit mir zusammen geschrieben, veröffentlicht werden wird[60], und das im Zusammenhange darstellen soll, was von einem solchen geisteswissenschaftlichen Gesichtspunkte aus – nicht im Widerspruche, sondern als Ergänzung der modernen Medizin – gesagt werden kann. Man wird sich dann überzeugen können, daß es sich nicht um irgendwelche Flunkereien handelt, wie sie heute an der Tagesordnung sind; sondern jenes Buch wird in einer Weise, die der modernen Wissenschaft durchaus gerecht wird, die Befruchtung zeigen, die durch die geisteswissenschaftliche Forschung für die Heilkunst eintreten kann. Gerade wenn man immer mehr und mehr im Detail, mit wissenschaftlicher Gewissenhaftigkeit diese Dinge verfolgen wird, dann wird man auch die Bemühungen erkennen, die in einem solchen Institut wie den Internationalen Laboratorien[29] in Arlesheim gemacht werden, wo nach den hier dargestellten Prinzipien eine ganze Reihe neuer Heilmittel hergestellt wird.

Im dritten Vortrage wird es meine Aufgabe sein, durch die Betrachtung ganz bestimmter einzelner Krankheitsfälle und ihrer möglichen Heilungen – soweit das hier in populärer Weise auseinandergesetzt werden kann – weiter zu erhärten, was über eine rationelle Therapie bisher schon angedeutet worden ist. Wer durchschauen kann, um was es sich hier handelt, der wird wirklich keine Furcht und Sorge haben vor einem genauen Prüfen dessen, was hier angedeutet ist. Wir wissen, daß es auch mit dieser Sache so sein wird, wie auf dem Gesamtgebiete der Anthroposophie: Schimpfen, abkanzeln und kritisieren werden die Sache zunächst die, die sie nicht im Detail kennenlernen. Mit dem Schimpfen werden dann diejenigen aufhören, die sie im Detail kennenlernen. Deshalb werde ich im nächsten Vortrage[61] noch einiges an Einzelheiten anführen, was zeigen soll, daß man nicht mit Umgehung der modernen Wissenschaft, sondern im vollen Einklange mit ihr – aber mit dem Drang, aus geistiger Erkenntnis heraus diese Wissenschaft zu ergänzen – auf dem Gebiete anthroposophischer Medizin vorgehen will. Dann erst, wenn das verstanden wird, wird die Heilkunst auf ihrem richtigen Boden stehen. Denn die Heilkunst hat mit dem Menschen zu tun. Der Mensch ist ein Wesen, das sich gliedert nach Leib, Seele und Geist. Eine wirkliche Medizin kann daher nur bestehen, wenn sie auch eindringt in eine Erkenntnis des Menschen nach Leib, Seele und Geist.

Das Organ-System und die Kräfte-Organisation

Wenn wir immer weiterkommen darin, den menschlichen Organismus in der Weise anzusehen, wie ich es zu meinem Leidwesen allerdings nur andeuten konnte, dann wird eben gerade für die Beurteilung des gesunden und kranken Menschen manches wichtig, das man in seiner Vollwertigkeit sonst nicht richtig sieht. So sieht man heute noch außerordentlich wenig auf dasjenige, was ich versucht habe, die Dreigliederung der menschlichen physischen Wesenheit in dem Anhange von meinem Buche «Von Seelenrätseln» zu nennen.[62] Dennoch beruht auf der richtigen Einschätzung dieser Dreigliederung des physischen Menschen außerordentlich viel in bezug auf das pathologische Element wie auf das therapeutische.

Diese Dreigliederung des physischen Menschen ist so gemeint, daß alles dasjenige, was Nerven-Sinnes-System ist, vorzugsweise als im Kopf lokalisiert angesehen werden muß, daß aber selbstverständlich diese Kopforganisation dann über den ganzen Menschen ausgebreitet ist, so daß zum Beispiel alles dasjenige, was in der menschlichen Haut, aber auch innerhalb der menschlichen Organisation als Nerven-Sinnes-Funktion bezeichnet werden muß, durchaus dazugehört. Nur mit Bezug auf die Wirkungsweisen im menschlichen Organismus kann man nicht zu einer begründeten Ansicht kommen, wenn man nicht zunächst theoretisch das Nerven-Sinnes-System aus der gesamten übrigen Organisation heraushebt.

Als zweites System habe ich dann unterschieden das rhythmische System des Menschen, das alles umfaßt im Funktionellen, was einem Rhythmus unterliegt, also hauptsächlich natürlich in erster Linie das Atmungssystem in Verbindung mit dem Blutzirkulationssystem, auch dann im weiteren Sinne jenen Rhythmus, der wenigstens im wesentlichen für den Menschen gilt, wenn der Mensch ihn auch vielfach durchbrechen kann, als Tag-Nacht-Rhythmus, als Rhythmus des Schlafens und Wachens, und auch alles übrige Rhythmische, auch das Rhythmische in der Nahrungsaufnahme und so weiter. Diese letzteren Dinge werden allerdings vom Menschen durchbrochen, allein dasjenige, was sich als Ergebnis der Durchbrechung heraustellt, muß wiederum in einer gewissen Weise durch Regulatoren, die sich im Organismus finden, ausgeglichen werden. So daß wir also als zweites Glied der menschlichen Organisation den rhythmischen Menschen anzusehen haben und als drittes Glied den Stoffwechselorganismus, zu dem ich auch noch den Gliedmaßenorganismus rechne, weil dasjenige, was sich funktionell durch die Bewegung der Gliedmaßen abspielt, in innigem Zusammenhang mit dem Stoffwechsel im allgemeinen steht.

Wenn man diese Dreigliederung des Menschen nimmt, dann kommt man darauf, daß dasjenige, was ich nun bezeichnet habe heute morgen als die Organisation des Menschen, die vorzugsweise mit dem Ich zusammenhängt, eine gewisse Beziehung hat zu dem Stoffwechselmenschen, aber eben insofern sich dieser Stoffwechselmensch über die ganze menschliche Wesenheit ausdehnt. Und wiederum hat der rhythmische Mensch eine gewisse Beziehung zu demjenigen, was ich heute morgen bezeichnet habe als das Herz-Lungen-System. Und wiederum hat dann dasjenige, was ich heute morgen bezeichnet habe als Nierenfunktion, als vom Nierensystem ausgehend, eine gewisse Beziehung zu demjenigen, was ich heute morgen bezeichnet habe als die astralische Organisation des Menschen. Kurz, der dreigliedrige Mensch hat eine gewisse Beziehung zu den einzelnen Wesensgliedern[63] der übersinnlichen Menschennatur und damit auch zu den einzelnen Organsystemen, wie ich das heute morgen auseinandergesetzt habe. Aber man muß nun die Beziehungen im einzelnen genauer betrachten, wenn sie einen wirklichen Wert haben sollten für die Erkenntnis des gesunden und kranken Menschen, und da ist es wohl am besten, wenn man ausgeht von dem rhythmischen Menschen, von der rhythmischen Organisation des Menschen.

Diese rhythmische Organisation des Menschen ist es gerade,

welche sehr häufig in bezug auf eine ganz bestimmte Eigenschaft nicht richtig gewürdigt wird, das ist das Verhältnis, das sich herausstellt zwischen dem Rhythmus der Blutzirkulation und dem Rhythmus des Atmens.[64] Beim erwachsenen Menschen ist ja dieses Verhältnis nahezu dasjenige von vier zu eins. Es ist das natürlich nur ein approximatives, ein Durchschnittsverhältnis, und gerade darin, wie sich dieses ganze Verhältnis spezialisiert für die einzelne menschliche Individualität, drückt sich etwas aus von dem Maße von Gesundheit und Krankheit, die im menschlichen Organismus sind. Und dasjenige, was uns in diesem rhythmischen Menschen als ein Verhältnis von vier zu eins erscheint, das setzt sich eigentlich fort für den gesamten Menschen. Und wir haben – wir können das durchaus wiederum, wie ich heute morgen für andere Dinge sagte, durch sinnenfällig-empirische Tatsachenreihen verifizieren – durchaus ein Verhältnis von vier zu eins mit Bezug auf die Entwicklung des Stoffwechselmenschen, zu dem dann der Gliedmaßenmensch gehört – ich sage der Einfachheit wegen des Stoffwechselmenschen –, zu dem Nerven-Sinnes-Menschen. Dieses Verhältnis geht so weit, daß wir in der Tat sagen können: Alles, was zusammenhängt mit dem menschlichen Stoffwechsel, spielt sich in seinen Prozessen ungefähr mit viermal so großer Schnelligkeit ab, als alles dasjenige, was für das Wachstum des Menschen folgt aus der Nerven-Sinnes-Organisation. Wir können geradezu sagen: Wir haben mit dem zweiten Zahnen des Kindes, mit dem Erhalten der zweiten Zähne beim Kinde, einen Ausdruck desjenigen, was im Stoffwechselsystem des Menschen vor sich geht gewissermaßen dadurch, daß dieses Stoffwechselsystem des Menschen fortwährend anschlägt an das Nerven-Sinnes-System, aber daß alles dasjenige, was aus dem Stoffwechselsystem des Menschen sich dann fortsetzt nach dem mittleren, nach dem rhythmischen System, zu dem, was sich fortsetzt aus dem Nerven-Sinnes-System in das rhythmische System, sich verhält im Tempo wie vier zu eins. Genau gesprochen ist das so: Wir können in dem Atmungssystem die rhythmische Fortsetzung des Nerven-Sinnes-Systems sehen, und wir können in dem Zirkulationssystem die rhythmische Fortsetzung des Stoffwechselsystems sehen. Wir können sagen: Das Stoffwechselsystem sendet gewissermaßen seine Wirkungen herauf in den rhythmischen Menschen, also das dritte Glied der menschlichen Organisation in das zweite Glied hinein, was sich ausdrückt durch den Rhythmus der Blutzirkulation im täglichen Leben. Das Nerven-Sinnes-System schickt seine Wirkungen in das Atmungssystem hinein, und das drückt sich aus durch den Rhythmus des Atmens. So daß wir im rhythmischen Menschen, in dem wir das Verhältnis von vier zu eins beobachten können – etliche siebzig Pulsschläge zu achtzehn Atemzügen –, gewissermaßen das Aufeinanderstoßen des Nerven-Sinnes-Systems und des Stoffwechselsystems haben in dem Verhältnis der Rhythmen, und das, wie gesagt, können wir noch beobachten in irgendeiner Lebensepoche des Menschen, wenn wir das Verhältnis alles desjenigen, was überhaupt in den menschlichen Vorgängen vom Stoffwechsel kommt, in seinem Zusammenstoß betrachten mit demjenigen, was ausgeht vom Kopfsystem, vom Nerven-Sinnes-System. Das ist ein außerordentlich wichtiges Verhältnis. Und wir können eben geradezu sagen: In dem zweiten Zahnen des Kindes haben wir ein Heraufstoßen des Stoffwechselsystems bis in den Kopf, aber so, daß bei der Begegnung des Stoffwechselsystems mit dem Nerven-Sinnes-System das Nerven-Sinnes-System zunächst überwiegt.[65]

Es wird Ihnen das gleich aus den folgenden Auseinandersetzungen klar sein. Wir können also sagen: Wenn das Kind so um das siebente Jahr herum seine zweiten Zähne bekommt, so ist das ein Zusammenschlagen des Stoffwechselsystems und des Nerven-Sinnes-Systems, so aber, daß präponderiert die Wirkung des Nerven-Sinnes-Systems, und die Resultierende dieses Zusammenstoßes – gewissermaßen sind das die Komponenten, die vom Nerven-Sinnes-System und vom Stoffwechselsystem ausgehen –, die Resultierende ist dasjenige, was dann zu der Entwicklung der zweiten Zähne führt.

Wiederum in derjenigen Lebensepoche, welche die Geschlechtsreife des Menschen bringt, haben wir ein neuerliches Zusammenstoßen des Stoffwechselsystems und des Nerven-Sinnes-Systems. Aber so, daß jetzt das Stoffwechselsystem überwiegt, prädominiert, was sich zum Beispiel beim männlichen

Geschlechte dadurch ausdrückt, daß selbst die Stimme, die zunächst bis in dieses Lebensalter hinein wesentlich eine Ausdrucksform war des Nerven-Sinnes-Systems, sich verändert dadurch, daß das Stoffwechselsystem gewissermaßen heraufschlägt und die Stimme dumpfer macht. Verstehen können wir diese Wirkungen dadurch, daß wir beobachten, wieviel in diesen Wirkungen liegt auf der einen Seite von denjenigen Ausstrahlungen im menschlichen Organismus, die im Nierensystem in der heute angedeuteten Weise ihren Ursprung haben und im Leber-Gallen-System, und auf der anderen Seite ihren Ursprung haben in der Kopfes- und in der Hautorganisation, also eigentlich in dem, was zugrunde liegt dem Nerven-Sinnes-System.[66] Das ist ein außerordentlich interessantes Verhältnis, etwas, das, man könnte sagen, in die tiefsten Tiefen der menschlichen Organisation hineinführt. Es ist so, daß man sich geradezu das Bilden, das Gestalten des Organismus so vorstellen kann, daß Ausstrahlungen stattfinden von seiten – nun sagen wir – des Nieren-Leber-Systems, denen begegnen die plastischen Abformungen des Kopfsystems. Und will man sich schematisch dasjenige, was da geschieht, zeichnen, so müßte man das so zeichnen (es wird gezeichnet). Man müßte sagen: Von dem Leber-Nieren-System finden solche Ausstrahlungen statt – natürlich nicht nur nach oben, sondern nach allen Seiten hin –, diese Ausstrahlungen, die haben die Tendenz, halbradial zu wirken, aber sie werden überall von den plastischen Formungen abgestumpft, die ihnen vom Kopfsystem aus begegnen. So daß wir die Form der Lunge dadurch begreifen, daß wir ihre Gestalt plastisch ausgestaltet denken vom Leber-Nieren-System, aber entgegenkommend diesen Komponenten diejenigen, die abrunden, vom Kopfsystem aus. Die ganze menschliche Bildung nämlich kommt dadurch zustande, daß wir uns denken: radiale Gestaltung vom Nieren-Leber-System aus, Abrundung der radialen Gestaltung vom Kopfsystem aus.

Auf diese Weise bekommen wir die außerordentlich wichtige Tatsache, die empirisch in allen Einzelheiten belegt werden kann, daß im menschlichen Organisieren, namentlich im menschlichen Wachstum zwei Kräftekomponenten tätig sind:

diejenigen Kräftekomponenten, die vom Leber-Nieren-System ausgehen, und die Kräftekomponenten, die abrunden die Formen, die sie gestalten, die ihnen die Oberfläche geben, diese Komponenten, die vom Nerven-Sinnes-System ausgehen. Beide Komponenten stoßen ineinander, aber sie stoßen nicht ineinander in demselben Rhythmus, sie stoßen in verschiedenem Rhythmus ineinander. Alles dasjenige, was vom Leber-Nieren-System ausgeht, hat den Rhythmus des Stoffwechselmenschen. Und alles dasjenige, was vom Kopfsystem ausgeht, hat eben den Rhythmus des Nerven-Sinnes-Menschen. Das heißt, wenn der Mensch bereit ist durch seine Organisation, die zweiten Zähne zu bekommen so um das siebente Jahr herum, so ist er in seiner Stoffwechselorganisation, in alledem, was vom Nieren-Leber-System ausgeht, und was ja gestoßen wird, möchte ich sagen, von jenem Rhythmus, der der Herzrhythmus ist, unterworfen einem Rhythmus, der sich zu dem anderen Rhythmus, der ihm vom Kopfe aus entgegenkommt, verhält wie vier zu eins. So daß der Mensch eigentlich erst im achtundzwanzigsten Jahre seines Lebens mit Bezug auf die Kopforganisation so weit ist, wie er mit sieben Jahren in bezug auf seine Stoffwechselorganisation ist. Das heißt, das plastische Prinzip des Menschen schreitet langsamer vor als das ausstrahlende, das unplastische Prinzip. Viermal so langsam schreitet das plastische Prinzip vor. Damit hängt es zusammen, daß wir in bezug auf dasjenige, was aus unserem Stoffwechsel kommt, am Ende des siebenten Jahres ungefähr so weit sind, wie wir in bezug auf unser gesamtes Wachstumsverhältnis, insofern es dem Nerven-Sinnes-System unterliegt, erst im achtundzwanzigsten Lebensjahre sind. So daß also der Mensch in dieser Weise ein kompliziertes Wesen ist, daß in ihm eigentlich zwei Strömungen, zwei Bewegungsströmungen tätig sind, die einem ganz verschiedenen Rhythmus unterliegen. Und wir können also sagen, daß zum Beispiel dieses zweite Zahnen dadurch entsteht, daß zunächst dasjenige, was mit dem Stoffwechsel zusammenhängt, anstößt an das langsamere, aber intensivere plastische Prinzip, so daß wir in dem Zahnen haben ein Präponderieren des plastischen Elementes. In der Epoche der Geschlechtsreife haben wir ein Präponderieren des Stoffwechselelementes; da zieht sich gewissermaßen das plastische Element zurück, was sich eben im männlichen Geschlechte durch die bekannte Erscheinung zum Ausdruck bringt.

Mit dem aber hängen andere Dinge in der menschlichen Organisation zusammen. Mit alledem hängt alles das zusammen, daß eigentlich die größte Möglichkeit für den Menschen, krank zu werden, im Grunde in die Lebenszeit fällt bis zum zweiten Zahnen, und zwar so, daß die größte Möglichkeit, krank zu werden, da ist in der allerersten Lebensepoche. Dann, mit dem zweiten Zahnen, hört eigentlich die innere Veranlagung des Menschen zur Krankheit stark auf.[67] Dieses Verhältnis genau zu studieren, war mir eigentlich auferlegt durch unsere Pädagogik, die wir ausbilden mußten. Denn man kann tatsächlich keine rationelle Pädagogik begründen ohne diese Grundlagen über den gesunden und kranken Menschen. Der Mensch ist eigentlich durch seine innere Wesenheit in der zweiten Lebensepoche, vom Zahnwechsel bis zur Geschlechtsreife, am allergesündesten. Dann beginnt für ihn wieder eine Epoche, wo er unschwer erkrankt. Nun ist das Krankwerden in der ersten Lebensepoche bis zum Zahnwechsel hin im Grunde genommen etwas ganz anderes als das Krankwerden nach der Geschlechtsreife. Diese zwei Möglichkeiten des Krankwerdens sind so verschieden, möchte ich sagen, wie das Bekommen der zweiten Zähne von dem Stimmwechsel bei den Knaben verschieden ist. Das ist so, daß während der ersten Lebensepoche bis zum Zahnwechsel beim Kinde alles ausgeht von der Nerven-Sinnes-Organisation bis in die äußersten Peripherien des menschlichen Organismus. Es geht eigentlich alles aus von der Nerven-Sinnes-Organisation. Die Nerven-Sinnes-Organisation, die noch beim Zahnwechsel prädominiert, die ist es, von der auch die pathologischen Erscheinungen in der ersten menschlichen Lebensepoche ausgehen. Und Sie werden über diese pathologischen Erscheinungen ein totales Urteil, wenn ich mich so ausdrücken darf, bekommen, wenn Sie sich die Sache so anschauen, wenn Sie sich sagen: Da zeigt sich doch ganz klar, daß dasjenige, was vom Nieren-Leber-System ausstrahlt, abgestumpft gewissermaßen wird, plastisch abgestumpft wird vom plastizierenden Prinzip des Nerven-Sinnes-Menschen, und in diesem plastizierenden Element des Nerven-Sinnes-Menschen wirkt nun vorzugsweise dasjenige, was ich in diesen Vorträgen bezeichnet habe als zusammenhängend mit der Ich-Organisation des Menschen und mit der astralischen Organisation des Menschen.

Sehen Sie, es ist merkwürdig, daß ich früher sagen mußte, daß die Ich-Organisation vom Leber-Gallen-System ausgeht, daß die astralische Organisation vom Nierensystem ausgeht, und daß ich jetzt sagen muß: Von der Kopforganisation her kommt alles dasjenige, was mit der Ich-Organisation und mit der astralischen Organisation zusammenhängt. Man kommt nämlich niemals mit der menschlichen Organisation in ihrer ungeheuren Kompliziertheit zurecht, wenn man die Dinge nur so geradlinig beschreibt, daß man also sagt: Ich-Organisation geht aus vom Leber-Gallen-System, astralische Organisation geht aus vom Leber-Nieren-System, und man bleibt dabei. Man muß sich nämlich darüber klar sein, daß in der ersten Lebensepoche des Menschen bis zum Zahnwechsel diese Ausstrahlungen vom Leber- und vom Nierensystem abgestumpft werden vom Nerven-Sinnes-System her, und daß diese Abstumpfung das Wesentliche ist, daß also dasjenige, was für das Ich und die astralische Organisation des Menschen vom Leber-Gallen-System und vom Nierensystem herkommt, sich kurioserweise zeigt als Gegenstrahlung, nicht in seinem direkten Wege von unten nach oben, sondern es zeigt sich von oben nach unten in seiner Gegenstrahlung. Und wir haben die ganze kindliche Organisation eigentlich so, daß wir uns vorzustellen haben: das Astralische strahlt aus vom Nierensystem, die Ich-Organisation strahlt aus vom Lebersystem, aber diese Ausstrahlungen haben keine Bedeutung, sondern das Lebersystem wird gewissermaßen reflektiert vom Kopfsystem, das Nierensystem wird reflektiert vom Kopfsystem, und erst die Reflexion in den Organismus hinein erscheint als das wirksame Prinzip. So daß Sie sich sagen müssen: Wie betrachte ich in dem Kinde die astralische Organisation? – Ich betrachte in dem Kinde die astralische Organisation so, daß ich die Nierenwirkungen betrachte, aber in ihrer Rückstrahlung vom Kopfsystem. Wie betrachte ich in dem Kinde die Ich-Organisation? So, daß ich die Leber-Gallen-Wirkungen betrachte, aber in ihrer Rückwirkung vom Kopfsystem aus. Und das eigentlich physische System und das ätherische System, die wirken von unten nach oben, die physische Organisation mit ihrem Ausgangspunkte im Verdauungssystem, und vom Herz-Lungen-System die ätherische Organisation. Die wirken von unten nach oben, und die andern von oben nach unten für die erste Lebensepoche des Menschen; und in die Strahlung von unten nach oben wirkt hinein jener Rhythmus, der sich zu jener Strahlung von oben nach unten verhält wie vier zu eins.

Es ist schade, daß man das so kurz andeuten muß, aber in diesem, was ich jetzt andeute, liegt tatsächlich der Aufschluß über die Vorgänge des kindlichen Lebensalters. So daß, wenn Sie gerade die auffälligsten Kinderkrankheiten studieren wollen, Sie diese in zwei Gruppen teilen können, daß Sie folgendes herausbekommen müssen: Wenn Sie die auffälligsten Kinderkrankheiten studieren, so werden Sie finden, daß sie auf der einen Seite beruhen darauf, daß dem von unten nach oben Strahlenden das von oben nach unten Strahlende entgegenkommt mit dem Rhythmus von vier zu eins, aber daß das zu keinem Ausgleich kommt. Und wenn dasjenige, was den Rhythmus vier hat, was von unten noch oben strahlt, sich nicht eingliedern will in die menschliche Individualität, während der vererbte Rhythmus der Kopforganisation mit eins eigentlich in Ordnung ist, dann entstehen alle diejenigen Krankheiten, die wir am kindlichen Organismus haben und die dennoch eben Stoffwechselkrankheiten sind, aber solche Stoffwechselkrankheiten, die eben aus einer Stauung gegen das Nerven-Sinnes-System entstehen, so daß sich der Stoffwechsel nicht in der entsprechenden Weise anpassen kann dem, was vom Nerven-Sinnes-System ausstrahlt, und wir bekommen zum Beispiel – ich kann nur Beispiele anführen – jene merkwürdige Blutkrankheit bei den Kindern, die zu einer Art eitrigen Blutes führt. Wir bekommen auch alle anderen Kinderkrankheiten auf diese Weise, die wir als Stoffwechselkrankheiten eben bezeichnen können. – Ist dagegen der Stoffwechselorganismus der kindlichen Individualität angepaßt, sind namentlich die hygienischen Verhältnisse vernünftig, so daß das Kind ordentlich seiner Umgebung angepaßt ist, das heißt, gibt man ihm ordentlich zu essen, ist aber durch irgendwelche Vererbungsverhältnisse das Nerven-Sinnes-System, das von oben nach unten wirkt, und von dessen Wirkungen mitgenommen werden die Ausstrahlungen des Leber-Gallen-Systems und des Nierensystems, nicht in Ordnung, dann entstehen alle krampfhaften Kinderkrankheiten, von denen wir sagen müssen, sie beruhen darauf, daß die Ich-Organisation und die astralische Organisation nicht ordentlich hineinkönnen in die physische und ätherische Organisation.

Von zwei entgegengesetzten Seiten her also entstehen die Krankheiten des kindlichen Organismus. Aber immer ist es so, daß wir beikommen können diesen Erkrankungen des kindlichen Organismus doch nur dadurch, daß wir nach der Kopf- und der Nerven-Sinnes-Organisation hin unser Augenmerk lenken. Denn im Grunde genommen müssen wir auch den Stoffwechsel des Kindes so gestalten, daß er sich nicht nur an die äußeren Verhältnisse anpaßt, sondern daß er sich auch an die Nerven-Sinnes-Organisation anpaßt. In diesem ersten Lebensalter des Menschen bis zum Zahnwechsel ist notwendig, daß wir eine gründliche Erkenntnis des Nerven-Sinnes-Systems eben des Menschen entwickeln, eine praktische Erkenntnis, und daß wir da wirklich darauf sehen, daß beim Kinde alles ausstrahlt von der Kopforganisation, nur eben der Stoffwechsel sich vordrängen kann dadurch, daß er in Ordnung ist und die Kopforganisation durch hereditäre Verhältnisse zu schwach sein könnte.

Wenn nun die zweite Lebensepoche des Menschen eintritt, die vom Zahnwechsel bis zur Geschlechtsreife geht, dann ist der rhythmische Organismus derjenige, von dem selbst alles ausstrahlt. Und wesentlich tätig ist dabei die astralische und die ätherische Organisation des Menschen. In die astralische und in die ätherische Organisation des Menschen strahlt zwischen dem Zahnwechsel und der Geschlechtsreife alles dasjenige hinein, was das Atmungssystem und das Zirkulationssystem in ihren Funktionen vollführen. Weil diese Systeme eigentlich von außen in Ordnung gehalten werden können, ist der Mensch in diesem Lebensalter durch seine eigene Organisation am allergesündesten. Wir können Schulkinder im schulpflichtigen Volksschulalter eigentlich sehr wohl gesundheitlich verderben, wenn wir schlechte hygienische, sanitäre Verhältnisse an sie heranbringen, während wir in der ersten Lebensepoche eigentlich nicht in derselben Weise von außen sorgen können. Das ist dasjenige, was einem eine so ungeheure Verantwortung auferlegt mit Bezug auf den medizinischen Teil der Pädagogik, daß man ganz genau wissen kann aus einer wirklichen Menschenerkenntnis heraus: Du hast im Grunde genommen dasjenige verschuldet, was an Krankheitsursachen im wesentlichen auftritt zwischen dem siebenten und vierzehnten Lebensjahre. Also gerade für das volksschulpflichtige Alter, da ist der Mensch nicht eigentlich von sich abhängig, sondern er paßt sich seiner Umgebung an in seiner Atmung, eben durch das Einatmen der Luft und durch dasjenige, was durch den Stoffwechsel in seiner Zirkulation sich ausdrückt. Der Stoffwechsel hängt immer mit der Gliedmaßenorganisation zusammen. Wenn man die Kinder nicht ordentlich turnen läßt, nicht ordentlich sich Bewegung machen läßt, züchtet man äußere Krankheitsursachen. Das ist dasjenige, was die Grundlage bildet für das Studium einer wirklich ordentlichen Volksschulpädagogik. Es müssen alle Verhältnisse, auch Unterrichtsverhältnisse, so eingerichtet werden, daß man diesem Rechnung trägt.

Sehen Sie, das tut unsere Zeit nicht. Sie können das aus folgendem entnehmen: Es wird in der sogenannten Experimentalpsychologie, die in gewisser Beziehung etwas Großartiges bedeutet – ich kann ihre Bedeutung schon würdigen –, neben anderen Sünden zum Beispiel die Sünde gemacht, nun, daß man sagt: Wenn das Kind diese Stunden hat, ermüdet es so, und wenn das Kind andere Stunden hat, ermüdet es so –, und so weiter. Und daraus schließt man, wie man den Lehrplan machen soll, nach den Ermüdungsverhältnissen, die man so feststellt. Ja, die Frage ist ganz falsch gestellt, die Frage muß anders gestellt werden. Man hat es von dem siebenten bis zum vierzehnten Jahre, Gott sei Dank, nur zu tun mit dem rhythmischen Menschen, der im Prinzip überhaupt nicht ermüdet. Denn wenn er ermüden würde, so könnte unser Herz zum Beispiel seine Bewegungen nicht ausführen, wenn wir schlafen, durch die ganze irdische Lebenszeit hindurch. Ebenso werden unsere Atmungsbewegungen ohne Ermüdung ausgeführt. Wenn also jemand sagt: er muß das berücksichtigen, was als eine große oder geringe Ermüdung sich im Experimente ausdrückt, so müßte er schließen: er hat eigentlich etwas Falsches gemacht, wenn das eintritt. Unser Ideal muß sein, zwischen dem siebenten und vierzehnten Jahre überhaupt nicht auf das Kopfsystem in erster Linie zu wirken, sondern auf das rhythmische System. Das tun wir, wenn wir künstlerisch unsere Erziehung gestalten.[68] Da wirken wir auf das rhythmische System, und da werden wir sehen, daß wir dasjenige, was man heute erforscht aus dem falschen Unterrichte als die Ermüdungsverhältnisse, gerade korrigieren. Man kann nämlich zum Beispiel auch durch falsches Belasten des Gedächtnisses, wenn auch in einer leisen Weise, aber immerhin auf die Atmungsbewegungen einen Einfluß ausüben, der sich dann erst in einem späteren Lebensalter zeigt. Wenn das Kind dann die Geschlechtsreife hat und nachher, dann ist das Entgegengesetzte der Fall. Da tritt wiederum dasjenige auf, was, ich möchte sagen, als Krankheitsursachen da sein kann im Menschen selber, nämlich in seinem eigenen Stoffwechsel-Gliedmaßenorganismus, was dadurch angerichtet wird, daß die Stoffe, die er als Nahrungsmittel aufnimmt, ihre eigenen Gesetze geltend machen, und da haben wir es zu tun mit einer vorherrschenden Wirkung des physischen und ätherischen Organismus in bezug auf die menschliche Organisation.

So daß wir es also zu tun haben beim kindlichen Organismus auf dem Umwege durch das Nerven-Sinnes-System mit der Ich-Organisation und mit der astralischen Organisation; in der Zeit vom Zahnwechsel bis zur Geschlechtsreife vorzugsweise mit einer Wirkung der astralischen und ätherischen Organisation, aber ausgehend vom rhythmischen System. Nach der Geschlechtsreife haben wir es zu tun mit dem Vorherrschen der physischen Organisation und der ätherischen Organisation, ausgehend vom Stoffwechsel-Gliedmaßen-System. Und wir sehen, wie die Pathologie das durchaus bestätigt. Ich brauche nur die typischen Krankheiten anzuführen für das weibliche Geschlecht; wir sehen, wie die eigentlichen Stoffwechselkrankheiten eben nach der Geschlechtsreife aus dem Inneren des Menschen hervorkommen, so daß wir jetzt sagen können: Es prädominiert der Stoffwechsel. Es ist das, was vom Stoffwechsel aus besiegt die Nerven-Sinnes-Organisation, statt sich mit ihr in einen richtigen Einklang zu stellen. Nehmen wir also das Kind vor dem Zahnwechsel, so haben wir ein falsches Vorherrschen des Nerven-Sinnes-System, wenn wir Kinderkrankheiten haben, dann die gesunde Epoche zwischen dem Zahnwechsel und der Geschlechtsreife, nach der Geschlechtsreife: Vorherrschen des Stoffwechsel-Gliedmaßen-Organismus mit seinem schnelleren Rhythmus. Dieser schnellere Rhythmus drückt sich dann aus in alledem, was eben zusammenhängt mit Ablagerungen des Stoffwechsels, die sich einfach dadurch bilden, daß ihnen nicht in der richtigen Weise die plastische Organisation von seiten des Kopfes entgegenkommt, daß sich also gewissermaßen dasjenige, was vom Stoffwechsel ausgeht, unter allen Umständen vordrängt.

Es tut mir außerordentlich leid, daß ich diese Dinge nur kursorisch, aphoristisch darlegen kann. Aber, was ich möchte, das ist, daß wenigstens die Zielgedanken angegeben werden, daß man tatsächlich daraus sieht, daß das Funktionelle im Menschen als das Primäre anzusehen ist, und daß im Grunde Formationen und Deformationen hervorgeholt werden müssen aus diesem Funktionellen. Äußerlich drückt sich das dadurch aus, daß die plastische Gestaltung im Kinde bis zum siebenten Jahre besonders stark wirkt. Die Organe werden so weit in ihrer Plastik gebildet vom Nerven-Sinnes-System aus, daß wir zum Beispiel sagen können: Dasjenige, was an der Zahnplastik geleistet wird bis zum Zahnwechsel, das wiederholt sich dann überhaupt nicht mehr. Dagegen kommt alles dasjenige, was an Durchdringen des Organismus vom Stoffwechsel aus geleistet wird, eigentlich erst in ein völlig neues Geleise, wenn mit der Geschlechtsreife dasjenige eintritt, daß ein Teil des Stoffwechsels eben abgegeben wird an die Geschlechtsorgane und dadurch der Stoffwechsel überhaupt in eine ganz andere Konstitution hineingebracht wird.

Es ist nun außerordentlich wichtig, diese Dinge, die ich jetzt nur so andeutungsweise erwähnt habe, in bezug auf alle Einzelheiten methodisch zu verfolgen, und man wird dann dasjenige, was sich auf diese Weise ergibt, in eine wirkliche wissenschaftliche Ordnung hineinbringen, wenn man es zusammenfaßt mit solchen Dingen, wie ich sie am Schlusse der Stunde von heute morgen angegeben habe, wenn man es wiederum bezieht auf das Weltwirken außerhalb des Menschen.

All demjenigen, was in dieser komplizierten Weise, wie ich es angedeutet habe, ausstrahlt vom Nierensystem, vom Lebersystem, kann man nun beikommen, indem man einfach Veränderungen darinnen hervorruft von außen. Man kann ihm beikommen dadurch, daß man sich hält an dasjenige, was man an der Pflanze beobachten kann in dem, ich möchte sagen, mehr aus dem Vorjahre oder den vorigen Jahren stammenden Wachstumsprinzip und den aus der unmittelbaren Gegenwart stammenden Wachstumsprinzipien. Kehren wir noch einmal zur Pflanze zurück. Da haben wir an der Wurzel und bis hinauf zum Fruchtknoten, bis zur Samenbildung herauf, eigentlich ein für die Pflanze Altes, ein Vorjähriges. Und in dem, was sich namentlich um die Blumenblätter herum ausbildet, haben wir dasjenige, was gegenwärtig ist. Ein Zusammenwirken des Gegenwärtigen mit dem Vergangenen haben wir zu sehen in der Bildung der grünen Laubblätter. Vergangenes und Gegenwärtiges sind da eigentlich als zwei Komponenten zu einer Resultierenden vereinigt. Nun ist in der Natur alles so, daß es sich aufeinander bezieht, wie sich ja im menschlichen Organismus in der komplizierten Weise, wie ich es angedeutet habe, auch alles aufeinander bezieht. Nur muß man die Wege der Beziehungen kennenlernen. Es ist in der Natur alles in gegenseitiger Beziehung, und wenn wir diese Beziehungen, die sich da an der Pflanze zeigen, ich möchte sagen, in einer einfacheren Schematik verfolgen wollen, dann finden wir das Folgende: Wir finden alles das, was man in einer älteren, instinktiven Medizin – die wir durchaus nicht erneuern wollen, ich möchte sie nur erwähnen, damit wir uns besser verstehen können – das Phosphor-, das Sulphurartige genannt hat, in demjenigen, was sich ausbildet als das Heurige, als das Diesjährige in der Blüte, ausgeschlossen den Fruchtknoten mit der Narbe. So daß man, wenn man aus diesen Pflanzenteilen, aus diesen Organen einen Tee bereitet, also auch das mineralisch Wirksame herausnimmt, das Phosphor-, das Sulphurartige erhält.[69] Es ist ganz falsch, wenn man glaubt, daß die älteren Mediziner unter Phosphor und Schwefel dasjenige verstanden haben, was man heute in der Chemie darunter versteht, sondern es ist dasjenige darunter verstanden, was ich jetzt eben gekennzeichnet habe. Und ein Tee, der zum Beispiel aus roten Mohnblättern entsprechend bereitet ist, wäre im Sinne der älteren Medizin ein Phosphor-, ein Sulphurartiges.

Dagegen, wenn ich in einer gewissen Weise die grünen Laubblätter zubereite – wenn Sie Fichtennadeln nehmen, ist das natürlich etwas wesentlich anderes, als wenn Sie Kohlblätter nehmen und daraus einen Absud machen –, dann bekommen Sie dasjenige, was im alten Stile als das Merkurialische bezeichnet wurde. Das ist das Merkurialische, nicht das Quecksilber in unserem Sinn.

Und alles dasjenige, was mit dem Wurzelhaften, mit dem Stamm-, mit dem Samenhaften zusammenhängt, ist für die ältere Medizin das Salzartige gewesen. Diese Dinge sage ich nur zur Verdeutlichung. Wir können heute mit unserer naturwissenschaftlichen Erkenntnis nicht an die alten Erkenntnisse anknüpfen, aber wir müssen dennoch Versuchsreihen haben, die uns zeigen, wie auf der einen Seite, sagen wir, ein Absud aus irgendeiner Pflanzenwurzel auf die Kopforganisation, folglich auch auf die Kinderkrankheiten wirkt.

Wir werden ein ungeheuer bedeutsames regulatives Prinzip haben, wenn wir einfach Versuche anstellen über die Wirkung desjenigen, was wir herausbekommen aus namentlich dem Wurzelartigen, auch dem Samenartigen der Pflanze auf die kindliche Organisation bis zum Zahnwechsel. Wir bekommen dann für alles dasjenige, was ähnlich ist dem, was eben von außen akquiriert werden muß – im Grunde genommen müssen alle Krankheiten, die in der Hauptsache zwischen dem Zahnwechsel und der Geschlechtsreife erworben werden, von außen akquiriert werden –, Heilmittel, also wenigstens Mittel, die wirken auf das von außen Kommende, indem wir uns Präparate bereiten aus dem Laubartigen, aus dem Blätterartigen. Das ist das Merkurialische im älteren Sinne, das uns tatsächlich verstärkt vorliegt in dem Merkurius, in dem Quecksilber, aber nicht identisch ist damit. Daß das Quecksilber ein Spezifikum, ein Heilmittel ist für ausgesprochen äußerlich Akquiriertes, also für gewisse Geschlechtskrankheiten, das hängt durchaus damit zusammen. Alles, was als Geschlechtskrankheiten auftritt, ist im Grunde genommen nur die potenzierte Fortsetzung von Erkrankungen, die in der zweiten Lebensepoche in einer außerordentlich milden Form auftreten können. Aber der Art nach sind selbst die Geschlechtskrankheiten nur eine potenzierte Form desjenigen, was von außen akquiriert werden kann vom siebenten bis zum vierzehnten Jahre, gerade bis zur Geschlechtsreife hin. Es werden keine Geschlechtskrankheiten daraus, weil der Mensch bis zu diesem Alter eben noch nicht geschlechtsreif ist. Sonst würde sich gar manches, was an Krankheiten erworben werden kann, gar sehr auf die Geschlechtsorgane abladen. Und derjenige, der nun wirklich beobachten kann diesen Übergang vom elften, zwölften, dreizehnten in das vierzehnte bis zum fünfzehnten, sechzehnten Jahr, der sieht, wie sich in diesem Lebensalter dasjenige, was früher in einer ganz anderen Weise auftritt, in Abnormitäten des Geschlechtslebens ausprägt. Und dann kommen eben diejenigen Krankheiten des Menschen, die ihren hauptsächlichsten Sitz im Stoffwechsel haben können, insofern der Stoffwechsel gebunden ist an das physische System des Menschen und an das ätherische System des Menschen, und die im Zusammenhang betrachtet werden müssen mit denjenigen Wirkungen, welche gebunden sind an dasjenige, was in dem eigentlichen Blütenhaften der Pflanze drinnen ist.

Wenn man diese Dinge in der skizzenhaften Art hinstellt, wie ich es leider tun mußte, so kann einem vieles phantastisch erscheinen. Aber die Dinge sind alle in ihren Einzelheiten verifizierbar, und dasjenige, was da zugrunde liegt an Schwierigkeiten, mit diesen Dingen heute wirklich heranzukommen an die offizielle Medizin, ist eben das, daß es zunächst scheinbar unübersehbar ist, was uns da auftritt, weil wir ja überall mit solchen Komplikationen im menschlichen Organismus rechnen müssen, wie diejenige ist, die Ihnen ganz besonders aufgefallen sein wird, als ich heute zu sprechen angefangen habe und so charakterisieren mußte, daß es scheinbar gar nicht stimmte mit dem, was ich vormittags gesagt habe. Das aber klärt sich dadurch auf, daß wir sehen, daß dasjenige, was von der Leber-Nieren-Organisation ausgeht, eben zuerst in seinen Gegenwirkungen auftritt und dann darstellt etwas, was eben dann wesentlich ist für den Ich-Organismus und für den astralischen Organismus des Menschen. Das tritt da ganz besonders stark auf. Aber in einer ähnlichen Weise ist auch ein unmittelbares Zusammenwirken und Gegeneinanderwirken zwischen dem Blutkreislaufrhythmus und dem Atmungsrhythmus im mittleren Menschen vorhanden, so daß auch da manches gesucht werden muß, was vom Blutrhythmus ausgeht erst in dem Gegenschlag des Atmungsrhythmus und umgekehrt.

Wenn Sie dasjenige, was ich nun gesagt habe, verbinden damit, daß zum Beispiel die Ich-Organisation des Menschen eigentlich lebt im Wärmemenschen, wie ich heute vormittag sagte, und der Wärmemensch durchdringt dann den Luftmenschen, den gasigen Menschen, und wenn wir eine solche Wirkung haben wie diejenige, welche vom Ich-Organismus und vom astralischen Organismus ausgeht, so haben wir darinnen physisch angesehen etwas, was vorzugsweise herauswirkt aus der Wärmeorganisation und aus der gasigen, aus der luftförmigen Organisation. Das haben wir aber in dem frühen kindlichen Organismus zu sehen. Wir haben also zu sehen den Ursprung der Kinderkrankheiten durch ein Studium der Wärmeorganisation und Luftorganisation des Menschen. Und die Wirkungen, die nun auftreten, wenn wir herankommen an die Wärmeorganisation und an die Luftorganisation mit den Präparaten, die wir bereiten aus Wurzeln oder Samen, diese Wirkungen rühren daher, daß zwei polare Wirkungsweisen aufeinanderstoßen, wovon die eine die andere erregt. Dasjenige, was wir hineinbringen in den Organismus, was entsteht aus der Samenorganisation und der Wurzelorganisation, erregt eben alles dasjenige, was aus der Wärmeorganisation und aus der Luftorganisation des Menschen hervorkommt. Und damit wollte ich Ihnen nur andeuten, wie wir auf der einen Seite, wenn wir die Wirkungen betrachten, die von oben nach unten gewissermaßen verlaufen, von vornherein im Menschen veranlagt haben eine Wärme-Luftvibration, die in der Kindheit am stärksten ist, obwohl es nicht eine Vibration ist, sondern eine zeitlich verlaufende organische Struktur. Und dasjenige, was wieder im physisch-ätherischen Organismus des Menschen von unten nach oben verlaufend ist, das ist dann die feste und die flüssige Organisation des Menschen. Beide stehen miteinander dadurch in Wechselwirkung, daß gewissermaßen die flüssige und die gasförmige Organisation sich in der Mitte durchdringen und ebenso eine Zwischenstufe der Aggregatzustände hervorrufen, wie die Ihnen bekannte Zwischenstufe der Aggregatzustände zwischen dem Festen und Flüssigen im menschlichen Organismus vorhanden ist durch das Durchdringen. Ebenso aber müssen wir suchen im menschlichen lebenden und empfindenden Organismus eine Zwischenstufe zwischen dem Flüssigen und zwischen dem Gasförmigen und wiederum eine Zwischenstufe zwischen dem Gasförmigen und dem Wärmehaften.

Und sehen Sie, alles dasjenige, was sich, ich möchte sagen, auf diese Art physiologisch ausdrückt, das hat seine Bedeutung für die Pathologie und die Therapie. Nicht wahr, indem wir hinschauen auf den Menschen, der in dieser Weise kompliziert organisiert ist, ist das der Fall, daß ein Organsystem in das andere Organsystem fortwährend seine Wirkungen hineinergießt. Wenn Sie nun die ganze organische Wirkung betrachten, die sich zum Beispiel in einem Sinnesorgan, sagen wir vorzugsweise im Ohre, ausdrückt, so haben Sie das Folgende: Ich-Organisation, astralische Organisation, ätherische, physische Organisation wirken in einer gewissen Weise zusammen, so daß der Stoffwechsel durchdringt das Nerven-Sinnes-Wesen, daß das durchrhythmisiert wird von dem Atmungsvorgange, insofern er in das Gehörorgan hineinwirkt, durchorganisiert, durchrhythmisiert wird vom Blutrhythmus, insofern er in das Gehörorgan hineingeht. In jedem einzelnen Organe drückt sich in einem gewissen Verhältnis dasjenige aus, was ich in einer verschiedenen Weise drei-, vierfach – durch den dreigliedrigen Menschen, durch die vierfache Organisation, wie ich sie angeführt habe – versuchte, Ihnen auf diese Weise durchsichtig zu machen. Aber schließlich ist beim Menschen alles in Metamorphose. Was zum Beispiel hier in der Ohrgegend normal auftritt – warum nennen wir es normal? Weil es in der Weise auftritt, wie es eben auftritt, damit der Mensch zustande kommt und so zustande kommt, wie er auf der Erde herumläuft. Es gibt keinen anderen Grund, daß wir das normal nennen. Wenn aber diese besonderen Verhältnisse, die da im Ohre namentlich gestaltend wirken durch die Lage des Ohres, namentlich dadurch, daß das Ohr an der Peripherie des Organismus ist, so wirken, daß, sagen wir, an irgendeiner Stelle im Inneren des Organismus durch Metamorphose ein ähnliches Verhältnis, ein ähnliches Wechselverhältnis zu all diesen Gliederungen entsteht, statt des Wechselverhältnisses, das dort an jener Stelle gerade das angemessene ist, dann gliedert sich an dieser Stelle etwas ein, was eigentlich ein Ohr werden will; verzeihen Sie mir die skizzenhafte Andeutung, aber man kann nicht anders sagen, was ich sagen will, wenn man es skizzenhaft sagen muß. Es gliedert sich zum Beispiel in der Gegend des Magenpförtners ein, statt desjenigen, was dort entstehen sollte. Sie haben auf diese Weise durch eine pathologische Metamorphose den Ursprung der Geschwulstbildung zu sehen. In der Tat sind alle Geschwulstbildungen bis zum Karzinom deplazierte Versuche von Sinnesorganbildungen, und wenn Sie daher eine solche pathologische Bildung haben und Sie durchschauen in der richtigen Weise den menschlichen Organismus, dann finden Sie, welchen Anteil in der kindlichen Organisation, schon in der embryonalen Organisation, der Wärmeorganismus und der Luftorganismus haben, um diese Organe zustande zu bringen. Diese Organe können nämlich durch den Wärme- und Luftorganismus nur dadurch in der richtigen Weise zustande kommen, daß ihnen der flüssige Organismus und der feste Organismus entgegenwirken, und daß da eine Resultierende aus Komponenten entsteht. Das heißt, es ist notwendig, daß wir auf dieses Verhältnis hinschauen, in dem der physische Organismus, insofern er sich zum Beispiel durch den Stoffwechsel zum Ausdruck bringt, zu dem plastizierenden Organismus, insofern er sich im Nerven-Sinnes-System zum Ausdruck bringt, steht. Wir müssen gewissermaßen sehen, wie ausstrahlt aus dem Stoffwechselorganismus dasjenige, was den Stoff eben radial trägt, und wie dann der Stoff plastisch geformt wird in den Organen durch dasjenige, was eben das Nerven-Sinnes-System entgegenträgt.

Wenn wir das ins Auge fassen, dann sagen wir uns, auf welche Weise wir an eine Geschwulstbildung wirklich herankommen können. Wir können an eine Geschwulstbildung nur dadurch herankommen, daß wir uns sagen, es ist ein falsches Verhältnis zwischen dem physisch-ätherischen Organismus einerseits, insofern er sich in dem ausstrahlenden Stoffwechsel ausdrückt, und zwischen dem Ich-Organismus und dem astralischen Organismus andererseits, indem sie sich ausdrücken in dem Wärmeorganismus und in dem Luftorganismus. Wir haben also vor allen Dingen, wenn wir die äußersten Grenzen nennen, das Verhältnis des Stoffwechsels zur Wärmeorganisation des Menschen ins Auge zu fassen, und wir erreichen das am besten gegenüber einer Geschwulst, namentlich wenn sie im Innern sitzt, aber auch im Äußeren ist das möglich – ich werde dann morgen namentlich im therapeutischen Teil über diese Dinge sprechen – dadurch, daß wir die Geschwulst umhüllen mit einem Wärmemantel. Es muß uns nur gelingen, die Geschwulst zu umhüllen mit einem Wärmemantel. Der ruft eine radikale Umänderung der ganzen Organisation hervor. Gelingt es uns, die Geschwulst zu umgeben mit einem Wärmemantel, dann – primitiv gesprochen – gelingt es uns auch, sie aufzulösen. Das wird eben in Wirklichkeit erreicht, wenn in ganz entsprechender Weise solche Mittel angewandt werden, wie sie Ihnen von unseren ärztlichen Freunden gewiß angegeben worden sind, wenn solche Mittel durch Injektion zur Wirkung gebracht werden im menschlichen Organismus. Hat man gerade die spezifische Wirkung herausbekommen auf das eine oder andere Organsystem, dann kann man sicher sein, daß in jedem Fall durch ein Viscum-Präparat[70], wie wir es anwenden, um das betreffende abnorme Organ – denn ein solches ist zum Beispiel das betreffende Karzinom – ein Wärmemantel gebildet wird. Man kann nicht dasselbe anwenden bei einem Brustkarzinom, bei einem Uteruskarzinom, bei einem Pförtnerkarzinom. Man muß studieren, welchen Weg dasjenige nimmt, was man durch die Injektion hervorruft, aber Sie erreichen niemals etwas, wenn Sie nicht eine wirkliche Wirkung zustande bringen. Und diese Wirkung drückt sich aus dadurch, daß Fieber zustande kommt. Es muß also die Injektion gefolgt sein von einem Fieberzustande. Sie können von vornherein mit einem Mißerfolg rechnen, wenn Sie nicht Fieberzustände hervorrufen.

Ich wollte das im Prinzip anführen, damit Sie sehen, wie auf einer Ratio diese Dinge beruhen, aber die Ratio soll nur regulatives Prinzip sein. Sie werden sehen, daß dasjenige, was durch diese regulativen Prinzipien behauptet wird, verifiziert werden kann auf die Weise, wie überhaupt solche Tatbestände nach den Gewohnheiten der heutigen Medizin verifiziert werden. Wir wollen auch gar keinen Anspruch darauf erheben, daß diese Dinge irgendwie als Behauptungen hingenommen werden sollen, bevor die Verifizierung da ist. Aber die Sache liegt doch so, daß derjenige, der heute sich diese Sachen wirklich angelegen sein läßt, merkwürdige Entdeckungen machen kann.

Alles dasjenige, was ich Ihnen heute darstellte – wenn auch die skizzenhafte Darstellung etwas verwirrend sein mag, aber es wird schon klar, wenn Sie nur auf die Sache eingehen –, werden Sie auf einer Seite in einer merkwürdigen Weise belegt finden, wenn Sie nur die richtigen Tatsachen auf der einen Seite nehmen, die in der Literatur verzeichnet sind – irgendwo sind diese Dinge verzeichnet, die Sie tatsächlich schon in der Nähe des heute dargestellten Bildes bringen können –, namentlich wenn Sie das in Zusammenhang tun mit etwas anderem, wenn Sie das in Zusammenhang bringen mit den zahlreichen Bemerkungen, die Sie in der Literatur finden: bis hierher kommt man, aber dann nicht weiter.

Sie werden also von zwei Seiten her aus der schon bestehenden Medizin durchaus das bestätigt finden, daß sich dasjenige ergibt, was ich heute skizzenhaft angedeutet habe. Ich werde nun mir erlauben, morgen einiges Therapeutische hinzuzufügen, dann wird sich manches von dem, was heute vielleicht durch die skizzenhafte Art der Darstellung nicht ganz klar wurde, schon weiter aufklären.

Nachwort

Die anthroposophisch orientierte Medizin ist eine Erweiterung der Heilkunst, d. h. sie schließt die Ergebnisse der naturwissenschaftlichen Forschung auf medizinischem Gebiet voll *ein*, sieht diese jedoch nicht isoliert, sondern in konkretem Zusammenhang mit dem Wirken von Seele und Geist. Das Wesen des Menschen ist nicht auf seinen Körper beschränkt, sondern dieser ist Ausdruck seiner Persönlichkeit, der Individualität. Daher ist auch Krankheit kein rein körperliches Problem, sondern letztlich ein geistiges. Dies wird heute durchaus vielfach empfunden: Einerseits sind seelische Ursachen von Krankheiten der psychosomatischen Medizin wohlbekannt. Andererseits finden «Geistheiler» der verschiedensten Art und Herkunft immer mehr Gehör und Zulauf, was sicher nicht in diesem Maße der Fall wäre, wenn die heutige Medizin sich nicht nur auf die naturwissenschaftliche Grundlage beschränken würde. Auch die Heil-Praktiken der östlichen Welt werden immer mehr von westlichen Kulturen aufgenommen – zumeist ohne in ihrem Gehalt recht verstanden zu werden. Diese in ihrer Grundhaltung doch so verschiedenen therapeutischen Methoden stehen als «alternative Medizin» in keinerlei wirklicher Verbindung mit dem Wissen und der Praxis der naturwissenschaftlichen Medizin, ja diese stehen im Gegensatz zueinander oder laufen doch wenigstens parallel nebeneinander her ohne Verständnis füreinander.

Die anthroposophische Medizin ist keine Alternativ-Medizin, denn sie stellt sich in keinerlei Gegensatz zu den Ergebnissen der materiellen Forschung, schließt jedoch konkret die geistigen Forschungsergebnisse ein. Gerade die Überwindung dieser heutigen Spaltung zwischen Geist und Materie ist das Hauptanliegen der modernen Geisteswissenschaft, wie sie Rudolf Steiner begründet hat.

«Es handelt sich nicht darum, religiös oder philosophisch auf der einen Seite zu konstatieren: der Mensch trägt in sich eine unsterbliche Seele – und dann Anthropologie, Biologie, Physik und Chemie zu treiben, so als ob man nur materielle Prozesse vor sich hätte, sondern es handelt sich hier darum, dasjenige, was man an Erkenntnis über das Seelisch-Geistige gewinnen kann, auf die Einzelheiten des Lebens anzuwenden, hineinzuschauen in den Wunderbau des Leibes selber. – Es kommt darauf an, eben die Materie nicht als Materie, sondern die Materie als die Offenbarung des Geistes zu sehen. Dann bekommt man auch gesunde, inhaltserfüllte Anschauungen über den Geist. Dann aber bekommt man auch eine Geisteswissenschaft, welche fruchtbar sein kann für die Wissenschaften des Lebens.

Denn das ist das Wesentliche der Geisteswissenschaft, daß sie nicht in Abstraktionen von einem nebulösen Geistigen spricht wie die Mystiker, sondern daß sie den Geist verfolgt in seine materiellen Wirkungen hinein, daß sie nirgends das Materielle so begreift wie es die heutige äußere Wissenschaft begreift, sondern überall bei der Betrachtung des Materiellen zum Geistigen vordringt.

Man ist erst dann ein Geisteswissenschafter, wenn man sich klar darüber wird, daß dieser materielle Leib mit seinen materiellen Prozessen ein Geschöpf des Seelischen ist. Wenn man im einzelnen versteht einzugehen darauf, wie das Seelische, das vor der Geburt oder sagen wir vor der Empfängnis des Menschen da war, wirkt, wie dieses Seelische gestaltet, wie es plastiziert an dem Aufbau, ja an der Substantiierung des menschlichen Leibes, wenn man überall die unmittelbare Einheit dieses Leibes und des Seelischen wirklich durchschauen kann, und wenn man durchschauen kann, wie durch die Wirksamkeit des Geistig-Seelischen im Leibe dieser Leib als solcher abgebraucht wird, dieser Leib in jeder Minute partiell stirbt, und wie dann im Momente des Todes nur, ich möchte sagen, die radikale Ausgestaltung desjenigen geschieht, was durch die Einwirkung des Seelisch-Geistigen auf den Leib in jedem Augenblick vor sich geht, wenn man dieses lebendige Wechselspiel, dieses fortwährende Wirken der Seele im Leibe durchschaut, wenn man das im einzelnen Konkreten durchschaut, wenn man bestrebt ist, zu sagen: Das Seelische gliedert sich auseinander in ganz konkrete Prozesse, *so* geht es über in die Prozesse des Leberwirkens, *so* geht es über in die Prozesse der Atemwirkung, *so* in die der Herzwirkung, *so* in die der Gehirnwirkung, kurz, wenn man bei der Schilderung des Materiellen im Menschen das Leibliche des Menschen als das Ergebnis eines Geistigen darzustellen versteht, dann ist man Geisteswissenschafter.» (Rudolf Steiner: «Hygiene als soziale Frage», Vortrag 7. 4. 1920, in GA 314)

Das Menschenbild, das der anthroposophischen Geisteswissenschaft zugrunde liegt, zeigt, daß im Menschen zwei in sich polare Kräfte wirksam sind, die über das Nerven-Sinnes-System einerseits und das Stoffwechsel-System andererseits verlaufen (siehe hierzu den 4. Vortrag S. 74f.). Als einen Repräsentanten des Nerven-Sinnes-Systems kann man die Nerven als solche ansehen ebenso wie für das Stoffwechsel-System das Blut. Ihre gegensätzliche Dynamik führt zu zwei polaren Krankheitstendenzen, nämlich den verhärtenden, «kalten» Krankheiten, die mit Ablagerungen oder auch z. B. Geschwulstbildungen einhergehen, und den polaren Tendenzen, die zu entzündlichen, «heißen» Krankheiten führen, die mit Fieber und Auflösung verbunden sind.

«Was wir als die Impulse von Entzündungserscheinungen da oder dort finden, wir finden es fortwährend im flüssigen Blute als die normalen Vorgänge. Was da an Entzündungen erscheint, das sind an unrechte Stellen, das heißt an die gestalteten festen Stellen hingedrängte Vorgänge, die fortwährend im fließenden Blute stattfinden müssen. Ein absolut normaler, gesunder Prozeß disloziert, an eine andere Stelle gestellt, wo er nicht hingehört, ist ein krankmachender Prozeß. Und gewisse Krankheiten des Nervensystems bestehen gerade darin, daß das Nervensystem, das polarisch entgegengesetzt ist in seiner ganzen Organisation dem Blutsystem, die Einwanderung der im Blute normalen Prozesse erfahren muß. Wenn diese Prozesse, die in den Blutbahnen normale Prozesse sind, sich hinüberdrängen in die Nervenbahnen, dann werden die Nervenbahnen, und das geschieht beim leisesten Eindringen, von Entzündungen ergriffen, die ganz im Anfange der Entzündlichkeit stehen, und wir bekommen die verschiedenen Formen des kranken Nervensystems heraus.

Ich sagte, in den Nerven sind ganz andere Vorgänge als im Blute, die entgegengesetzten Vorgänge. Im Blut sind nach dem Phosphorigen hindrängende Vorgänge, Vorgänge, die eben, wenn sie als phosphorige Vorgänge das das Blut Umgebende oder das dem Blute Benachbarte ergreifen, zu Entzündlichem führen. Wenn Sie die Vorgänge in den Nervenbahnen verfolgen und diese auswandern in die anderen benachbarten Organe oder auch ins Blut hinein, dann entstehen die Impulse für alle Geschwulstbildungen beim Menschen. Wenn das ins Blut hinübergetragen wird, so daß das Blut dann in ungesunder Weise die anderen Organe versorgt, dann entstehen die Geschwulstbildungen. So daß wir sagen können: Jede Geschwulstbildung ist ein metamorphosierter Nervenprozeß an unrechter Stelle im menschlichen Organismus.

Sie sehen, was im Nerv läuft, muß im Nerv bleiben, was im Blute läuft, muß im Blute bleiben. Geht, was dem Blute angehört, hinüber in die Nachbarschaft, entstehen Entzündungen. Geht, was dem Nerv angehört, hinüber in die Nachbarschaft, so entstehen allerlei Bildungen, die man nur unter dem Trivialnamen Geschwulstbildung zusammenfassen kann. Aber es muß gerade zwischen den Vorgängen im Nervensystem und zwischen den Vorgängen im Blutsystem ein richtiger Rhythmus stattfinden.» (Rudolf Steiner, Vortrag 9. 11. 1923; in: «Der Mensch als Zusammenklang des schaffenden, bildenden und gestaltenden Weltenwortes», GA 230)

Dieses Konzept der Krankheit schließt die gegensätzlichen Tendenzen der Krankheiten ein, was besagt, daß die eine Tendenz die andere aufheben kann. Diese Schlußfolgerung ist von größter praktischer Wichtigkeit, da sie bedeutet, daß eine von uns als Krankheit empfundene Äußerung des Organismus zugleich ein Versuch sein kann, eine gegenteilige Entwicklung aufzuheben. Mit anderen Worten, die Krankheit hätte dann eine heilsame, gesundende Wirkung. Diese Entdeckung Rudolf Steiners, daß eine Krankheit geradezu ein Heilmittel für eine andere Krankheit sein kann, war nur möglich aufgrund der Einsicht in die Dreigliederung des menschlichen Organismus. Krankheit ist somit nichts primär Negatives, das es nur zu bekämpfen oder auszurotten gilt. Dieses Vorgehen müßte notwendigerweise eine Verschiebung im menschlichen Organismus bewirken, die ihrerseits andere Krankheiten hervorruft. Die «Beherrschung» bzw. grundsätzliche Dämpfung aller fieberhaften Krankheiten muß notwendigerweise die Zunahme der anderen Krankheitstendenz, die der Ablagerungen und Geschwulstbildungen zur Folge haben. (Dies ist näher ausgeführt in Fr. Husemann/ O. Wolff: «Das Bild des Menschen als Grundlage der Heilkunst», Band II/1, Kapitel: Entzündung und Sklerose. Stuttgart 1974.)

Das weitere Ergebnis dieser Einsicht in die menschlichen Bildungstendenzen ist auch der sich daraus ergebende Begriff der Gesundheit, die nicht ein Fehlen von Krankheit ist, sondern ein Gleichgewicht innerhalb polarer Krankheitstendenzen. Jede davon ist ein notwendiges Geschehen im menschlichen Organismus, das seinen Krankheitswert erst dadurch erhält, daß es am falschen Ort oder zur falschen Zeit auftritt. Die Gesundheit liegt in der Mitte und ist getragen vom rhythmischen System, von dem der Urheilungsimpuls ausgeht, der stets mit der Kraft der Mitte verbunden ist, die den Ausgleich bewirkt. Gesundheit ist ein aktiver Prozeß und kann nur errungen werden durch das Beherrschen der beiden polaren Krankheitstendenzen, nicht durch deren Ausrottung oder Verhinderung.

»Es gibt keine Möglichkeit, der Krankheit zu entkommen, wenn man die Gesundheit haben will. Jede Möglichkeit, sich gegen die äußeren Einflüsse stark zu machen, beruht auf der Möglichkeit, Krankheit zu haben, krank zu sein. So ist die *Krankheit* die *Bedingung der Gesundheit*. Das ist ein ganz realer Werdegang. Das ist geradezu die Folgerung und Gabe der Krankheit, daß das Starke vom Menschen erworben werden muß. Was beim Ausschlagen des Pendels überlebt, das hat die Frucht der Immunität aus der Krankheit – und sogar über den Tod hinaus.

Wer etwas weitergeht, wird gerade daraus eine Art von Verständnis für das Wesen der Krankheit und das Wesen des Todes gewinnen. Wollen wir die Stärke, die Gesundheit, dann müssen wir ihre Vorbedingung, die Krankheit, mit in den Kauf nehmen. Wollen wir stark sein, dann müssen wir uns gegen die Schwäche schützen, indem wir die Schwäche in uns selber aufnehmen und in Stärke verwandeln. Wenn man dies lebendig auffaßt, wird es uns Krankheit und Tod begreiflich machen. Diese Begriffe wird die geisteswissenschaftliche Bewegung der Menschheit bringen. Heute mag das für viele noch etwas sein, was nur zum Verstande spricht. Wenn aber der Verstand die Sache völlig aufgenommen haben wird, dann wird das eine tiefe harmonische Gemütslage im Menschen bewirken, dann wird das Lebensweisheit werden.» (Rudolf Steiner, Vortrag 13. 12. 1906; in: «Die Erkenntnis des Übersinnlichen in unserer Zeit», GA 55)

Heilen heißt somit nicht Wegbringen oder Befreien von einer Krankheit, sondern diese überwinden; es heißt auch nicht das Wiederherstellen eines früheren Zustandes, sondern das erneute Erringen der Gesundheit auf einer höheren Ebene, wodurch der Mensch einen Kraftzuwachs erfahren hat, er stärker geworden ist. Dies kann auf organisch-physischer Ebene geschehen: der gebrochene Knochen ist an der Heilungsstelle stärker; nach einer Infektionskrankheit besteht eine gesteigerte Immunität usw. Dies kann aber auch auf höherer Ebene geschehen: gerade hier kann sich erst ein Verständnis für die Krankheit ergeben, wenn man sie nicht nur organisch betrachtet, sondern dieses als Ausdruck und Übungsfeld von Seele und Geist auffaßt. Deshalb hat Rudolf Steiner die Krankheit «als einen mächtigen Erzieher in unserem Leben» bezeichnet, die das Ziel hat, den Menschen höher zu bringen in seiner Entwicklung. (Vortrag 19. 5. 1910, in «Die Offenbarungen des Karma», GA 120)

Dies gilt auch dann, wenn die Krankheit mit dem Tode endet (siehe dazu hier den 5. Vortrag, S. 94ff.). Auch dann noch sollte die ärztliche Tätigkeit im Sinne eines Anstrebens der Heilung geschehen, selbst wenn diese keinesfalls mehr zu erreichen ist. Für den Patienten bzw. den dann Verstorbenen zählt die Anstrengung in der Überwindung der Krankheit, nicht der Effekt. Wenn dies außer acht gelassen wird, dann handelt man einseitig und ist nur auf das organische Leben bedacht ohne Berücksichtigung der Seele und des Geistes, auf die es aber letztlich ankommt.

Das Überwinden der Krankheit, um die Heilung zu erreichen, bedeutet freilich eine Anstrengung für den Organismus. Die Aufgabe des Arztes ist es dabei, die Reaktionen zu lenken, was wiederum Einsicht in deren Bedeutung erfordert. Die betreffenden erforderlichen Maßnahmen müssen sich aus dem Verständnis der jeweiligen Abweichung ergeben. Rudolf Steiner wies darauf hin, «daß man nicht einseitig, bloß therapeutisch sich orientiert, sondern daß man die Therapie vollständig herausarbeitet aus der Pathologie. Das ist es gerade, was wir hier versuchen wollen, daß eine gewisse Ratio hineinkommt in dasjenige, was sonst doch nur ein empirisch-statistisches Denken ist». (Vortrag 24. 3. 1920, in «Geisteswissenschaft und Medizin», GA 312)

Solch ein begründetes Verständnis der Wirkungen von Heilmitteln auf den Menschen ergibt sich aus dem Durchschauen seines Zusammenhanges mit der Natur. In früheren Zeiten war es dem Menschen unmittelbar erlebbar, daß der Mensch das Tierreich, Pflanzenreich und Mineralreich in gewisser Weise in sich hat, daß der Mensch ein Mikrokosmos ist und als solcher das Bild des Makrokosmos. Heute ist es möglich, diesen Zusammenhang konkret zu studieren und so z. B. die Organe oder Funktionsbeziehungen zwischen dem Menschen und einer Pflanze erlebbar zu machen. Diese dynamische Verbindung ist durch die naturwissenschaftliche Denkweise auf ein substantielles Geschehen reduziert worden. «Die neuere Wissenschaft ... untersucht eben die Pflanzen auf ihre chemischen Bestandteile und versucht dann irgendwie die Bedeutung dieser chemischen Bestandteile auf den Menschen zu studieren; versucht dann evtl. noch sich Vorstellungen zu bilden über die Wirkung der Substanzen auf den gesunden und kranken Menschen. Aber all dies liefert im Grunde nur Erkenntnisfinsternis um den Menschen. Es handelt sich heute durchaus darum, wenn man auf Grundlage geschichtlicher Einsicht in Menschenerkenntnis vorzurücken geneigt ist, die Beziehung des Menschen zur außermenschlichen Natur wiederum kennenzulernen. – Wieder müssen wir in die intimen Beziehungen des natürlichen Daseins und seines Verhältnisses zum Menschen hineingelangen. Nur dann, wenn wiederum solche Beziehungen erkannt werden, wird eine wirkliche Einsicht in den gesunden und kranken Menschen da sein können. Sonst bleibt es bei aller Heilmittellehre lediglich beim Probieren, ohne daß man den inneren Zusammenhang sieht. – Die Menschenerkenntnis wird sich nur erwerben lassen, wenn man wiederum die Beziehung des Menschen zu den umliegenden Naturreichen zu erfassen vermag.» (Rudolf Steiner, Vortrag 30. 12. 1923, in «Weltgeschichte in anthroposophischer Beleuchtung und als Grundlage der Erkenntnis des Menschengeistes», GA 233)

Ein umfassendes Bild des Menschen und eine Naturbetrachtung, die das Substanzgeschehen als Ausdruck wirkender Geisteskräfte sieht, können für die Zukunft die Grundlage einer neuen Heilkunst sein. In früheren Zeiten erlebten die Menschen unmittelbar das Wirken göttlicher Schöpfermächte in den Naturreichen. Dies muß heute unter Einbeziehung der naturwissenschaftlichen Forschungsergebnisse auf neue Weise wieder errungen werden. «Im Grunde genommen ist alles dasjenige, was im Medizinischen fruchtbar ist, heute entweder aus alten Zeiten stammend, eine Nachwirkung desjenigen, was man von den Göttern des Merkur erfahren hat, oder aber es muß gefunden werden wiederum durch diejenigen Methoden, die den Menschen anleiten, Umgang mit den Göttern zu haben, von den Göttern lernen zu können. Die alte Weisheit ist versiegt, verschwunden; eine neue Weisheit, die wiederum auf dem Umgang mit den Göttern beruht, muß gefunden werden. Das ist die Aufgabe der Anthroposophie auf den verschiedensten Gebieten.» (Rudolf Steiner, Vortrag 24. 5. 1924, in «Esoterische Betrachtungen karmischer Zusammenhänge», GA 239)

Anmerkungen

Die Texte Rudolf Steiners werden nach der Rudolf-Steiner-Gesamtausgabe (GA), Dornach, Schweiz, zitiert.

1 Vorträge 13. 12. 1906, in GA 55; 3. und 5. 12. 1907, in GA 56.
2 Die Unterscheidung der «vier Wesensglieder» des menschlichen Organismus ist das Ergebnis geisteswissenschaftlicher Forschung. Dem Geistesforscher sind die übersinnlichen Glieder ebenso geistig wahrnehmbar wie jedem Menschen, der sehen kann, der physische Leib. Auf die Wesensglieder ist auch in anderen Vorträgen Bezug genommen, z. B. im 3. Vortrag S. 55ff., im 5. Vortrag S. 99ff.); siehe dazu auch Rudolf Steiner: «Theosophie» (GA 9).
3 Francesco Redi (1627–1697). Der Zeit entsprechend formulierte er seine Erkenntnis lateinisch: Omne vivum e vivo (Alles Leben stammt aus Leben).
4 Rudolf Steiner konnte bei den Zuhörern die Kenntnis der wiederholten Erdenleben (Reinkarnation) voraussetzen; siehe hierzu Thementaschenbuch 9: Wiederverkörperung (hrsg. von Clara Kreutzer).
5 Goethe: «Faust», I. Teil, Prolog im Himmel.
6 Vortrag 13. 12. 1910; in «Pfade der Seelenerlebnisse» (GA 58).
7 Dieser Vortrag wurde vor Arbeitern am Goetheanum-Bau gehalten. Die Ausführungen erfolgten stets spontan auf konkrete Fragen hin, die Arbeiter an Rudolf Steiner stellten, in diesem Falle nach Ansteckung und Heufieber.
8 Siehe hierzu den 1. Vortrag.
9 Auf Empfehlung Rudolf Steiners wurde ein Präparat aus Zitrone und Quitte hergestellt, das jetzt als Gencydo® im Handel ist.
10 Rudolf Steiner benutzte – dem Zeitgebrauch folgend – den Ausdruck «Impfen» für Injektion. Er hat vielfach Injektionen empfohlen, z. B. auch für homöopathische Präparate, was damals sonst nicht üblich war.
11 Der Begriff der Geisteskrankheit, wie er hier gebraucht und abgelehnt wird, ist der Zeit entsprechend wesentlich weiter gefaßt, als was heute psychiatrisch unter Psychose verstanden wird. Nach geisteswissenschaftlichen Erkenntnissen liegt den sog. Geisteskrankheiten ein feiner physischer Organdefekt zugrunde, der es nicht gestattet, daß der Geist sich in richtiger Weise im Körper erlebt – ähnlich wie ein zerbrochener oder verbogener Spiegel die Wirklichkeit nur verzerrt wiedergeben kann. «Es ist ein Unsinn, von Geisteskrankheiten zu sprechen. Es handelt sich immer darum, daß der Geist in seiner Fähigkeit, sich zu äußern, von der physischen Organisation gestört wird und nie um eine eigent-

liche Erkrankung des geistigen oder seelischen Lebens selber.» (Vortrag 2. 4. 1920; in «Geisteswissenschaft und Medizin», GA 315)

12 Im Gegensatz zu oben (Anm. 10) ist hier tatsächlich Impfen gleich Vaccination gemeint.

13 Das Erscheinungsbild wird heute zur Schizophrenie gerechnet.

14 Der allgemeine Anfang dieses Vortrags ist hier weggelassen. Rudolf Steiner weist darin auf den «inneren Zusammenhang» der wöchentlichen Zweigvorträge hin, die er vor Mitgliedern der damals Theosophischen Gesellschaft in Berlin gehalten hat und die trotz der verschiedensten Themen dennoch einen «inneren Gang» haben. Er betont, welche Bedeutung die Teilnahme am ganzen Vortragszyklus im Winter 1908/09 für das anthroposophische Leben, für den «fortschreitenden Gang der Entwicklung unseres geisteswissenschaftlichen Zweiglebens» hat. So möchte Rudolf Steiner nun in folgendem Vortrag für die «fortgeschritteneren Teilnehmer» des Zyklus sprechen.

15 Siehe 1. Vortrag, insbes. Anm. 2.

16 Siehe hierzu Rudolf Steiner, Thementaschenbücher 6: «Naturgrundlagen der Ernährung»; 7: «Ernährung und Bewußtsein» (hrsg. v. K. Th. Willmann).

17 Die Entwicklung des Kosmos bis zur Erde ist aus der Geistesforschung ausführlich in Rudolf Steiner: «Geheimwissenschaft im Umriß» (GA 13), geschildert.

18 Bei dieser Zugehörigkeit von Planeten zu Organen handelt es sich um ein uraltes Mysterienwissen, das noch in vielen mittelalterlichen Bildern zur Darstellung kommt. Durch die moderne Geistesforschung Rudolf Steiners ist es möglich, diesen Zusammenhang exakt zu studieren und auch auf die einem Organ bzw. Planeten zugehörigen Metalle zu erweitern, was wiederum für die Therapie in der anthroposophisch orientierten Medizin nutzbar gemacht wird.

19 Vortrag 16. 11. 1908; in «Geisteswissenschaftliche Menschenkunde» (GA 107).

20 Karma: indische Bezeichnung für das Schicksalsgesetz, dem der Mensch im Sinne von Wiederverkörperung (Reinkarnation) als Schicksalsausgleich unterworfen ist. Die Kenntnis davon war in mehr oder weniger deutlicher Form in früherer Zeit weitgehend vorhanden. Siehe dazu Rudolf Steiner, Thementaschenbuch 9: «Wiederverkörperung» (hrsg. von Clara Kreutzer).

21 Paracelsus (1493–1541), Arzt, ursprünglich Theophrastus Bombastus von Hohenheim, genannt Paracelsus.

22 Freies Zitat aus Goethes «Faust», I. Teil, Studierzimmer-Szene, Mephistopheles zum Schüler:

> «Denn eben wo Begriffe fehlen,
> Da stellt ein Wort zur rechten Zeit sich ein.

Mit Worten läßt sich trefflich streiten,
Mit Worten ein System bereiten,
An Worte läßt sich trefflich glauben,
Von einem Wort läßt sich kein Jota rauben.»

23 Die Dreigliederung des menschlichen Organismus wurde zuerst 1917 von Rudolf Steiner in dem Buch «Von Seelenrätseln» (GA 21) veröffentlicht. Darin wird die Entdeckung der Zusammenhänge der seelischen Qualitäten von Denken, Fühlen und Wollen mit den körperlichen Organsystemen: Nerven-Sinnes-System, rhythmisches System und Stoffwechsel-System dargestellt. Siehe hierzu auch Lothar Vogel: «Der dreigliedrige Mensch» (2. Auflage, Dornach 1979).

24 Antimonerz, Grauspießglanz, Antimonit, Stibiumsulfid, Schwefelverbindung des Antimon.

25 «Antimonspiegel» wird als Stibium metallicum praeparatum von der Weleda hergestellt.

26 Die Zentralkörperchen (Zentrosomen) an den Polen der Zelle wirken über Spindelfasern organisierend auf die Chromosomen bei der Zellteilung ein.

27 Die Pflanze als der «umgekehrte Mensch» bzgl. der Dreigliederung ist eine wesentliche Grundlage zum Verständnis der Wirkungen der betreffenden Pflanzenteile auf den Menschen. Diese Beziehungen sind von Schülern Rudolf Steiners ausgearbeitet worden: Siehe Gerbert Grohmann: «Die Pflanze – Ein Weg zum Verständnis ihres Wesens», Bd. 1 (6. Aufl.) und Bd. 2 (3. Aufl.), Stuttgart 1981; Wilhelm Pelikan: «Heilpflanzenkunde», Bd. 1 (Dornach 1958), Bd. 2 (Dornach 1962), Bd. 3 (Dornach 1978).

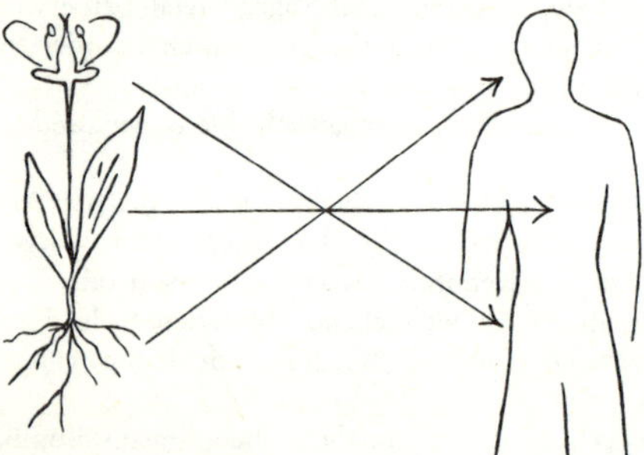

(Aus Fr. Husemann/O. Wolff: «Bild des Menschen», Bd. II/1, 3. Auflage, Stuttgart 1981.)

28 Siehe Anm. 10.

29 Jetzt: Weleda AG, Arlesheim/Schweiz; Niederlassungen in vielen Ländern der westlichen Welt.

30 Jetzt: Ita Wegman-Klinik in Arlesheim/Schweiz.

31 Siehe Anm. 11.

32 Die Heileurythmie ist ein Teil der künstlerischen Therapie. Die Grundlage ist die Eurythmie, eine von Rudolf Steiner geschaffene Bewegungskunst.

33 Siehe Anm. 20.

34 Über dieses Verhältnis der Anthroposophie zur «Schulmedizin» folgende Ausführung in Rudolf Steiner/Ita Wegman: «Grundlegendes für eine Erweiterung der Heilkunst nach geisteswissenschaftlichen Erkenntnissen» (GA 27):

«Nicht um eine Opposition gegen die mit den anerkannten wissenschaftlichen Methoden der Gegenwart arbeitende Medizin handelt es sich. Diese wird von uns in ihren Prinzipien voll anerkannt. Und wir haben die Meinung, daß das von uns Gegebene nur derjenige in der ärztlichen Kunst verwenden soll, der im Sinne dieser Prinzipien vollgültig Arzt sein kann.

Allein wir fügen zu dem, was man mit den heute anerkannten wissenschaftlichen Methoden über den Menschen wissen kann, noch weitere Erkenntnisse hinzu, die durch andere Methoden gefunden werden, und sehen uns daher gezwungen, aus dieser *erweiterten* Welt- und Menschenerkenntnis auch für eine Erweiterung der ärztlichen Kunst zu arbeiten.

Eine Einwendung der anerkannten Medizin kann im Grunde gegen das, was wir vorbringen, nicht gemacht werden, da wir diese nicht verneinen. Nur derjenige, der nicht nur verlangt, man müsse sein Wissen bejahen, sondern der dazu noch den Anspruch erhebt, man dürfe keine Erkenntnis vorbringen, die über die seinige hinausgeht, kann unseren Versuch von vorneherein ablehnen.»

35 Rudolf Steiner begann seine esoterische Lehrtätigkeit innerhalb der damaligen Theosophischen Gesellschaft in Deutschland und war ihr Generalsekretär bis 1913. Später trennte er sich von ihr und gründete die Anthroposophische Gesellschaft. In diesem Vortrag ist die Bezeichnung «Theosophie» im Sinne der von Rudolf Steiner vertretenen anthroposophischen Geisteswissenschaft zu verstehen.

36 1910 gab es zwar noch keine Antibiotika und Sulfonamide, doch suchte man das Ideal bei der Behandlung von Infektionskrankheiten in der Therapia magna sterilisans, also in Maßnahmen, durch die möglichst alle Bakterien abgetötet werden.

37 Siehe Anm. 2.

38 Aus früheren Zeiten stammen Ausdrücke wie «Zinnpest»: bei längerer Kälte, etwa unter 18 Grad, können sich auf Zinngeschirr pustelartige Stellen bilden, die sich langsam ausbreiten und das Zinn zum Zerfallen bringen. Tatsächlich sieht der Vorgang aus wie eine Hautkrankheit; es handelt sich um eine physikalische Umlagerung verschiedener Zustandsformen des Metalls. Daher sollte ein Krankheitsbegriff darauf nicht angewendet werden.

39 Bis in die praktische Seite hat Rudolf Steiner die Beeinflussung des Wachstums der Pflanzen und der Pflanzenkrankheiten dargestellt im Landwirtschaftlichen Kurs: «Geisteswissenschaftliche Grundlagen zum Gedeihen der Landwirtschaft» (GA 327). Siehe dazu auch H. H. Koepf, B. D. Petterson, W. Schaumann: «Biologisch-dynamische Landwirtschaft – Eine Einführung», 3. Aufl., Stuttgart 1980.

40 Triton: alter, damals noch gebräuchlicher Ausdruck für Molche; heute Triturus. – Je niedriger ein Tier organisiert ist, desto höher die Regenerationskraft. Entsprechend nimmt die Fähigkeit zur Regeneration mit steigender Entwicklungshöhe ab.

41 Rudolf Steiner setzte bei seinen Hörern das Vertrautsein mit den Gedanken der Wiederverkörperung (Reinkarnation) voraus (siehe Anm. 20).

42 Diese Einsicht berücksichtigt die Waldorfpädagogik. Siehe hierzu die pädagogischen Schriften Rudolf Steiners, z. B. «Die Erziehung des Kindes vom Gesichtspunkt der Geisteswissenschaft» (in GA 34) und andere Vortragszyklen und Seminarbesprechungen (GA 293–311). Siehe auch J. Kiersch: «Die Waldorfpädagogik» (5. Aufl., Stuttgart 1979); Chr. Lindenberg «Waldorfschulen: angstfrei lernen, selbstbewußt handeln» (Hamburg 1975).

43 Kamaloka: der Ort der Begierden, Läuterungszeit der Seele nach dem Tode, während der die sinnlichen Begierden des Seelenlebens überwunden und abgelegt werden, die nicht Ausdruck des Geistes sind (siehe z. B. Rudolf Steiner: «Theosophie», GA 9).

44 Der Mensch mit «schwacher Organisation» muß nicht äußerlich schwach erscheinen, sondern kann z. B. anfällig gegen verschiedene Krankheiten sein.

45 Es kann sich hierbei um Mißbildungen wie auch angeborene Funktionsdefekte handeln.

46 Gemeint sind die Waldorfschulen, Rudolf-Steiner-Schulen, die heute in fast allen Ländern der westlichen Welt existieren.

47 Siehe Anm. 34.

48 Siehe Anm. 23.

49 Rudolf Steiner: «Wie erlangt man Erkenntnisse der höheren Welten» (GA 10), «Die Geheimwissenschaft im Umriß» (GA 13).

50 Rudolf Steiner nennt in diesen Zusammenhängen keine der heute üblichen Krankheitsbezeichnungen. Es dürfte dies absichtlich sein, denn die heutigen Krankheitsbegriffe gehen von gewordenen Zuständen aus, sie sind anatomisch-pathologische Diagnosen. Hier sind jedoch die in Organen tätigen, bildenden, auf- und abbauenden Kräfte gemeint, also eine übergeordnete Dynamik.

51 Siehe den hier folgenden Vortrag vom 21. 7. 1924; der andere hier nicht wiedergegebene Vortrag vom 24. 7. 1924 erschien wie jener in GA 319.

52 Siehe den vorigen Vortrag vom 17. 7. 1924.

53 Siehe Anm. 50. «Fremdprozesse», «Fremdkörper», die nicht überwunden werden, bewirken im Organismus Abwehrreaktionen. In zunehmendem Maße liegen diese Verhältnisse in den sog. allergischen Erscheinungen vor, bei denen z. B. ein Eiweiß unverarbeitet im Organismus Gegenreaktionen hervorruft. Aber auch beim Krebs handelt es sich um einen «Fremdprozeß», den der Organismus nicht wahrnimmt oder gegen den er sich gerade nicht wehrt.

54 Siehe Anm. 23.

55 Schwertfortsatz: Processus xiphoideus oder ensiformis; Verlängerung des Brustbeines nach unten. Dieser findet sich wenig ausgeprägt auch beim Menschen.

56 «Fächer»: Bei den Vögeln und Schildkröten findet sich im Auge ein gefäßreicher Anhang, der sog. Kamm, Pecten.

57 Durch die analytischen Forschungen der letzten Jahre konnten diese geisteswissenschaftlichen Hinweise experimentell bestätigt werden. Am reichsten an Kieselsäure sind die Organe des «Umkreises», also Haut, Haare, Nägel, besonders aber embryonales Gewebe; reich sind aber auch die «zentrierten Organe» im Innern wie Leber, Magen, Darm, Muskeln. Zusammenfassende Literatur bei Voronkov u. a.: «Silizium und Leben», Berlin (Ost) 1975.

58 Ackerschachtelhalm (Equisetum arvense) ist reich an Kiesel und Schwefel. Es kommt jedoch bei der hier angestrebten Betrachtungsweise nicht so sehr auf den absoluten Gehalt an als vielmehr auf die Funktion, die Zustandsform und Verbindung der betreffenden Substanzen in den Pflanzen.

59 Rudolf Steiner hat in vielen Vorträgen über die Krebsbildung gesprochen, wobei er auch andersartige Entstehungsweisen geschildert hat. Es kam ihm nicht darauf an, den Krebs auf eine einzige Ursache zurückzuführen, sondern – der Wirklichkeit entsprechend – auch die Vielseitigkeit der Krankheit und ihre funktionellen Hintergründe aufzuzeigen. Dabei hat er auch als erster die Mistel als das Krebsheilmittel angegeben. Die Mistel ist zwar ein altes Volksheilmittel und wurde bei vielen anderenKrankheiten, nicht jedoch bei Krebs angewandt, wie medizinhistorisch nachgewiesen werden konnte (siehe P. G. Bellmann und W. Daems, in Sudhoffs Archiv 49 (1965), S. 355–365.

60 Rudolf Steiner und Ita Wegman: «Grundlegendes für eine Erweiterung der Heilkunst nach geisteswissenschaftlichen Erkenntnissen» (GA 27).

61 Vortrag 24. 7. 1924; in demselben Zyklus, GA 319.

62 Siehe hierzu den vorangehenden Vortrag und Anm. 23.

63 Siehe Anm. 2.

64 Zu Lebzeiten Rudolf Steiners wurde seitens der Wissenschaft die Frage rhythmischer Vorgänge so gut wie überhaupt nicht behandelt. Erst in den dreißiger Jahren begann ein gewisses Interesse daran, und seit den fünfzi-

ger Jahren existiert eine ausgeprägte Rhythmusforschung, die erstaunliche Ergebnisse aufgezeigt hat. Das Verhältnis der Blutzirkulation zur Atmung, meßbar am Quotienten von Puls- zu Atemfrequenz, wurde aufgrund dieses Hinweises von Hildebrandt und Mitarbeitern ausführlich untersucht. Danach zeigte sich zum Beispiel, daß der «gesunde» Rhythmus von Puls und Atem = 4:1 am Tage verschiedene Abweichungen zeigt, die aber in der Nacht wieder auf 4:1 zurückkehren. (Siehe Günther Hildebrandt, in Med. Welt 73 (1961); Zeitschr. f. angew. Bäder- und Klimakunde 10 (1963), S. 402. Zahlreiche weitere Veröffentlichungen in medizinischen Zeitschriften. Siehe auch Hildebrandt (Hrsg.): «Biologische Rhythmen und Arbeit», Heidelberg/Wien/New York 1976.)

65 Ein Ergebnis dieser Wirkung des Nerven-Sinnes-Systems ist die zu diesem Zeitpunkt einsetzende Denkfähigkeit und damit Schulreife des Kindes, was mit dem 7. Lebensjahr ein physiologischer Prozeß ist. Rudolf Steiner hat in vielen Zusammenhängen auf die große Bedeutung des Zahnwechsels als Entwicklungsschritt hingewiesen.

66 Ausdruck dieses überwiegenden Stoffwechsels im Nerven-Sinnes-Bereich sind z. B. die in dieser Zeit auftretenden Hautunreinheiten, die Akne.

67 Ein Bild dieser Verhältnisse ist die sog. Halleysche Kurve, die die Häufigkeit von Todesfällen in Abhängigkeit vom Lebensalter darstellt. Demnach ist der Mensch in der allerersten Lebenszeit sehr anfällig, und naturgemäß ist mit zunehmendem Alter die Todesrate höher. Die geringste Sterblichkeit zeigt sich in dem von Rudolf Steiner angegebenen Zeitraum. In diesem findet die Krankheit in den harmonischen Verhältnissen keine Basis.

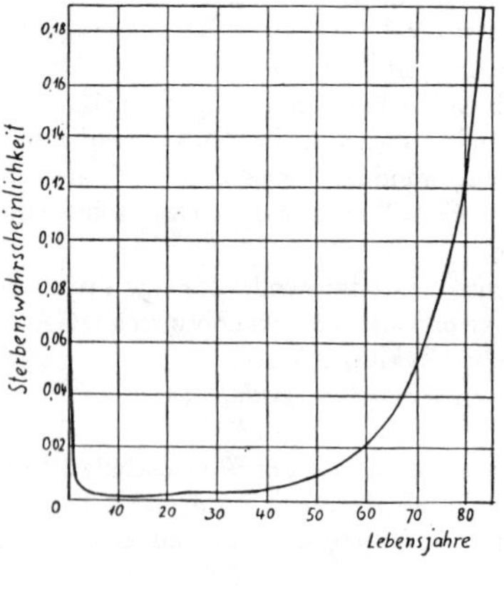

(Aus Fr. Husemann/O. Wolff: «Das Bild des Menschen», 3. Aufl., Stuttgart 1981, Bd. II, 1.)

68 Dies ist ein Hauptprinzip der Waldorfschulen (siehe Anm. 42). Es handelt sich nicht darum, z. B. zusätzliche künstlerische Fächer zu geben, sondern den Unterricht selbst künstlerisch zu gestalten.

69 Der ursprünglichen Alchemie lag ein spirituelles Wissen zugrunde. Man unterschied drei Prinzipien: Sal, Merkur und Sulphur (Salz, Quecksilber und Schwefel), womit drei Welten*kräfte* gemeint sind, für die die drei Substanzen Repräsentanten sind.

70 Viscum-Präparate: Gemeint sind die Herstellungen aus der Mistel (Viscum album), die bald nach den ersten Anregungen Rudolf Steiners erfolgten. Außer den Hinweisen auf die Mistel als Krebsheilmittel erwähnte Rudolf Steiner ausdrücklich, daß dazu besondere Herstellungsverfahren nötig sind. Diese erfordern zum Teil einen komplizierten Aufwand. Eine Verwirklichung der Intentionen war nur schrittweise möglich und läßt verschiedene Möglichkeiten und Verfahren offen. Die bekanntesten Mistelpräparate, die aufgrund der Anregungen Rudolf Steiners hergestellt wurden, sind Iscador, Iscucin, Helixor und Viscum-Abnoba. Nach deren Anwendung tritt im allgemeinen die hier beschriebene erwünschte Fieberreaktion als eine Temperatursteigerung von 0,5° auf. Die Erfolge der Mistelbehandlung führten dazu, daß diese Präparate heute bereits von Tausenden von Ärzten angewendet werden und hierüber ein umfangreiches Schrifttum existiert, das weitgehend zusammengefaßt ist in dem Buch: «Die Mistel in der Krebsbehandlung», hrsg. von O. Wolff, 2. Aufl., Frankfurt 1980. Siehe dazu auch Anm. 59.

Quellennachweis

Vorträge nach der Rudolf-Steiner-Gesamtausgabe: GA, erschienen im Rudolf Steiner Verlag, Dornach / Schweiz.

Krankheit und Heilung, Berlin, 3. März 1910; vorgesehen für Neuauflage von: Metamorphosen des Seelenlebens, GA 59.
Über Krankheitsursachen, Dornach / Schweiz, 27. Dezember 1922; in: Über Gesundheit und Krankheit, GA 348.
Das Wesen der Krankheitsformen, Berlin, 10. November 1908; in: Geisteswissenschaftliche Menschenkunde, GA 107.
Menschliche Organisation und Krankheitsvorgänge, Penmaenmawr / England, 28. August 1923; in: Anthroposophische Menschenerkenntnis und Medizin, GA 319.
Krankheit und Gesundheit in Beziehung zum Karma, Hamburg, 18. Mai 1910; in: Die Offenbarungen des Karma, GA 120.
Geisteswissenschaftliche Erkenntnis als Grundlage für eine anthroposophische Menschenkunde, Arnheim / Schweiz, 17. Juli 1924; in: Anthroposophische Menschenerkenntnis und Medizin, GA 319.

Die menschliche Konstitution, Arnheim, 21. Juli 1924; in: GA 319.
Das Organ-System und die Kräfte-Organisation, Stuttgart, 27. Oktober 1922, nachmittags; in: Physiologisch-Therapeutisches auf Grundlage der Geisteswissenschaft, GA 314.

Literatur

Grundlegend für die anthroposophisch orientierte Medizin sind die Werke *Rudolf Steiners*:

Grundlegendes für eine Erweiterung der Heilkunst nach geisteswissenschaftlicher Erkenntnis (Mitautorin: Ita Wegman), 1925, GA 27.
Geisteswissenschaft und Medizin, Dornach 1920, GA 312.
Geisteswissenschaftliche Gesichtspunkte zur Therapie, Dornach 1921, GA 313.
Physiologisch-Therapeutisches auf Grundlage der Geisteswissenschaft – Zur Therapie und Hygiene, Dornach und Stuttgart 1920–1924, GA 314.
Meditative Betrachtungen und Anleitungen zur Vertiefung der Heilkunst, Dornach 1924, GA 316.
Heilpädagogischer Kurs, Dornach, GA 317.
Anthroposophische Menschenerkenntnis und Medizin, Versch. Städte 1923/24, GA 319.

Einführende bzw. ausarbeitende Darstellungen:

Otto Wolff: Anthroposophische Medizin und ihre Heilmittel, Stuttgart 1977.

Das Bild des Menschen als Grundlage der Heilkunst – Entwurf einer geisteswissenschaftlich orientierten Medizin, begr. von *Friedrich Husemann*, neu hrsg. und bearbeitet von *Otto Wolff*; Bd. 1: Zur Anatomie und Physiologie, Stuttgart [7]1977; Bd. 2: Zur Pathologie und Therapie, I. Teil, Stuttgart [3]1981; II. Teil, Stuttgart [2]1978.

Herbert Sieweke: Anthroposophische Medizin, 1. Teil: Studien zu ihren Grundlagen, Dornach 1982; 2. Teil: Gesundheit und Krankheit als Verwirklichungsformen menschlichen Daseins, Dornach 1967.

Olaf Koob: Gesundheit – Krankheit – Heilung, Stuttgart 1978.

Die *Gesellschaft Anthroposophischer Ärzte* gibt die Schriftenreihe «Menschenwesen und Heilkunst» mit Titeln über verschiedenste Themen zur anthroposophisch orientierten Medizin heraus (Verlag Freies Geistesleben, Stuttgart) sowie die Zeitschrift «Beiträge zu einer Erweiterung der Heilkunst».